Seit der Veröffentlichung von «Seele auf Eis», der wohl leidenschaftlich-
sten und zugleich radikalsten Anklage, die ein Neger dem Establishment
der Vereinigten Staaten entgegengeschleudert hat, gehört Eldridge Cleaver zu den wichtigsten Sprechern einer neuen, zum Kampf um ihre Freiheit entschlossenen Generation des schwarzen Amerikas. Während
«Seele auf Eis» in der aufgezwungenen Ruhe der Haftjahre im Gefängnis von San Quentin niedergeschrieben wurde, entstanden die hier vereinigten Reden und Aufsätze als spontane Antwort auf die Aktualität
des Tages, der Cleaver mit jener Forderung begegnete, die zum Kampfruf der Black Panthers geworden ist: Freedom now! Cleaver hat an die
Stelle des gläubigen «We Shall Overcome» der Bürgerrechtsbewegung
das rebellische «We Shall Overrun» gesetzt. Alles, was er schreibt und
sagt, soll seinen Rassenbrüdern helfen, endlich ihre Identität zu finden
und jenes Selbstbewußtsein zu entwickeln, das für ihn die unabding-
bare Voraussetzung ist für eine bessere Zukunft des schwarzen Amerika.

«Die Zeit»: «Die Aufsätze seines neuen Buches sind gleichsam auf der
Flucht entstanden, auf der Flucht vor der weißen Gesellschaft und ihrer
Justiz. Sie sind abermals glänzend geschrieben. Diese Protokolle eines
Verfolgten machen die Situation des Autors deutlich. Darum werden
sie zu einem Dokument für eine Gesellschaft, die ihre farbigen Mitglie-
der verfolgt, weil sie Gleichberechtigung verlangen.»

Eldridge Cleaver wurde 1935 in Little Rock/Arkansas geboren, er wuchs
im Ghetto von Los Angeles auf. Wegen kleiner Vergehen kam er früh
mit Polizei und Justiz in Konflikt, schließlich wurde er 1958 wegen «ver-
suchter Notzucht mit Tötungsabsicht» zu 14 Jahren Gefängnis verurteilt und nach 9 Jahren auf Bewährung entlassen. Gesammelt kamen
seine im Gefängnis entstandenen Schriften im Februar 1968 unter dem
Titel «Soul on Ice» (deutsch: «Seele auf Eis», 1969) heraus. Cleaver bekannte sich zunächst zu den Black Muslims, wurde dann Anhänger von
Malcolm X und schloß sich schließlich den Black Panthers an. Seine
aggressive Beredsamkeit ließ ihn bald zu ihrem «Informationsminister»
aufsteigen: «Ein Volksheld der revolutionären Linken in den USA, eine
Art schwarzer Che Guevara» («Newsweek»). Nach einer Schießerei zwischen Polizisten und Panthern, in die er (unbewaffnet) verwickelt worden war, wurde im April 1968 die Bewährung aufgehoben. Es folgten
Inhaftierung, Freilassung gegen Kaution und die Ablehnung der Berufung vom Obersten Gericht. Daraufhin ging Cleaver in den Unter-
grund und lebte zunächst in den USA, dann u. a. in Kuba, Nord-Korea,
der UdSSR und – seit Oktober 1969 – in Algerien.

Eldridge Cleaver

Nach dem Gefängnis

Aufsätze und Reden

Herausgegeben und eingeleitet
von Robert Scheer

Rowohlt

Aus dem Amerikanischen übertragen nach der 1969 unter dem Titel
«Eldridge Cleaver. Post-prison Writings and Speeches»
bei Random House, New York, erschienenen Originalausgabe
Übersetzervermerk siehe Seite 175
Schutzumschlagentwurf Werner Rebhuhn
unter Verwendung eines Fahndungsplakates des FBI

Ungekürzte Ausgabe
Veröffentlicht im Rowohlt Taschenbuch Verlag GmbH,
Reinbek bei Hamburg, August 1972
© Rowohlt Verlag GmbH, Reinbek bei Hamburg, 1970
«Eldridge Cleaver. Post-prison Writings and Speeches»
© Elridge Cleaver, 1967, 1968, 1969 «Playboy Interview with
Nat Hentoff» is excerpted from «Playboy Interview: Eldridge Cleaver».
Originally appeared in Playboy magazine
© HMH Publishing Co., Inc., 1968
Alle Rechte vorbehalten
Gesamtherstellung Clausen & Bosse, Leck/Schleswig
Printed in Germany
ISBN 3 499 11553 0

Inhalt

Einleitung

Meine letzte Begegnung mit Eldridge Cleaver fand an einem Sonntag abend in San Francisco statt – drei Tage bevor er sich zu einer Scheinvernehmung bei der kalifornischen Adult Authority [vom Gouverneur eingesetztes Gremium zur Überwachung des kalifornischen Strafvollzugs] einfinden mußte, die für ihn mit dem Gefängnis endete. Wir hatten in der chaotischen Hitze eines Chinatown-Restaurants gesessen. Jetzt standen wir an der Ecke Columbus Street Pacific Street und warteten auf das grüne Licht. Wir wollten zum La Tosca hinübergehen und einen Cappuccino trinken. Die Frage, ob Yenchings Prinzeß-Hähnchen zu scharf gewürzt waren oder nicht, beschäftigte uns so sehr, daß wir den Streifenwagen, der um die Ecke kam, kaum wahrnahmen. Plötzlich trat der Fahrer auf die Bremse und setzte zurück, daß die Reifen quietschten. Die Türen wurden aufgestoßen, und zwei Polizisten sprangen heraus. Die Hände am Pistolenhalfter, gingen sie auf Cleaver zu und brüllten: «Wie hast du uns genannt?» Während wir noch verblüfft dastanden, hielten hinter uns zwei weitere Streifenwagen mit blinkendem Rotlicht an.

Drinnen im Restaurant hatte Eldridge geduldig versucht, mir klarzumachen, daß die Wärter für seinen Tod sorgen würden, wenn er ins Gefängnis zurück müßte und daß die *pigs* [Schweine = rassistische Polizisten] während des vergangenen Jahres immer wieder versucht hätten, ihn und andere Führer der Black Panthers zu einer letzten, apokalyptischen Schießerei zu provozieren. Ich muß gestehen, daß mir das Wort *pig* nie recht behagen wollte; als ich jedoch die Männer mit ihren rosaroten, verständnislosen Gesichtern auf uns zustürmen sah, schien mir das *pig* plötzlich ungeheuer treffend. Als sie auf Eldridge losgingen, raffte ich alle Überbleibsel bürgerlicher Respektierlichkeit zusammen und hielt ihnen ein Bündel von polizeilichen Presseausweisen und Kreditkarten unter die Nase. Die Menschenmenge, die sich inzwischen eingefunden hatte, lauschte teilnahmsvoll meinen wütenden Tiraden über polizeiliche Provokation und Pressefreiheit, und die *pigs* entschlossen sich, wieder zu ‹Beamten› zu werden. Ich wurde plötzlich als Mr. Scheer angesprochen und unlogischerweise ermahnt: «Fordern Sie das nächste Mal keinen polizeilichen Beistand an, wenn Sie ihn nicht tatsächlich brauchen.» Dann verschwanden sie.

Cleaver hatte während der ganzen Szene regungslos dagestanden;

sein schwarzer Trenchcoat hatte ihn in der Dunkelheit fast unsichtbar gemacht. Als die Polizisten jedoch – wenn auch zögernd – meiner Demonstration weißer Macht ihren Tribut zollten und davonfuhren, verwandelte sich die ruhige Hinnahme des Unvermeidlichen in unverhohlene Wut und bitteres Lachen. Er meinte, daß man ihn umgelegt hätte, wenn er allein gewesen wäre, und wenn ich an die verschwollenen Polizistenvisagen dachte, wußte ich, daß er recht hatte.

Wir vergaßen unseren Cappuccino, schüttelten uns zum letztenmal die Hand, und Eldridge Cleaver, dessen Buch ‹Seele auf Eis› eben von der *New York Times* in die Liste der zehn bedeutendsten Bücher des Jahres eingereiht worden war, ging – allein und bedroht – seines Weges. Drei Wochen später entschloß er sich, das Leben eines flüchtigen, eines gejagten ‹Verbrechers› zu leben, statt sich zum Objekt der Rehabilitierungsbeamten des kalifornischen Strafvollzugs zu machen. «Genau wie alle andern Gangster», sagte der stellvertretende Justizminister von Kalifornien und bewies damit aufs neue die Unfähigkeit Amerikas, die Kategorie des politischen Gefangenen zu akzeptieren.

Cleaver verschwand fast auf den Tag genau zwei Jahre nach seiner Entlassung aus dem Soledad Prison, wo er von den vierzehn Jahren, zu denen er wegen Notzucht – wegen eines eindeutigen Vulgärverbrechens also – neun Jahre hatte abbüßen müssen. Hätte er, wie sein Zellennachbar, ein ehemaliger Steuerbeamter aus San Francisco, öffentliche Mittel veruntreut, so hätte er bei gleichem Strafmaß mit bedingter Haftentlassung nach zwei Jahren rechnen können. Cleaver wurde länger im Gefängnis festgehalten, weil er ein Mann mit Vergangenheit war – mit einer Vergangenheit, die mit einem Fahrraddiebstahl des Zwölfjährigen begann. Und es machte seine Lage keineswegs besser, daß er sich im Gefängnis als Muslim-Prediger betätigte und darauf bestand, daß man ihm die gleichen Rechte zur Ausübung seiner Religion einräumte, die man Anhängern erwünschterer Glaubensrichtungen zuerkannte.

Cleaver erreichte eine bedingte Haftentlassung erst, als seine Anwältin Beverly Axelrod einige seiner Manuskripte aus dem Gefängnis schmuggelte, deren Veröffentlichung in *Ramparts* zur Folge hatte, daß sich ‹prominente› Persönlichkeiten für ihn einsetzten. Der Verlag McGraw-Hill bot ihm einen Vertrag für ein Buch an; außerdem erhielt er das Angebot, für die Zeitschrift *Ramparts* zu arbeiten, die zunächst eine literarische Vierteljahresschrift für katholische Laien gewesen war und in jener Zeit ihren Ursprüngen noch nahe genug schien, um als respektierlich zu gelten. Diese Offerten konnte er den Behörden vorlegen als Beweis dafür, daß er außerhalb der Gefängnismauern in der Lage sein würde, seinen Unterhalt zu verdienen und ein ‹ehrbares› Leben zu führen.

Noch im Gefängnis hatte sich Cleaver von den Black Muslims abgewendet und Kurse für afro-amerikanische Geschichte und Kultur organisiert – ein Unterfangen, das harmlos genug schien, obgleich er damit in Wahrheit an die Lehren des Malcolm X anknüpfte. Daneben konzentrierte er sich auf seine eigenen schriftstellerischen Arbeiten, die vorwiegend persönlicher und autobiographischer Art waren.

Die Behörden gingen davon aus, daß sich Cleaver außerhalb des Gefängnisses schlimmstenfalls zu einem neuen Glied in der Kette der zornigen schwarzen Literaten entwickeln könne, zu einem Schriftsteller, der vielleicht für kleine literarische Zirkel einige Bedeutung erlangen mochte, aber niemals eine ernsthafte Gefahr sein würde. Da sie Realisten sind, pflegen die Herren von der Gefängnisbehörde Bücher nicht ernst zu nehmen. (Der Schutzaufsichtsbeamte, dem Cleaver zugeteilt wurde, stellte vor kurzem fest, daß er noch nicht dazu gekommen sei, ‹Seele auf Eis› zu lesen; allerdings habe ihn ein Fernsehkommentar einen Eindruck von dem Buch vermittelt.) Und da sie Realisten sind, wußten die Herren von der Behörde auch, daß sie Cleaver – falls er ihnen je aus den Händen zu entgleiten drohte – im Handumdrehen und ohne sich mit einer Gerichtsverhandlung aufhalten zu müssen, zur Verbüßung der Reststrafe wieder hinter Gitter bringen konnten.

Cleaver wurde also entlassen, nachdem sich besorgte und ehrbare Bürger für ihn verwendet hatten – Leute, die ihre Treue zum System dadurch bewiesen hatten, daß sie als Zwölfjährige nicht bereit gewesen waren, Fahrräder zu stehlen; Leute, die der Notzucht die Kunst der Verführung und des käuflichen Erwerbs vorzogen und die sich bei der Befriedigung ihrer Habsucht auf Handlungen beschränkten, die das Strafgesetz nicht eindeutig verbot.

Cleaver selbst war nach neun Jahren Gefängnis ‹rehabilitiert› genug, um einige der Methoden derer, die ihn befreit hatten, zu übernehmen. Gleich nach seiner Entlassung kaufte er sich einen Volvo-Kombiwagen auf Raten, zahlte seine Mietrechnung, eröffnete ein Sparkonto und meldete sich stets pünktlich bei dem Schutzaufsichtsbeamten, der ihn zu überwachen hatte.

Anfangs schienen die Schutzaufsichtsbehörden durchaus zufrieden mit Cleavers Verhalten; denn nichts deutete auf einen Rückfall ins Kriminelle hin. Schon bald aber kam ihnen der Verdacht, daß er weit Schlimmeres im Schilde führte: Politik.

Cleaver verließ das Gefängnis im Zustand politischer Ratlosigkeit. Sein Glaube an die Black Muslim-Bewegung war erschüttert, weil die Black Muslims nicht in der Lage gewesen waren, sich selbst zu schützen und ein ernst zu nehmendes Programm der Black Power zu entwickeln und weil sie sich von Malcom X getrennt hatten. («Die Geschichte der Schwarzen begann mit Malcom X», hatte er im Gefängnis geschrieben.) Cleaver folgerte daraus, daß die Black Muslim-Bewegung tot war und daß es schon eines Besuches von Allah persönlich bedürfen würde, um sie wieder zum Leben zu erwecken.

Aber die Organisation, die Malcom X nach seinem Bruch mit den Muslims aufgebaut hatte, war mit ihrem Begründer gestorben, und

9

so kam es, daß Cleaver in den ersten Monaten nach seiner Entlassung allein dastand. Er versuchte, sich unter den zahllosen Bewegungen der radikalen Schwarzen Amerikas zurechtzufinden, die er als ein «Gewirr von Ein-Mann-Schau-Gruppen» bezeichnete, als die «Geißel der schwarzen Gemeinde». Zusammen mit einigen anderen Schriftstellern gründete er das Black House in San Francisco, das zum Zentrum der nichtetablierten Kultur der Schwarzen in der Bay Area wurde. Darüber hinaus bemühte er sich um eine Wiederbelebung der Organisation für afro-amerikanische Einheit, die Malcom X geschaffen hatte. Sie sollte in der Bay Area von San Francisco ihre neue Basis finden. Aber der Versuch erwies sich schon bald als aussichtslos.

In diesen ersten Monaten außerhalb der Gefängnismauern wurde Cleaver zweierlei klar: Die schwarze Bevölkerung litt an einem Übermaß an militanten Worten, ohne daß es ein angemessenes Aktionsprogramm gab, durch das solche Worte in die Tat hätten umgesetzt werden können, und sie versuchte, diesen Mangel durch die Propagierung eines ‹Kulturnationalismus› zu verschleiern, statt auf eine politische Revolution hinzuarbeiten. Er merkte sehr bald, daß die allzu starke Betonung der Wurzeln und Tugenden der schwarzen Kultur durch die Kulturnationalisten die entscheidende Tatsache verdunkelte, daß die Schwarzen eine unterdrückte Kolonie inmitten des weißen Amerika darstellten. Immer wieder zitierte er Frantz Fanons These, daß die schwarze Kultur die Zeichen der Unterdrückung trage und daß der Schwarze der weißen Gesellschaft allein durch einen revolutionären politischen Kampf ein menschenwürdiges Dasein abtrotzen könne – nicht dagegen durch Posen und Kleidung oder durch eine Rückbesinnung auf die Wurzeln der afrikanischen Kultur. In der Besprechung eines Werkes von Fanon schreibt Cleaver: «In Fanons Buch wird der revolutionäre Drang zur Gewalt gerechtfertigt. Es lehrt kolonialisierte Völker, daß es völlig normal ist, wenn sie den Wunsch haben, sich zu erheben und ihren Sklavenhaltern den Hals abzuschneiden, daß sie erst dadurch zu Menschen werden und daß sie den Unterdrückern entgegentreten müssen, um sich ihres Menschseins bewußt zu werden.»

Cleaver wußte, daß zahlreiche Weiße solche Sätze als Ausdruck eines ‹schwarzen Rassismus› kritisieren würden, aber er wußte auch, daß eine solche Kritik einen Irrtum widerspiegeln würde, dem nicht er verfallen war, sondern die Leser. Er hat immer wieder darauf hingewiesen, daß die Macht nicht gleichmäßig unter den Weißen verteilt ist, wenngleich alle Weißen Teil der herrschenden Kultur sind und damit auch mehr oder weniger intensiv teilhaben an dem ihr innewohnenden Rassismus. Wiederholt verwies er in diesem Zusammenhang auf den Algerien-Krieg, in dem einzelne Franzosen es fertigbrachten, mit der französischen Gesellschaft zu brechen und die Revolution zu unterstützen, was ihnen freilich erst gelang, nachdem sie die Kolonialistenmentalität überwunden hatten, die ihnen seit ihrer Geburt eingeprägt worden war.

Es ist schwer, sich gegen das System zu entscheiden, und Cleaver hält es für unwahrscheinlich, daß sich die Mehrzahl der Weißen dazu durchringen wird («In jedem weißen Amerikaner steckt ein kleiner George Wallace»), aber es bleibt dennoch eine Alternative für jene Weißen, die keine Rassisten sind. Am Schluß des Aufsatzes ‹Der Mut zum Töten› richtet er die entscheidende Frage an die weißen Amerikaner: «Auf welche Seite stellt ihr euch? Auf die Seite der Unterdrücker oder der Unterdrückten? Die Zeit der Entscheidung ist für euch gekommen.»

Mag sein, daß einem die Alternative, die Cleaver anbietet, nicht gefällt, aber da er sie nun einmal anbietet, muß man sich schon andere Argumente einfallen lassen, als das des ‹schwarzen Rassismus›, wenn man sie kritisieren will. Was er zutiefst mißbilligt, ist das Verhalten der Weißen, nicht ihre Hautfarbe. Cleavers Kritiker sollten zugeben, daß der eigentliche Stein des Anstoßes für sie Cleavers Grundforderung einer Unabhängigkeit der Schwarzen ist, zusammen mit seiner Ansicht, daß die Schwarzen in Amerika eine unterdrückte Kolonie bilden. In allen seinen Reden stehen diese beiden Punkte im Zentrum.

Der Glaube an die Notwendigkeit einer politischen Revolution der Schwarzen, der sein Denken selbst in jenen ersten Monaten des Suchens beherrschte, sollte in der Black Panther Party, die Huey Newton und Bobby Seale in der Bay Area von Oakland gegründet hatten, sein natürliches Betätigungsfeld finden. In ‹Der Mut zum Töten› gibt Cleaver einen detaillierten Bericht von seiner ersten Begegnung mit den Panthern. Man kann die Bedeutung, die diese Periode des Zusammenschlusses mit den Panthern, insbesondere mit Newton und Seale, für seine schriftstellerische Arbeit hat, gar nicht hoch genug veranschlagen. Ohne die Panther hätte Cleaver ohne Zweifel einen sehr viel mehr auf das Persönliche und auf seine Karriere ausgerichteten Lebensstil entwickelt. Durch das Bündnis mit den Panthern wurde er zu einem disziplinierten politischen Revolutionär, der dem polemischen Schriftsteller Cleaver, dem von jetzt an kaum noch Zeit zum Schreiben blieb, in nichts nachstand. Er widmete sich seiner politischen Arbeit bis zur physischen Erschöpfung; ein Zwischenfall auf der San Pablo Avenue in Oakland war unendlich wichtiger für ihn als die Fahnen für seinen neuen Aufsatz.

Hätte sich Cleaver nicht den Panthern angeschlossen, eine literarische Karriere wäre ihm sicher gewesen. Es ist durchaus möglich in Amerika, zornig zu sein und dennoch in Sicherheit zu leben – ja, der Zorn eines Schriftstellers wird sogar als wünschenswert betrachtet, solange er diffus und inaktiv bleibt; ein solcher Zorn kann unterhaltsam und damit gut verkäuflich sein. Ein zorniger Schriftsteller hat die Freiheit, zwischen den Arten des Lebensstils zu wählen, die sich den Literaten hierzulande anbieten: er kann die Cocktail-Parties frequentieren oder sich in die Abgeschiedenheit seiner Klause zurückziehen; er kann gelegentlich gegen Schriftstellerkollegen zu Felde ziehen oder der Gewaltlosigkeit pflegen; er kann sich in Iowa niederlassen oder mit seinem Hund auf dem Beifahrersitz in Denver umherkutschieren. Die ‹Freiheit› des Schriftstellers ist gewährleistet, solange das, was er sagt, keine Gefahr für die herrschende Gesellschaft darstellt – solange seine Worte nicht mit Taten verbunden sind.

Die Panther wurden zu einer solchen Gefahr, als sie begannen, Waffen zu sammeln – ein Recht, das die weißen Kalifornier ausüben, seit sie den Indianern und Mexikanern das Land abnahmen. Die Panther fuhren fort, junge Schwarze in den Gettos in Einheiten zur Selbstverteidigung zusammenzufassen, die ständig die Polizei im Auge behielten; daneben propagierten sie ein radikales Black Power-Programm aus zehn Punkten und schlossen Bündnisse zur wechselseitigen Unterstützung mit weißen Radikalen. Als Informationsminister der Black Panther Party stellte Cleaver seine schriftstellerischen Fähigkeiten ganz in den Dienst der Bewegung, und je mächtiger die Partei wurde, desto eindeutiger wurde er zum bevorzugten Objekt des Zorns der kalifornischen Behörden.

Drei Monate nach seiner Entlassung aus dem Gefängnis, im Februar 1967, begann er insgeheim, mit Newton und Seale zusammenzuarbeiten. In diesem frühen Stadium vorsichtiger Kontaktaufnahme leitete die Schutzaufsichtsbehörde noch keine Schritte gegen ihn ein; schließlich waren die Panther zu jener Zeit nicht mehr als eine kleine Gruppe, deren Aktivität auf das Gebiet von Oakland beschränkt war und von der in der Presse wenig Aufhebens gemacht wurde. Erst Cleavers Auftreten als einer der Hauptredner bei einer Veranstaltung, zu der sich am 15. April 1967 65 000 Menschen aus Protest gegen den Vietnam-Krieg im Kezar-Stadion von San Francisco eingefunden hatten, alarmierte die Schutzaufsichtsbehörde.

Die Frau Martin Luther Kings war als Hauptrednerin dieser Massenveranstaltung herausgestellt worden (ihr Mann sprach zur gleichen Zeit auf einer noch weit größeren Parallelveranstaltung in New York). Die Wichtigkeit des Ereignisses und die Bedeutung, die Cleavers Rede beigemessen wurde, waren der Grund dafür, daß es zu einem strengen Verweis von offizieller Seite kam.

Wenige Tage später mußte sich Cleaver in der Redaktion der Zeitschrift *Ramparts* mit dem für ihn zuständigen Schutzaufsichtsbeamten, einem gewissen Mr. Bilideau, und dessen Vorgesetztem treffen. Der Umstand, daß an dieser Unterredung gleich zwei Beamte teilnahmen, unterstrich, welche Bedeutung der kalifornische Staat der Angelegenheit beimaß. Ich war in meiner Eigenschaft als geschäftsführender Redakteur der Zeitschrift um meine Teilnahme gebeten worden, da es um Cleavers Tätigkeit als ‹*public figure* und Schriftsteller› ging. Die beiden Schutzaufsichtsbeamten wirkten eindeutig verlegen, als sie erklärten, Gouverneur Reagan und Mitglieder der Adult Authority – des Kontrollgremiums des kalifornischen Strafvollzugs, dessen Mitglieder vom Gouverneur ernannt werden – hätten Anstoß am Inhalt der Rede Cleavers genommen. Die Schutzaufsichtsbeamten gaben mit aller Deutlichkeit zu verstehen, daß Cleaver nicht mehr lange ‹auf freiem Fuß› sein werde, wenn er künftig nicht davon Abstand nähme, Reden dieser Art zu halten.

In der Rede, um die es ging, hatte sich Cleaver zu den Grundforderungen der Black Panther Party – einschließlich des Aufrufs der Schwarzen zur Selbstverteidigung und zur Identifizierung des Kampfs der Schwarzen mit dem der Nationalen Befreiungsfront in Vietnam – bekannt. Die beiden Beamten teilten mit, daß sie in Zukunft erst vom Inhalt der Reden Cleavers Kenntnis nehmen müßten, bevor sie ihm die Erlaubnis geben könnten, sie zu halten. Ich gab zu verstehen, daß dies ein flagranter Verstoß gegen Cleavers Rechte sei; sie konterten schlicht und einfach mit der Erklärung, ein bedingt aus der Strafanstalt Entlassener habe keine Rechte. Wenn Gouverneur Reagan Cleavers Benehmen nicht passe, werde er ihn ins Gefängnis zurückbefördern lassen.

Die Schutzaufsichtsbeamten waren nicht gekommen, um über Gesetzlichkeit und Ungesetzlichkeit zu diskutieren, sondern um klarzustellen, wer im Besitz der Macht war, und Cleaver verstand sie weit besser als ich. Er dämpfte meine Empörung, indem er die beiden abtat als ‹gesichtslose Menschen›, die in den Fängen einer Bürokratie hingen, die sie mit Haut und Haar in Besitz genommen habe. In einem Bericht über diesen Vorfall schrieb Cleaver später: «... sie gehörten einem Verwaltungsapparat an, und die Erfahrung hatte mich gelehrt, daß solche Leute – auf Befehl von oben – jederzeit wieder in Reih und Glied zurücktreten und Front gegen einen machen können.»

Cleaver teilte seinem Schutzaufsichtsbeamten mit, daß er bereit sei, all die kleinen Spielchen, die von ihm als einem bedingt Entlassenen verlangt würden, mitzuspielen; so werde er zum Beispiel nach wie vor viermal im Monat zum Rapport erscheinen und vor jeder geplanten Reise die Erlaubnis dazu beantragen. Er denke jedoch nicht daran, seine Reden oder seine schriftstellerischen Arbeiten zensieren zu lassen. Nachdem Cleavers Anwälte in Aktion traten, sah man sich gezwungen, von der Forderung einer Vorzensur abzulassen. Aber die Weichen waren gestellt: Cleaver würde zum Kampf gegen den kalifornischen Staat antreten und der kalifornische Staat würde versuchen, ihn zu brechen.

Zwei Wochen später wurde Cleaver in Sacramento verhaftet, als eine Abordnung bewaffneter Mitglieder der Black Panther Party versuchte, einer Debatte über die Frage der Waffenkontrolle beizuwohnen. Damals war es in Kalifornien noch legal, Waffen mit sich zu führen; ein wenig bekanntes Gesetz allerdings besagt, daß kein Unbefugter ein staatliches Gebäude bewaffnet betreten darf. Cleaver wurde, zusammen mit einigen der Panther, die auf dem Rückweg nach San Francisco waren, wenige Häuserblocks von dem Sitzungssaal entfernt verhaftet. Die bedingte Strafaussetzung wurde aufgehoben und die Kaution einbehalten. Die Polizisten, die ihn festnahmen, erklärten ihm freudestrahlend, daß er ‹ausgespielt› habe und niemals wieder das Gefängnis von außen sehen werde.

Bald jedoch wurde klar, daß irgend jemandem ein Fehler unterlaufen war; denn Cleaver hatte von seinem Schutzaufsichtsbeamten die Erlaubnis erhalten, nach Sacramento zu fahren und einen Bericht für *Ramparts* über die Demonstration der Panther zu schreiben. An Hand von Fernsehaufnahmen konnte bewiesen werden, daß Eldridge keine Schußwaffe, sondern eine Kamera in der Hand gehabt hatte, und daß er nicht bei der Panther-Gruppe, sondern abseits bei den Presseleuten gestanden hatte. Die Behörden setzten ihn, wenn auch nur zögernd, auf freien Fuß. Aber sie erlegten ihm eine Reihe von zusätzlichen Beschränkungen auf: er durfte San Francisco nicht mehr verlassen; die Bay Bridge und Oakland waren für ihn bereits verbotenes Territorium. Er durfte keine Reden mehr halten und nicht mehr öffentlich in Erscheinung treten. Es wurde ihm verboten, «Kritik am kalifornischen Department of Corrections oder an irgendeinem Politiker zu üben».

Cleaver entschloß sich, einen kühlen Kopf zu bewahren, «ihnen den Gefallen zu tun» und sich fürs erste auf das Schreiben und die innere Organisation der Black Panther Party zu konzentrieren. Die Vorschriften hinsichtlich der Reisebeschränkungen wurden in der Folge ein wenig gelockert, und er konnte im Auftrag von *Ramparts* Fahrten unternehmen, soweit diese von der zuständigen Behörde genehmigt worden waren. Über seine gelegentlichen Anträge, die Beschränkung seiner Bewegungsfreiheit für die Dauer einer Reise aufzuheben, wurde von offizieller Seite stets willkürlich entschieden. Häufig wurde die Erlaubnis verweigert; so zum Beispiel, als *Ramparts* Cleaver als Berichterstatter zu den Parteikonventen der Demokraten und der Republikaner schicken wollte, obgleich *Ramparts* versichert hatte, daß er im Besitz eines Presseausweises sein werde, der ihm Zugang zu den Pressetribünen verschaffe.

Dieser bedrückende Zustand, der Cleaver nur begrenzte Aktivität gestattete, dauerte an, bis im Oktober Huey Newton bei einem Zusammenstoß mit der Polizei von Oakland, der einen Polizisten das Leben kostete, angeschossen und verhaftet wurde. Bobby Seale, der Chairman der Partei, saß bereits wegen des Zwischenfalls in Sacramento hinter Gittern. Die Panther wurden bei jeder Gelegenheit unter Druck gesetzt und waren kaum in der Lage, eine Kampagne zur Unterstützung von Newton zu organisieren. Cleaver erinnerte sich später: «... ich war der einzige effektive Redner, den wir zu der Zeit hatten ... Deshalb begann ich, im November 1967 wieder Reden zu halten und Huey in meinen Artikeln zu verteidigen ... es war wichtiger, Huey vor der Gaskammer als mich vor einem Aufenthalt in San Quentin zu bewahren.»

Im darauffolgenden Monat schlossen die Panther ein Bündnis mit der Peace and Freedom Party, das die Basis für Cleavers Kandidatur bei den Präsidentschaftswahlen und Newtons Bewerbung um einen Sitz im Kongreß war. Die Tatsache, daß Cleaver von nun an wieder in aller Öffentlichkeit Reden hielt, hatte zur Folge, daß er aufs neue zum bevorzugten Objekt der Aktionen einer Polizei wurde, die der Black Panther Party um jeden Preis den Garaus machen wollte. Auf gewissen Polizeirevieren wurde sein Foto als Zielscheibe für Pfeilwurfspielchen benutzt – eine willkommene Ergänzung zu dem Foto Newtons.

Am 15. Januar 1968 um drei Uhr morgens drangen Angehörige des Taktischen Sonderkommandos der Polizei von San Francisco in Cleavers Wohnung ein und durchsuchten sie nach belastendem Material, das ihnen als Vorwand für eine neuerliche Verhaftung hätte dienen können. Dabei bedrohten sie Cleaver und seine Frau mit vorgehaltener Pistole. Mit dieser Durchsuchung, die zu keinem Erfolg führte, hatte die Polizei ihre letzte Chance vertan, Cleaver durch Aktionen kaltzustellen, die so offenkundig durch nichts zu rechtfertigen waren; denn im darauffolgenden Monat erschien sein Buch ‹Seele auf Eis›, und zahllose Rezensionen sowie seine Auftritte im Fernsehen machten ihn zu einer Gestalt, die im ganzen Land bekannt war. Von jetzt an mußte die Polizei sich wohl oder übel nach stichhaltigeren Gründen umsehen, wenn sie Cleaver wieder hinter Gitter bringen wollte, ohne damit eine Flut von Protesten auszulösen.

Am 6. April, zwei Tage nach der Ermordung von Martin Luther King, saß Cleaver am späten Nachmittag in der Redaktion von *Ramparts* und diktierte seinen Aufsatz ‹Requiem für die Gewaltlosigkeit›. Wenige Stunden später schon wurden er und andere Panther in einen Schußwechsel mit der Polizei von Oakland verwickelt. Der siebzehnjährige Bobby Hutton wurde von hinten erschossen – und zwar wenige Augenblicke, nachdem er und Cleaver mit erhobenen Händen aus dem Haus getaumelt waren, in dem sie Zuflucht gesucht hatten. Cleaver, der eine Schußwunde am Bein hatte, wurde zunächst zum Highland Hospital in Oakland gebracht, dann zum Bezirksgericht von Alameda County – wo ihn die Polizisten auf dem Fußboden liegen ließen, während seine Personalien aufgenommen wurden – und schließlich ins Gefängnishospital von San Quentin, wo ihn ein Wärter eine Treppe hinunterstieß. Von dort aus brachte man ihn in die State Medical Facility von Vacaville, wo man ihn in die ‹Glocke› einsperrte. Nachdem ich die erste Meldung von der Schießerei im Radio gehört hatte, fuhr ich zum Highland Hospital und kam gerade noch rechtzeitig an, um zu sehen, wie er, bewacht von nicht weniger als zwölf Polizisten mit durchgeladenen Gewehren, aus der Krankenhaustür geschoben wurde. Seine Augen waren so verschwollen von Tränengas, daß er kaum den Weg zum Krankenwagen finden konnte; dennoch nahmen die Polizisten ihre Finger keine Sekunde lang vom Abzug – was offensichtlich weniger mit ihrer Sorge um die eigene Sicherheit zu tun hatte, als mit der Hoffnung auf einen Vorwand zum Schießen.

Der bedingte Straferlaß wurde rasch zurückgezogen, und er saß zwei Monate lang im Vacaville-Gefängnis. Die Adult Authority hatte von ihrer Macht, einen bedingten Straferlaß auf Grund von Aussagen der Polizei und ohne Vorladung oder Vernehmung des Betroffenen vorübergehend oder endgültig aufzuheben, Gebrauch gemacht. Drei Verstöße gegen die Bestimmungen für bedingt entlassene Strafgefangene wurden ihm zur Last gelegt: Besitz von Feuerwaffen, Verbindung zu übelbeleumdeten Individuen und Mangel an Kooperation mit dem Schutzaufsichtsbeamten. Die Adult Authority durchsuchte Cleavers Akte sorgfältig nach weiteren Verstößen aus der Zeit nach seiner bedingten Entlassung; das einzige jedoch, was dabei herauskam, war die Behauptung, er habe es nach einer erlaubten Fahrt nach New York – wo er die David Susskind-Show auf Band aufgenommen hatte – versäumt, sich zurückzumelden.

Cleavers Anwalt Charles Garry beantragte bei dem Richter am Obersten Gerichtshof des Staates Kalifornien Raymond J. Sherwin in Solano County, zu dem Vacaville gehört, einen Vorführungsbefehl nebst Anordnung der Haftprüfung. Erstaunlicherweise wurde diesem Antrag stattgegeben. Ein weißer Richter in einem kleinen ländlichen Bezirk in Kalifornien hatte unparteiisch gehandelt – ein Umstand, der Cleaver, wie er später gestand, beinahe unfaßbar vorkam.

Den Vorwurf der Verbindung zu übelbeleumdeten Individuen wies Richter Sherwin ab und wies darauf hin, daß die Adult Authority sich nicht einmal die Mühe gemacht hatte, Erkundigungen über die Persönlichkeit dieser ‹Individuen› einzuholen: «Man begnügte sich mit der Feststellung, daß es sich um Mitglieder der Black Panther Party handelte ... zwei oder drei der Genannten hatten ein ‹Strafregister›, aber aus keiner Unterlage ging hervor, ob sie jemals auf Grund irgendeines Delikts verurteilt worden waren oder ob Cleaver wußte, daß sie bereits irgendwann einmal verhaftet worden waren.» Zu dem Vorwurf der mangelnden Kooperation Cleavers mit seinem Schutzaufsichtsbeamten stellte der Richter fest: «Cleaver hat sich am Tage nach seiner Rückkehr aus New York telefonisch gemeldet.» Und zum Vorwurf des Besitzes von Feuerwaffen schließlich führte Sherwin aus: «Als Cleaver eine Feuerwaffe [ein Gewehr] zur Hand nahm, handelte er auf Befehl der Polizei. Eine Faustfeuerwaffe trug er in keinem Augenblick. Nichts deutete auf eine Verschwörung hin oder auf eine Situation, in der von Beihilfe die Rede sein konnte. Daraus folgt, daß weder vom Besitz einer Feuerwaffe noch von tatsächlicher Drohung die Rede sein konnte.»

Richter Sherwin fuhr fort: «Aus den vorliegenden Unterlagen geht hervor, daß eine Vernehmung des Antragstellers vor der Adult Authority nicht einmal in Betracht gezogen wurde, obgleich dieser Antragsteller bereits vor mehr als zwei Monaten verhaftet wurde und man daraufhin den bedingten Straferlaß, der ihm gewährt worden war, aufhob. Nichts läßt erkennen, warum man es für notwendig hielt, diese Aufhebung des Straferlasses zu verfügen, noch ehe in einem Verfahren die gegen ihn erhobenen – und aller Wahrscheinlichkeit nach inhaltlosen – Anschuldigungen überprüft worden waren.»

Diese Entscheidung für einen Vorführungsbefehl nebst Anordnung der Haftprüfung war um so bemerkenswerter, als Sherwin mit ihr über die formaljuristische Argumentation hinausging und unmittelbar auf die politische Basis des Falles verwies:

«Es muß betont werden, daß die unwidersprochenen Beweise, die diesem Gericht präsentiert wurden, darauf hindeuteten, daß sich der Antragsteller seit seiner bedingten Haftentlassung mustergültig verhalten hat. Nicht Rückfälligkeit brachte ihn in die Gefahr, seinen Status als bedingt Haftentlassener einzubüßen, sondern die allzu große Eloquenz, mit der er seine politischen Ziele verfolgte, Ziele, die vielen seiner Zeitgenossen nicht gefielen. Die Aufhebung des bedingten Straferlasses entbehrt nicht nur jeglichen Grundes, sie war überdies das Produkt einer Pression, die – um mich vorsichtig auszudrücken – jenen, die mit der Vollstreckung des Gesetzes in diesem Staate betraut sind, schlecht zu Gesicht steht.»

Diese mit der Vollstreckung des Gesetzes betrauten Herren freilich ließen sich durch den strengen Verweis des Richters keineswegs einschüchtern, und die Adult Authority trat sofort in Aktion, um sein Urteil vom Appellationsgericht ins Gegenteil verkehren zu lassen.

Das Appellationsgericht benahm sich denn auch ‹normaler› als es Richter Sherwin getan hatte – es handelte den Machtverhältnissen gemäß, die in Kalifornien herrschen. Das Gericht weigerte sich, die Fakten zu überprüfen, um die es in dem Fall ging, und begnügte sich statt dessen damit, die Macht der Adult Authority, willkürlich einen bedingten Straferlaß für null und nichtig zu erklären, zu bestätigen. Der Gouverneur ernennt die Richter des Appellationsgerichts ebenso wie die Mitglieder der Adult Authority, und es war zu erwarten, daß der Oberste Gerichtshof des Staates Kalifornien das Urteil des Appellationsgerichts bestätigte. Beide Gerichte weigerten sich, die politischen Implikationen des Falles in Betracht zu ziehen; sie verließen sich nach alter Gewohnheit auf die politische Neutralität der Polizei von Oakland und der Adult Authority des Gouverneurs Reagan. So kam es, daß Cleaver sechs Tage später, am 27. November, wieder ins Gefängnis eingeliefert werden sollte, und es war sein Entschluß, sich nicht an dieses Datum zu halten, der ihm das Leben eines Mannes auf der Flucht bescherte.

Als er gegen Kaution freigelassen wurde, meinte Cleaver, daß die zwei Monate in Vacaville für ihn härter gewesen seien, als die neun Jahre, die er zuvor hinter Gittern hatte verbringen müssen; denn in der kurzen Zeit, die er außerhalb der Gefängnismauern verbrachte, hatte er zu sich selbst gefunden und die Freiheit geschmeckt. Die Anspannung, die jene zwei Monate für ihn bedeutet hatten, oder ein Gefühl der Schuld an Bobby Huttons Tod, einem Tod, der eigentlich ihm selber zugedacht gewesen war, mochte der Grund dafür sein, daß Cleaver das Vacaville-Gefängnis mit dem festen Entschluß verließ, den Weißen Kaliforniens von Ronald Reagan abwärts die Stirn zu bieten. Cleaver war wie besessen, und die Worte standen ihm ebenso zu Gebote wie die Gelegenheiten zum Sprechen. Auf der Wahlliste der Peace and Freedom Party, die – mochte sie auch sonst ihre Schwächen haben – das Wunder vollbracht hatte, einhunderttausend Kalifornier zum Eintritt in eine neue radikale Partei zu bewegen, bewarb er sich um das Präsidentenamt. Daneben setzte er sich beharrlich dafür ein, daß der Fall Huey Newton in das Bewußtsein der Öffentlichkeit eindrang. Und er konnte einen – wenn auch bescheidenen – Sieg für seine Sache verbuchen, als Newton wegen Totschlags verurteilt wurde und nicht, wie es der Bezirksanwalt gefordert hatte, wegen Mordes. («Und das in Oakland! Dieser Charles Garry [der Anwalt, der auch Cleaver verteidigt hatte] ist ein toller Kerl; er ist der erste weiße Panther», sagte Cleaver.) Dann erhielt er die Einladung, im Herbst 1968 an der University of California in Berkeley zusammen mit anderen einen Kurs über experimentelle Soziologie abzuhalten. In diesem Kurs ging es um das Problem des Rassismus, und der Polizeichef von Oakland und andere hatten sich bereit erklärt, zusammen mit Cleaver daran teilzunehmen. Einige Radikale von Berkeley hatten Cleaver vor dem Kurs gewarnt; sie fürchteten, er könne bei dieser Gelegenheit vom System vereinnahmt werden. Aber er wußte, daß er sich diese Chance nicht entgehen lassen durfte. Der Akademische Senat, dem von jeher das Recht zugestanden worden war, Kurse zu planen und einzurichten, hatte seine Zustimmung gegeben. Die Mitglieder des Aufsichtskomitees der University of California jedoch unternahmen auf Betreiben von Ronald Reagan den Versuch, die Durchführung des Kurses zu verhindern und verstießen damit gegen eine seit langem bestehende Regel.

Während diese Geschichte in den kalifornischen Zeitungen die Runde machte, reiste Cleaver in Kalifornien umher und hielt eine ganze Serie von öffentlichen Reden, in denen er ‹Reagan die Hölle heiß› machte. Zum ersten- und einzigenmal waren sich Campus-Liberale und -Radikale einig, und Fernsehgesellschaften und Zeitungen sorgten dafür, daß nichts von dem Duell zwischen dem frömmelnden Reagan und dem ohne Umschweife zuschlagenden Cleaver der Öffentlichkeit vorenthalten blieb. Cleaver spielte auf dem Instrument der Massenmedien. Sie stellten eine Macht dar, die er respektierte, ohne sie je zu umwerben. Er veranstaltete ein Ein-Mann-Guerilla-Theater, bei dem die Kinder und alle übrigen netten Leute jubelten, wenn die bösen Buben in der Bredouille waren.

Irgendwie brachte es Eldridge Cleaver fertig, sich zwischen Ronald Reagan und die Liberalen zu schieben. Die Herren vom Aufsichtskomitee der Universität hatten Cleaver den Anlaß verschafft, der ihn zum

Brennpunkt aller gegen Reagan gerichteten Tendenzen machte, ganz gleich, von wem sie repräsentiert wurden – von der engagierten Neuen Linken, den Hippies, den Schwarzen oder den weißen Liberalen. Ihm allein war es gelungen, Reagan in die Arena zu zerren, «weg von dem Manuskript, das sie mit soviel Sorgfalt für ihn zusammengebastelt hatten», wie Cleaver amüsiert meinte. Es war eine wilde Jagd durch das Babylon des Irrsinns (Cleavers Bezeichnung für das weiße Amerika), die schließlich unerträglich wurde für die Männer, die den kalifornischen Staat regierten. Mit allem, was er tat, zog Cleaver die Legitimität ihres Machtanspruchs in Zweifel. Und seine Respektlosigkeit tat ihre Wirkung nicht zuletzt deshalb, weil seine Analyse der Zeit die Wahrheit auf ihrer Seite hatte.

Er nahm kein Blatt vor den Mund bei seinen stets improvisierten Reden. Diese Reden wirkten unausgeglichen, wenn auch gelegentlich brillant. Während er sprach, umkreiste er sein Thema, tauchte unvermittelt hinein und wieder heraus, bis er ein paar Kernpunkte ans Licht gebracht hatte; dann ließ er seine Sätze hervorschießen. Entdeckte er diese entscheidenden Punkte nicht, dann half es nichts, wenn seine Sätze hervorschossen, dann wirkten seine Invektiven und Kraftausdrücke bitter, und er wußte es und suchte sich in weniger ernsten, wenn auch vielleicht exzentrischeren Exkursen zu fangen.

Während dieser Zeit flogen wir einmal gemeinsam nach Orange County, das zum Mekka des erstarkten rechten Flügels Kaliforniens geworden war, um an einer Podiumsdiskussion an der University of California in Irvine, nicht weit von Disneyland und Knotts' Berry-Farm, teilzunehmen. Bürger des Städtchens hatten Cleaver mit Dutzenden von Morddrohungen bedacht, und kurz vor der Landung zeigte uns die Stewardess ein paar Ausgaben des *Register* – des Lokalblatts von Santa Ana –, dessen flammende Schlagzeilen verkündeten, daß man Eldridge Cleaver nach dem Leben trachte. Auf dem Flugplatz erwarteten uns die Helfer des Sheriffs mit Cowboy-Hüten auf dem Kopf. Ihr Anführer kam auf uns zu, drückte Cleaver die Hand und versicherte ihm, daß sie ihr bestes tun würden. Cleaver schüttelte sich vor Lachen. «Was für ein Sheriff sind Sie?» Als ihm schließlich aufgegangen war, daß die etwa dreißig Hilfssheriffs nicht gekommen waren, um ihn zu lynchen, sondern um ihn zu ‹schützen›, begrüßte er, wie es von alters her bei Präsidentschaftskandidaten Brauch ist, jeden einzelnen von ihnen mit feierlicher Miene und rief dann seinen Beschützern ein aufmunterndes «Los geht's» zu.

Das Publikum in der Universität bestand aus den Kindern der Leute, die in Orange County am Ruder waren. Ein wenig steif und über alle Maßen korrekt, waren sie übereingekommen, Cleavers Recht, zu reden, bis in den Tod zu verteidigen; weiter freilich wollten sie nicht gehen. Cleaver erfaßte, was in ihnen vor sich ging, und versuchte mit viel Geduld, ihnen klarzumachen, worum es ihm selber ging, was Reagan gesagt hatte und was die Mitglieder des Aufsichtskomitees erklärt hatten. Es wurde gerade alles furchtbar kompliziert und detailliert, als er plötzlich rief: «Wer, zum Teufel, ist Mickymaus Ronald Reagan, daß er Ihnen vorschreibt, wem Sie zuhören dürfen, daß er mir vorschreibt, was ich sagen darf, und daß er der Fakultät vorschreibt, wie viele Vorträge von mir ins Programm aufgenommen werden dürfen – das einzige, was ich zu alledem sagen kann, ist: Fuck Reagan.» Sie waren weniger schockiert als fasziniert. Es war nicht das durch übermäßigen Gebrauch längst abgegriffene Wort *fuck*, was diese Wirkung bei ihnen hervorrief, sondern vielmehr der Gedanke, daß ‹Fuck Reagan› die einzig richtige Antwort sein könnte auf das kunstvolle Gebäude aus Scheinheiligkeit, das das Gouverneursamt umgab. Zehn endlose Sekunden lang schnappte die Versammlung nach Luft; dann ließ sich der erste, zaghafte und dennoch befreiende Beifall vernehmen, der zu einer fast einmütigen, drei Minuten währenden Ovation anschwoll. Cleaver hatte es geschafft.

Ich bin niemals einem Menschen begegnet, ganz gleich ob weiß oder schwarz, der Cleaver kennengelernt hat und nicht ungeheuer beeindruckt von diesem Mann war. In einem Artikel der *Saturday Evening Post* heißt es über ihn: «Er ist heute in den Augen der Öffentlichkeit der einzige unter den wirklich militanten schwarzen Extremisten, den mit Weißen eine tiefe und aufrichtige Zuneigung verbindet und der glaubt, daß die beiden Rassen miteinander auskommen und zum besten aller zusammenarbeiten können.» Cleaver ist, nicht anders als Huey Newton und Bobby Seale, ein engagierter schwarzer Revolutionär, und Weiße, die dem Mutterland bei der Unterdrückung von Menschen helfen, sind für ihn Feinde, die es «mit allen erforderlichen Mitteln» zu bekämpfen gilt. Aber er kennt den – von den vietnamesischen Revolutionären so großartig erfaßten – Unterschied zwischen den Menschen, die im Mutterland leben, und jenen, die diese Menschen manipulieren und für ihre Zwecke benutzen. Cleaver war seinen weißen Zuhörern weniger entfremdet, als es die meisten Sprecher der radikalen Weißen sind, und er hat es immer verstanden, sein Thema – sei es durch Humor oder Ironie, durch die Besinnung auf die Liebe oder durch ein kühles Entlarven der Lügen und der Lügner – auf einer fundamentalen menschlichen Ebene abzuhandeln.

Das Duell Reagan kontra Cleaver, zu dem er in seinen ‹Marginalien zu Ronald Reagan› herausforderte, fand in jenen Herbstmonaten in Kalifornien tatsächlich statt, und das Resultat war so komisch und zugleich so katastrophal für diejenigen, die Cleaver als den ‹Trottel mit Macht› kennzeichnet, daß sie versuchten, dem grausamen Spiel mit allen Mitteln ein Ende zu machen. Die Reagan-Administration war ebenso hektisch wie offenkundig bemüht, Cleaver aufs neue hinter Schloß und Riegel zu bringen. Cleaver zweifelte – jedenfalls in diesem Stadium – nicht einen Augenblick daran, daß seine Gegenspieler die Trümpfe in der Hand hielten, aber er war fest entschlossen, es ihnen so schwer wie möglich zu machen – und an jenem 27. November klein beizugeben, schien ihm nicht der richtige Weg, ihnen das Leben schwerzumachen.

Er hat wiederholt darauf hingewiesen, daß er durchaus bereit sei, vor Gericht zu erscheinen; denn das Material, das er präsentieren kann, ist so eindeutig, daß er selbst vor einem Gericht in Oakland nicht nur seine eigene Unschuld beweisen könnte, sondern auch die Schuld der Polizei von Oakland am Tode Bobby Huttons. Im Prozeß gegen die anderen vier Angeklagten wird dieses Material dem Gericht vorgelegt werden. Cleaver jedoch war überzeugt, daß man – ganz gleich, wie der Prozeß gegen ihn ausginge – alles daransetzen würde, ihn zu töten (was sich leicht arrangieren ließ, indem man einen anderen Häftling auf ihn ansetzte) oder ihn bis zum Ende seines Lebens im Gefängnis festzuhalten. Warum, so argumentierte er, sollten sie sonst so fest entschlossen gewesen sein, mich ganze zwei Wochen vor Beginn der Verhandlung wegen irgendwelcher Verstöße gegen die Schutzaufsichtsbestimmungen wieder hinter Gitter zu bringen?

Mehrfach vertraute er seiner Zuhörerschaft an, daß die Freiheit, die er nie zuvor gekannt hatte, ihn viel zu sehr beglücke, als daß er überzeugt sein könnte, das Gefängnis noch einmal zu überleben. In der ersten Zeit nach seiner Entlassung hatte Cleaver in großen Räumen und auf der Straße befangen gewirkt, und man hatte stets den Eindruck, daß er die Enge seines kleinen Arbeitszimmers in der Redaktion von *Ramparts* vorzog. Im Gespräch war er vorsichtig und wirkte selbst dann angespannt wie ein Straßenkämpfer, der die Gefahr wittert, wenn nichts Bedrohlicheres in Sicht war, als eine britische Sekretärin. Aber schon bald fand er Gefallen an der Freiheit, an Frauen, gutem Essen und Scotch, an Berkeley, an Bobby Dylan und an allem, was er in der Umgebung des Büros der Black Panther Party entdeckte. Binnen kurzem fühlte er sich zu Hause in der Welt der Schwarzen, der Bohemiens, der Studenten und der Radikalen, die in der Bay Area leben. Er liebte es so sehr, draußen zu sein, unter Schwärmen von Menschen – bei den Be-ins der Yippies, auf den Massenversammlungen der Panther oder beim Jazz-Festival in Monterey – daß Bilder von Menschenmassen in ihm aufstiegen, als er während der Schießerei in Oakland glaubte sterben zu müssen:

«Dann sah ich im Geiste Menschenmengen vor mir – riesige Menschenmassen, Millionen von Menschen... Ich erinnerte mich an die Menschen auf den Kundgebungen im Oakland-Auditorium, an die wogende, quirlende Menge auf dem Konvent der Peace and Freedom Party...»

Alle politischen Führer brauchen Menschenmassen – beuten ihre kollektive Energie und Vitalität aus. Die meisten Politiker manipulieren die Massen, um sie den eigenen Interessen dienstbar zu machen. Cleaver gehört zu den wenigen, die die Energie der Menge in sich hineinsaugen können, um sie dann wieder auszuteilen. Voraussetzung dafür ist, daß man Risiken eingeht, daß man laut denkt. Damit läuft man Gefahr, wenig eloquent zu wirken; aber Mangel an Eloquenz wiegt weit weniger schwer als die Distanz des mangelnden Engagements. In jenen letzten Monaten berauschte sich Cleaver so sehr an den Menschen, gab er sich so rückhaltlos hin, daß er einen ungewöhnlichen Grad der Freiheit erlangte – selbst wenn sie es nicht fertigbrachten, ihn im Gefängnis tatsächlich umzubringen, war es ihm unmöglich, je wieder in Gefangenschaft zu leben.

Die fieberhafte Aktivität, die er in diesen Monaten als Redner bei zahllosen Veranstaltungen entfaltete, ließ ihm kaum Zeit zum Schreiben. Außer den ‹Marginalien zu Ronald Reagan› brachte er wenig zu Papier. Aus diesem Grunde wurde die Stanford-Rede in die vorliegende Sammlung aufgenommen, die geeignet ist, dem Leser einen Eindruck von den Gedanken zu vermitteln, die ihn in dieser Phase beschäftigen. *Ein* schriftstellerisches Projekt freilich gab es, für das er auch jetzt Zeit fand: die Biographie Huey Newtons, die Bobby Seale diktiert hatte und von der Teile in der Zeitschrift *Ramparts* veröffentlicht wurden. Aus zwei Gründen schien Cleaver besessen von diesem Projekt: Er hatte das Gespür eines echten Historikers für gesellschaftliche Vorgänge, und er war fest entschlossen, die Ereignisse, die die Entwicklung der Black Panther Party entscheidend prägten, so präzise wie möglich festzuhalten. Hinzu kam die Bedeutung, die Huey Newton für Cleavers eigene Entwicklung hatte – eine Bedeutung, die von allen, die bisher über Cleaver geschrieben haben, vollkommen außer acht gelassen wurde. In seiner Einleitung zu Seales Werk schreibt Cleaver: «Nachdem ich selber der Black Panther Party beigetreten war und Huey P. Newton als meinen Führer anerkannt hatte, war meine Einstellung zu Huey die gleiche wie die Bobby Seales: ich war wie er bereit, mein Leben in Hueys Hände zu legen ...» Cleaver sah den Unterschied zwischen Huey Newtons Lebensstil und seinem eigenen, aber er respektierte den einen wie den anderen. Was er an Huey Newton am meisten zu bewundern scheint, ist die zielbewußte Zähigkeit des Freundes und sein unbeirrbares, systematisches Engagement. Eldridge Cleaver ist – trotz gelegentlicher halbherziger Gesten in die entgegengesetzte Richtung – ganz und gar der impulsive, vitale Schriftsteller-Bohemien. Er gedeiht am besten im Chaos.

Cleaver liebte die Möglichkeit zur eigenen Aktion, die Schreiben und Reden ihm eröffneten. Aber er war stets bemüht, die Aufmerksamkeit von sich weg auf das zu lenken, was er als das Wichtigere betrachtete: Newtons Ideen und das Programm der Black Panther Party. Die Biographie Huey Newtons ist ein Beweis für diese Bemühung. Er widmete sich diesem Projekt mit einem Eifer, wie er ihn für seine eigenen schriftstellerischen Arbeiten, die stets unter dem Druck des allerletzten Ablieferungstermins entstanden waren, seit einiger Zeit schon nicht mehr hatte aufbringen können. Einige darunter, wie die kürzeren Texte, die in diese Sammlung aufgenommen wurden, sind im Grunde

Zeitungsartikel, deren Niederschrift in keinem Fall mehr als dreißig Minuten in Anspruch nahm. Die Biographie hingegen war ebenso ‹Geschichtsschreibung› wie ‹Literatur›, und er war alles andere als kleinlich, wenn es darum ging, Zeit für dieses Projekt zu opfern.

Die zwei Jahre, die Cleaver in Freiheit verbrachte, waren so eindeutig von seiner politischen Aktivität beherrscht, daß seine im Druck erschienenen Werke als polemische Texte verstanden und beurteilt werden müssen; nicht stilistischen Details, sondern den Konzeptionen, die in ihnen vorgetragen werden, hat das kritische Interesse zu gelten. Sie sind Cleavers Antwort auf spezifische politische Probleme – Antworten, die in großer Hast zu Papier gebracht wurden.

Die vorliegende Sammlung ist daher keine Fortsetzung von Cleavers ‹Seele auf Eis›, das in der Muße der Haftjahre entstand. In ‹Nach dem Gefängnis› kommt der Journalist Cleaver zu Worte; und so gesehen haben wir es auch hier mit einem Erstling zu tun. Gewiß wird es Rezensenten geben, die Vergleiche mit ‹Seele auf Eis› anstellen. Ihnen sei gesagt, daß Cleaver – anders als bei seinem anderen Buch – nicht in der Lage war, an der Zusammenstellung dieses Bandes mitzuwirken, und daß er keinerlei Verantwortung trägt für die Auswahl der Texte, bei denen es sich beinahe ausschließlich um Beiträge handelt, die ursprünglich für die Zeitschrift *Ramparts* geschrieben wurden. Cleaver war auf der Flucht und konnte nicht zu Rate gezogen werden. Seine zahllosen Reden sowie die Aufsätze, die er für die Zeitung der Black Panthers und für andere Publikationsorgane schrieb, mußten unberücksichtigt bleiben. Das Buch wurde in aller Eile fertiggestellt, um dem verbreiteten Bedürfnis nach Auskunft über Cleavers politische Ideen zu begegnen – was um so notwendiger ist, als die Massenmedien zwar viel Aufhebens von seinem Namen machen, seine politischen Vorstellungen jedoch, wie sie sich nach der Niederschrift von ‹Seele auf Eis› in seiner Begegnung mit der Welt außerhalb der Gefängnismauern entwickelten, bisher weitgehend ignoriert haben. Aber es gab noch einen anderen schwerwiegenden Grund dafür, daß dieses Buch so schnell wie möglich veröffentlicht wurde: Cleaver ist zum Objekt des Zorns Weißamerikas geworden – man ließ ihm die Wahl zwischen der ständigen Flucht und dem Tod im Gefängnis.

Die Clique der liberalen Intellektuellen Amerikas, die stets mit Empörung reagiert, wenn die Rechte sowjetischer Künstler verletzt werden, hat bisher auf die Verfolgungen des verheißungsvollsten unter ihren eigenen jungen Schriftstellern mit monumentaler Gleichgültigkeit reagiert. Der PEN-Club, der Kongreß für die Freiheit der Kultur und der ganze übrige Schwarm jener Kreuzfahrer der ‹freien Welt›, die normalerweise die Verteidigung der Freiheit gegen totalitäre Regime als ihre vordringlichste Aufgabe betrachten, scheinen ihrem Wesen nach außerstande, analoge Probleme auch hierzulande zu entdecken. Die Zeitschrift *Newsweek* etwa war schrecklich empört über die Verurteilung des sowjetischen Schriftstellers Daniel, während sie auf Cleavers Misere eher amüsiert reagierte: «Seele am Verduften.»

Die *Saturday Review* enthielt sich bislang jeden Kommentars zu diesem Thema, und auch Norman Podhoretz hielt es nicht für nötig, sich dazu zu äußern.

Mag sein, daß diese Leute die Freiheit der Meinungsäußerung nur geschützt wissen wollen, solange es sich um Meinungen handelt, die keine Gefahr für sie darstellen. Wie aber steht es mit uns anderen? Was läßt sich über unser Leben aus der Tatsache ablesen, daß man *uns* in diesem Lande unbehelligt als Schriftsteller, Herausgeber oder Kritiker arbeiten läßt, *Eldridge Cleaver* dagegen *nicht*?

Man hat fast das Gefühl, sich einer Geschmacklosigkeit schuldig zu machen, wenn man ausgerechnet *das* Problem zur Sprache bringt, das uns zwingt, Partei zu ergreifen. Aber es existiert schließlich, und Eldridge Cleavers Schriften verbieten uns, es zu verschleiern. Cleaver wird gegenwärtig wegen seiner Ideen verfolgt. Die Vorwürfe, die im Namen des Gesetzes gegen ihn erhoben werden, sind nichts anderes als ein leeres Geschwätz, wie es in solchen Fällen überall auf der Welt üblich ist. Er wurde allein deshalb aus der amerikanischen Gesellschaft hinausgedrängt, weil die Adult Authority Rache an ihm nehmen und ihn hinter Gitter bringen wollte, bevor in Oakland der Prozeß gegen ihn begann. Wie das Urteil der Geschworenen auch ausfallen mochte, die Macht über Cleavers Freiheit lag allein in den Händen der Adult Authority.

Die kalifornischen Gerichte – mit Ausnahme von Richter Sherwin – waren nicht einmal bereit gewesen, die Fakten zu prüfen, und als Richter Thurgood Marshall einen in letzter Minute gestellten Antrag auf Aussetzung des Verfahrens abwies, machte sich Cleaver aus dem Staub.

Es war zu erwarten, daß die Black Panthers nicht bereit sein würden, der kalifornischen Adult Authority noch einmal einen ihrer Führer zu überlassen. Sie wußten, daß es ihm nicht anders ergehen würde als Huey Newton, der so scharf bewacht wird, daß ihm jede Chance einer mündlichen oder schriftlichen Darlegung seiner politischen Gedanken genommen ist. Cleaver konnte sich ein solches Schweigen nicht auferlegen lassen.

Die ‹gesichtslosen› Männer der Adult Authority haben so gehandelt, wie wir es hätten erwarten sollen. Fünf der acht Mitglieder der Authority wurden von Ronald Reagan ernannt. Der Vorsitzende, Henry Kerr, war zu einer Zeit, als der Rassismus seine größten Triumphe feierte, der zweithöchste Beamte der Polizei in Los Angeles; der stellvertretende Vorsitzende, Curtis O. Lynum, war Chief Special Agent des FBI in San Francisco. Zu den Mitgliedern zählten ferner der frühere Leiter des Rauschgiftdezernats der Polizei von Los Angeles, ein hoher Beamter der Gefängnisbehörde sowie der stellvertretende Distriktanwalt von Los Angeles County.

Sie bilden die unerfreulichste Clique, die je gegen einen Schriftsteller der Revolution vorgegangen ist. Das unbegreiflichste an der ganzen Sache jedoch ist, daß wir andern bereit zu sein scheinen, die Macht dieser Leute als ein unvermeidliches Schicksal hinzunehmen.

Wir sind dabei, uns einen scheinheiligen Aufruf zum ‹Realismus› als Alternative zur Auseinandersetzung mit der Tatsache verkaufen zu lassen, daß es in Amerika eine ungeheure Zahl von politischen Gefangenen gibt – von weißen Kriegsdienstverweigerern bis zu schwarzen Panthern – und mit der Tatsache, daß diejenigen unter uns, die nicht hinter Gefängnismauern sitzen, ihre Freiheit allein dem Umstand verdanken, daß sie bisher nicht den Weg der anderen gefolgt sind und keine ernsthafte Gefahr für die Mächtigen dieses Landes darstellen.

Cleaver war besonders gefährlich für sie, weil er ungeheuer bekannt war. Er verwirrte seine Kritiker, indem er sich ihrer ureigenen Institutionen bediente, um ihre Bedeutungslosigkeit zu demonstrieren. Das gilt für seine Bewerbung um das Präsidentenamt ebenso wie für seine Lehrtätigkeit an der University of California. Und es gelang ihm immer wieder, Weiße in die Enge zu treiben – sie beharrlicher als irgendein anderer Führer der Schwarzen in die Lage zu versetzen, sich selbst entlarven zu müssen. Sein Job war es, das ans Licht des Tages zu bringen, was er «die kalte Scheiße» nannte.

Tatsächlich schrieb ihm eine alte Dame aus Orange County einen Brief, in dem sie sich über seine Sprache beschwerte: «Mir gefällt, was Sie sagen, Mr. Cleaver. Aber die unanständigen Wörter, die Sie benutzen, verletzen meine Ohren.» Mit einem aufmunternden «Recht so, meine Dame» hieß er sie unter den Revolutionären willkommen und heftete ihren Brief an die Wand seines Arbeitszimmers. Aber er legte sich keinen neuen Wortschatz zu. «Nicht daß mir nicht auch andere Worte einfielen – ich bin lediglich der Meinung, daß das meiste, was in diesem Lande vor sich geht, nicht länger analysiert zu werden braucht. Die Scheiße ist seit Dekaden und Generationen von allen Seiten untersucht und begutachtet worden.» Und er fuhr – in einer Rede vor jungen Anwälten im Barristers Club von San Francisco – fort: «Entweder sind Sie ein Teil des Problems, oder Sie sind ein Teil seiner Lösung. Dazwischen gibt es nichts ... Denn jene, die in der Mitte stehen – jene, die beiseite stehen und zuschauen, wie die Polizistenschweine Menschen brutal zusammenschlagen –, sie sehen den Stiefel auf dem Nakken eines Menschen und sie stehen und stehen und können sich nicht entscheiden, wem sie helfen sollen ... All euch Schweinen, die ihr die andere Seite unterstützen wollt, euch Hosenscheißern und Schweinen wünsche ich, daß euch irgendwann irgendein Nigger in einer dunklen Straße erwischt und euch umlegt ... Ihr aber, die ihr euch nicht auf die andere Seite schlagt: euch liebe ich. Und ich weiß, daß ihr Menschen seid, und ich hoffe, daß auch ihr in mir einen Menschen seht.»

Recht so, Eldridge.

ROBERT SCHEER

17. Dezember 1968

Protokoll Nr. 1:
Ich bin 33 Jahre alt

Auf Grund der Schießerei in Oakland wurde Cleavers bedingte Haftentlassung widerrufen, und er wurde ins Vacaville-Gefängnis gebracht. Dort verfaßte er das folgende Protokoll, das dem Gericht zu seiner Verteidigung vorgelegt werden sollte.

Ich bin dreiunddreißig Jahre alt. Die ersten fünfzehn Jahre meines Lebens habe ich damit zugebracht, zu lernen, mit der Umwelt fertig zu werden und eine Einstellung zum Leben zu finden. Ich tappte zwischen verschiedenen Möglichkeiten umher und geriet auf einen Weg, der sich als Sackgasse erwies. Dieser Weg brachte mir viele Jahre Haft ein, zunächst im Jugendgefängnis, dann in San Quentin, Folsom und schließlich im Soledad State Prison. Von meinem sechzehnten Lebensjahr an verbrachte ich fünfzehn Jahre abwechselnd in Freiheit und im Gefängnis, davon die letzten neun Jahre in ununterbrochener Haft.

Während dieses letzten Aufenthalts im Gefängnis faßte ich den verzweifelten Entschluß, den Weg des Verbrechens zu verlassen und meinem Leben eine neue Richtung zu geben. Noch während meiner Gefangenschaft versuchte ich mich als Schriftsteller und schrieb ein Buch, das einen Verleger fand und veröffentlicht wurde, nachdem man mich auf Bewährung freigelassen hatte.

Es sah aus, als wendete sich nun alles zum Guten. Ich verliebte mich in ein bezauberndes Mädchen und heiratete; mein Buch stand vor der Veröffentlichung, und ich bekam einen guten Job als Redakteur bei der Zeitschrift *Ramparts* in San Francisco. Ich hatte völlig mit meinem bisherigen Leben gebrochen. Da ich meine Gefängnisstrafen alle in Los Angeles abgesessen hatte, verließ ich nun die Stadt und lebte während der Zeit meiner bedingten Haftentlassung an der Küste in der Bay Area. Ich hatte einen vollkommen neuen Freundeskreis und führte ein vollkommen neues Leben.

Der Gedanke an irgendeine Art von ‹krimineller Betätigung› war so widersinnig und abwegig wie der Gedanke, daß einem Flügel wachsen und man damit zum Mond fliegen könnte. Außerdem war ich viel zu beschäftigt. Ich stieß zu den Black Panthers. Auf Grund meiner schriftstellerischen Fähigkeiten und meines Interesses für Kommunikationsmittel wurde ich Herausgeber des Parteiorgans *The Black Panther*. Meine Frau Kathleen und ich arbeiteten in der gleichen Branche. Sie hatte früher in der Nachrichtenabteilung der SNCC (Student Nonviolent Coordinating Council) gearbeitet und war nach unserer Heirat nach San Francisco gekommen, der Black Panther Party beigetreten und unsere Pressesekretärin geworden. Außerdem wurde sie im 18. Gemeindebezirk von San Francisco als Kandidatin unserer Partei aufgestellt, die auf die gleiche Karte setzt wie die Peace and Freedom Party. Ich hatte mit meiner Arbeit bei *Ramparts*, mit meiner politischen Tätigkeit, der Herausgabe des Parteiorgans der Black Panthers und der Arbeit an einem neuen Buch mehr zu tun, als ich bewältigen konnte. Mein Leben war eine endlose Kette von Reden, Organisationstreffen und einigen wenigen Stunden, die ich hier und da für meine Arbeit an der Schreibmaschine erübrigen konnte.

Ich glaubte, daß die Schutzaufsichtsbehörde mit meinem neuen Leben sehr zufrieden wäre, denn ich erfüllte alle Vorschriften für bedingt Haftentlassene mit geradezu mustergültiger Genauigkeit. Aber darin sollte ich mich täuschen. Mein Fall galt als ‹Studienfall›, und das bedeutete, daß ich meinen Überwachungsbeamten viermal im Monat sehen mußte: einmal zu Hause, einmal an meiner Arbeitsstelle, einmal nach Vereinbarung und einmal in seinem Büro. Mein Schutzaufsichtsbeamter Mr. Bilideau war ein Weißer, aber sein Chef Mr. Isaac Rivers war ein Schwarzer. Diese beiden Herren waren meine Kontaktleute zur Schutzaufsichtsbehörde. Persönlich kamen wir gut miteinander aus, und wir unterhielten uns oftmals über die Welt und ihre Probleme. Allerdings konnte ich niemals aufrichtige Freunde in ihnen sehen, denn sie gehörten einem Verwaltungsapparat an, und die Erfahrung hatte mich gelehrt, daß solche Leute – auf Befehl von oben – jederzeit wieder in Reih und Glied zurücktreten und Front gegen einen machen können.

Dies geschah zum erstenmal, als ich am 15. April 1967 in einer Rede im Kezar-Stadion Amerikas Rolle im Vietnam-Krieg kritisierte. Diese Rede, die ich während der International Days of Protest hielt, war Teil einer Veranstaltung der Spring Mobilization gegen den Krieg in Vietnam. Es wurde überall in den Vereinigten Staaten demonstriert, vom Atlantik bis zum Pazifik. Dr. Martin Luther King sprach bei der Massenversammlung in New York und seine Frau bei unserer Massenversammlung im Kezar-Stadion. Es waren schätzungsweise fünfundsechzigtausend Menschen gekommen, und die Reden wurden im Fernsehen übertragen. Man sagte mir, daß Mitglieder der Schutzaufsichtsbehörde, die mir nicht wohlwollten, Auszüge aus meiner Rede im Fernsehen gehört und daraufhin Versuche unternommen hätten, meinen bedingten Straferlaß widerrufen zu lassen. Aber ohne Erfolg. Ich hatte zwar das Recht zu freier Meinungsäußerung, aber Mr. Bilideau und Mr. Rivers sagten mir, in der kalifornischen Hauptstadt gebe es Leute, die mich aus politischen Gründen wieder im Gefängnis sehen wollten. Mr. Bilideau und Mr. Rivers rieten mir zur Mäßigung und zum Verzicht auf meine Rechte, um jene Leute in Sacramento, denen meine politische Haltung nicht zusagte, nicht vor den Kopf zu stoßen. Seitdem stand ich ständig unter dem Druck, den Mund halten zu müssen und nicht über ein Thema zu schreiben, das in gewissen Kreisen in Sacramento eine negative Reaktion auslösen könnte. Da ich weder ein Gesetz des Landes noch eine Vorschrift der Schutzaufsichtsbehörde verletzte – und da mir auch mein Anwalt versicherte, daß ich nur meine Rechte wahrgenommen hätte –, beschloß ich, diese Warnungen zu ignorieren. Ich nahm weiterhin das Recht zur freien Meinungsäußerung in Anspruch und schrieb, was ich zu sagen hatte.

Die nächste Krise kam zwei Wochen später, als ich mit einer Delegation der Black Panthers in Sacramento verhaftet wurde, die bewaffnet dem Capitol einen Besuch abstatteten, um mit dieser Geste politisch auf sich aufmerksam zu machen. Die in großer Zahl im Capitol vertretenen Nachrichtenmedien verschafften den Black Panthers denn auch für eine Million Publicity, weil sie in ihren Berichten die Botschaft der Panther verbreiteten, daß die Schwarzen sich bewaffnen sollten gegen ein rassistisches Land, das in zunehmendem Maße repressiver wurde. Obgleich ich als Berichterstatter im Auftrag meiner Zeitung an der Aktion teilnahm und die Erlaubnis meines Überwachungsbeamten dazu eingeholt hatte, wurde ich von der Polizei in Sacramento festgenommen. Die Schutzaufsichtsbehörde verfügte kurzerhand, ich solle in Haft bleiben, so daß ich nicht gegen Kaution freikommen konnte. Zur Überraschung sowohl der Polizei als auch der Schutzaufsichtsbehörde stellte sich bei den Nachforschungen heraus, daß meine Presselegitimation in Ordnung war, daß ich tatsächlich im Auftrag meiner Zeitung dort gewesen war und daß ich auch die Erlaubnis meines Überwachungsbeamten eingeholt hatte. Sie fanden weiter heraus, daß ich mit nichts anderem als einer Kamera und einem Kugelschreiber ‹bewaffnet› gewesen war. Trotzdem wollte die Polizei von Sacramento ihre Beschuldigungen nicht fallenlassen, und auch die Schutzaufsichtsbehörde weigerte sich, den Haftbefehl aufzuheben. Erst der Richter, der einen offensichtlichen ‹Fehler› von seiten der Polizei feststellte, ließ mich auf eine schriftlich von mir abgegebene Verpflichtung frei. Daraufhin hob die Schutzaufsichtsbehörde den Haftbefehl großherzigerweise auf.

Als ich nach San Francisco zurückkehrte, hörte ich wiederum, daß man sich in Sacramento bemühe, meinen bedingten Straferlaß aufzuheben. Meine Feinde, sagte man mir, hätten die ganze Nacht Ausschnitte aus dem Fernsehfilm ablaufen lassen, in der Hoffnung, auf ein Bild zu stoßen, das mich mit einem Gewehr in der Hand zeigte. Ohne Erfolg. Trotzdem wurden mir strenge Beschränkungen auferlegt. Erstens: Ich durfte mich nur in einem Umkreis von sieben Meilen frei bewegen, insbesondere durfte ich die Bay Bridge nicht passieren. Zweitens: Mein Name durfte während der folgenden sechs Monate nicht in den Zeitungen erscheinen, insbesondere durfte mein Gesicht nicht auf dem Fernsehschirm auftauchen. Drittens: Ich durfte keine Reden mehr halten. Viertens: Ich durfte nichts Kritisches über den Strafvollzug in Kalifornien oder über irgendeinen kalifornischen Politiker schreiben.

Kurz – ich sollte mich tot stellen, sonst würde ich ins Gefängnis zurückwandern müssen. Man sagte mir: «Gouverneur Reagan braucht nur seinen Namen unter ein bereits ausgefertigtes Dokument zu setzen, und Sie sind ein toter Mann ohne jedes Rechtsmittel.» Da ich die Wahrheit dieser Behauptung nicht anzweifelte und mich deshalb gezwungen sah, mit dem Rücken zur Wand zu kämpfen, beschloß ich, die Sache herunterzuspielen und mich zu fügen, zumal ich nicht wußte, was ich sonst hätte tun können. Meine Anwälte sagten mir, wir könnten vor Gericht gehen, aber wahrscheinlich müßte ich den Großen Gerichtshof in San Quentin jahrelang bestürmen, ehe das Gericht eine Entscheidung fällen würde. Ich war in einer bösen Zwickmühle.

So lagen die Dinge also. Nach einigen Monaten wurden zwar die Reisebeschränkungen aufgehoben, alle anderen Beschränkungen blieben jedoch in Kraft.

Am 28. Oktober 1967 wurde Huey Newton, Verteidigungsminister und Führer unserer Partei, in Oakland auf der Straße von einem Polizisten niedergeschossen, festgenommen und beschuldigt, einen Polizisten aus Oakland ermordet und einen anderen verwundet zu haben. Bobby Seale, der Vorsitzende unserer Partei, saß eine sechsmonatige Gefängnisstrafe wegen des Zwischenfalls in Sacramento ab, und ich war der einzige effektive Redner, den wir zu der Zeit hatten. Es mußte sofort etwas unternommen werden, um Hilfskräfte für Hueys Verteidigung zu mobilisieren. Deshalb begann ich im November 1967 wieder Reden zu halten und Huey in meinen Artikeln zu verteidigen. Das Politische dieses Falles und die Tatsache, daß er auf Machenschaften der Polizei von Oakland und der Distrikt-Anwaltschaft zurückzuführen war, zwangen mich, nicht nur die Polizei, sondern auch Politiker einer Kritik zu unterziehen. Aber es war wichtiger, Huey vor der Gaskammer als mich vor einem Aufenthalt in San Quentin zu bewahren – deshalb setzte ich alles auf eine Karte. Fernsehen, Rundfunk, Zeitungen, Zeitschriften, Betriebe – ich ließ keine Gelegenheit aus, um in Hueys Sinn zu sprechen. Mr. Rivers und Mr. Bilideau sagten mir, schon als ich das erste Mal das Wort ergriffen hätte, sei die Entscheidung über den Widerruf meiner Bewährung gefällt worden. Da ich also gewissermaßen auf Abruf lebte, versuchte ich, in der mir verbleibenden Zeit so viel wie möglich zu erreichen.

In der zweiten Dezemberhälfte 1967 lief Bobby Seales Haftzeit ab; er kam frei und konnte sprechen. Nun lief die Unterstützungskampagne für Huey auf vollen Touren. Auch die Peace and Freedom Party, mit der unsere Partei sich verbündet hatte, forderte Hueys sofortige Freilassung. Außerdem stellten wir Huey als Kandidaten für den Kongreß auf, als Abgeordneten des 7. Congressional District, Alameda County, ferner Bobby Seale als Kandidaten im 17. Gemeindebezirk und – wie ich schon erwähnte – meine Frau Kathleen als Kandidatin im 18. Gemeindebezirk von San Francisco.

In Anbetracht dieser großartigen Mannschaft und auch, weil ich das sichere Gefühl hatte, daß wir bereits eine beachtliche Unterstützung für Huey auf die Beine gestellt hatten, beschloß ich, mich ein wenig aus der Schußlinie zurückzuziehen. Vielleicht gelang es mir doch noch, weiterhin in der ‹Obhut› der Schutzaufsichtsbehörde zu bleiben. Ich sagte kategorisch alle öffentlichen Reden ab.

Im Januar entfesselten die Polizeibehörden von Oakland, Berkeley und San Francisco eine regelrechte Terrorkampagne gegen die Black Panther Party. Mitglieder unserer Partei wurden ständig gejagt und festgenommen. Am 15. Januar 1968 traten Angehörige einer Spezial-einsatzgruppe der San Franciscoer Polizei die Tür meines Hauses ein und terrorisierten meine Frau und mich sowie Emory Douglass, den Revolutionary Artist unserer Partei, der in jener Nacht bei uns zu Gast war.

Am 17. Februar, an Huey P. Newtons sechsundzwanzigstem Ge-burtstag, veranstalteten wir eine Massenversammlung im Oakland-Auditorium mit Stokely Carmichael als einem der Hauptredner. Nach Stokelys triumphaler Rundreise durch die revolutionären Länder der Welt sollte dies seine erste öffentliche Rede sein. Überraschend kam auch H. Rap Brown, und wir stellten ihn ebenfalls groß heraus. Der dritte bekannte Redner war der verehrungswürdige James Foreman, der bei dieser Gelegenheit die Fusion der SNCC mit der Black Panther Party verkündete. Die Versammlung fand sozusagen im Schatten des Alameda County-Gefängnisses statt, in dem Huey P. Newton in Haft gehalten wurde; sie stand unter dem Motto: «Come See About Huey» [Kommt her und seht mal nach Huey]. Es erschienen mehr als fünftau-send Menschen zu dieser Versammlung, die zu einer aufrüttelnden, unmißverständlichen Demonstration, zu einer umfassenden Hilfsak-tion für unseren Verteidigungsminister wurde. Eine ähnliche Ver-sammlung fand am nächsten Tag in Los Angeles statt, und insgesamt blieb Stokely neun Tage in Kalifornien, um die Trommel für Huey zu schlagen.

Jedesmal, wenn wir etwas unternahmen, wurde Bobby Seale festge-nommen – unter völlig unbegründeten, falschen Beschuldigungen. Auch diesmal, am 22. Februar 1968, zog ein Aufgebot der Polizei von Berkeley zu Bobbys Haus. Sie traten die Tür ein, zerrten Bobby und seine Frau Artie aus den Betten und verhafteten sie unter der unge-heuerlichen Beschuldigung der Verschwörung zum Mord. Unter dersel-ben Beschuldigung wurden in jener Nacht noch sechs andere Mitglieder der Partei verhaftet. Die lächerliche Beschuldigung der Verschwörung zum Mord wurde zwar schleunigst fallengelassen, aber die Inhaftier-ten wurden trotzdem alle festgehalten, weil sie sich wegen verschiede-ner Vergehen gegen das Waffengesetz verantworten sollten. Auch die-se Vorwürfe waren unbegründet. Alles in allem wurden während die-ser hektischen Woche sechzehn Mitglieder der Partei grundlos verhaf-tet, und man beschuldigte sie, Vergehen begangen zu haben, die nie begangen worden waren. Solche Fälle sind eine ernste Belastung für uns – auch wenn wir wissen, daß wir alle diese Fälle vor Gericht gewinnen werden –, denn sie rauben uns Zeit und Energie und finanzielle Mittel, die praktisch ohnehin so gut wie nicht vorhanden sind.

Während dieser hektischen Tage schwang das Stimmungsbarometer in der Bay Area stark zu unseren Gunsten um; denn nun war es sogar einem Blinden klar, daß wir offen von der Polizei verfolgt wurden.

Genau zu diesem Zeitpunkt, am 28. Februar 1968, brachte McGraw-Hill Publishing Co. mein Buch ‹Seele auf Eis› heraus, und daraufhin konzentrierte sich das öffentliche Interesse weitgehend auf mich. Während dieser Zeit auch gab mein Überwachungsbeamter es auf, sich mit mir in Verbindung zu setzen. Er kam nicht mehr zu mir, er ließ mich nicht zu sich holen, er rief mich nicht an. Das alles zerrte gewaltig an meinen Nerven. War dies nur die Ruhe vor dem Sturm?

Fast den ganzen Monat März über hielt ich mich außerhalb der Grenzen des Bundesstaates Kalifornien auf. Ich war meist in New York zu Fernsehsendungen über mein Buch.

Am 3. April 1968 drang eine Einheit der Polizei von Oakland in eine der regelmäßigen Versammlungen unserer Partei ein, die in der St. Augustine-Kirche in der 27. Street Ecke West Street stattfand. Ungefähr ein Dutzend Polizisten platzten Gewehre schwingend durch die Tür, unter Führung eines Captain und in Begleitung eines weißen Monsignore sowie eines schwarzen Predigers. Bei diesem Treffen waren zum gegenwärtigen Zeitpunkt weder Bobby Seale noch ich anwesend. Bobby war in Los Angeles, und ich war wenige Minuten vor dem Überfall weggegangen, weil ich einen dringenden Telefonanruf zu erledigen hatte. Unser National Captain David Hilliard leitete die Versammlung. Er berichtete, die Polizisten seien mit erhobenen Gewehren hereingekommen, aber als sie gesehen hätten, daß er die Versammlung leitete, seien sie verwirrt und irgendwie enttäuscht gewesen; sie hätten etwas Unverständliches gemurmelt, die Gewehre gesenkt und seien steifbeinig wieder hinausgegangen.

Zufällig war Pater Neil, dem die Kirche gehört, Zeuge dieses Vorfalls. Bis zu diesem Zeitpunkt hatte es ihm völlig ferngelegen, Kritik an der Polizei zu üben. Zwar war er nicht abgeneigt, zu glauben, daß es stichhaltige Gründe für die vielen Klagen über die Polizei geben müßte, aber das alles war viel zu abstrakt für ihn, weil er noch nie mit eigenen Augen etwas gesehen hatte. Nun, jetzt hatte er es gesehen, in seiner eigenen Kirche sogar. Er hatte gesehen, wie häßliche Gewehrläufe auf unschuldige, unbewaffnete Menschen gerichtet wurden, die eine ruhige, friedliche Versammlung abhielten. Pater Neil war außer sich. Er berief für den nächsten Tag eine Pressekonferenz ein, auf der er die Polizei von Oakland bezichtigte, sich innerhalb seiner Kirche wie ein Sturmtrupp der Nazis benommen zu haben. Pater Neils Pressekonferenz wurde jedoch durch ein Ereignis überschattet und in den Hintergrund gedrängt, das am Vormittag dieses Tages stattgefunden hatte: sein geistlicher Bruder Martin Luther King war in Memphis in

Tennessee ermordet worden. Eine drohende Wolke böser Vorahnungen senkte sich über die Nation.

Wenige Tage vor der Ermordung Martin Luther Kings war Marlon Brando aus Hollywood herübergeflogen, um auf eigene Faust herauszufinden, was zum Teufel eigentlich in der Bay Area vor sich gehe. Wir brachten ihn in meine Bude und sprachen und diskutierten die ganze Nacht mit ihm und erklärten ihm die Situation von unserer Warte aus. Wir mußten durch die ganze Weltgeschichte waten und alles an den richtigen Platz und in die richtige Perspektive rücken, ehe Brando begriff, woher die Black Panther-Bewegung kam und was sie wollte. Als er am nächsten Tag, nachdem er Bobby Seale zum Gericht begleitet hatte, nach Hollywood zurückflog, hatten wir das Gefühl, einen aufrichtigen Freund und einen wertvollen Kampfgefährten gewonnen zu haben.

Drei Nächte nach dem Überfall auf die St. Augustine-Kirche versuchten Angehörige der Polizei von Oakland mich zu töten. Sie töteten meinen Begleiter Little Bobby Hutton, den Schatzkanzler unserer Partei. Little Bobby Hutton war das erste Mitglied der Black Panther Party, das Huey P. Newton und Bobby Seale, als sie die Partei im Oktober 1966 gründeten, geworben hatten. Kaltblütig wurde er von der Polizei ermordet. Ich sah, wie sie ihn erschossen – aus fünfzig Gewehren, die auf uns gerichtet waren. Mich traf ein Schuß ins Bein.

Ich bin überzeugt, daß eigentlich ich in jener Nacht sterben sollte und daß ich nur aus dem Grunde nicht getötet worden bin, weil zufällig eine Menge großartiger schwarzer Menschen am Tatort waren, die die Bullen aufforderten, nicht auf mich zu schießen. Das wären selbst für die schamlos frechen, verachtungswerten Oakland-Schweine zu viele Augenzeugen gewesen.

Wenige Stunden später, am 7. April um vier Uhr morgens, hob irgend jemand irgendwo in der dunklen, geheimnisvollen Welt der Adult Authority meine Bewährung auf. Noch während ich in der Ambulanz des Highland Hospitals lag, sagten drei Leute von der Polizei in Oakland dauernd zu mir: «Sie kommen wieder nach San Quentin! Und zwar heute noch!» Nachdem ich gerade mit angesehen hatte, wie Little Bobby ermordet worden war und nachdem ich beinahe selber ermordet worden wäre, wurde ich noch vor Sonnenaufgang des nächsten Tages unter der Beschuldigung des versuchten Mordes an Händen und Füßen gefesselt und von Lieutenant Snellgrove und zwei anderen Beamten der Strafvollzugsbehörde nach San Quentin gebracht.

Lieutenant Snellgrove, den ich noch gut von meinem letzten Aufenthalt in San Quentin kannte und der sich auch an mich erinnerte, saß neben mir im Fond des Wagens. Als wir uns San Quentin näherten, sah er mich an und sagte: «Schlechte Nacht, was?» Ihm war nicht spaßig zumute, und mir auch nicht. Was sonst hätte er sagen sollen. «Ja», sagte ich. «So ziemlich die schlechteste in meinem Leben.»

Mehr sagte der Verfasser dieses Protokolls nicht.

19. April 1968

Der Niedergang
der Black Muslims

Es gab eine Zeit, in der der Name Elijah Muhammads und der seiner Black Muslims ausreichten, um Gefängnisbeamte nach Kopfschmerztabletten greifen zu lassen. Die Gedanken aller schwarzen Inhaftierten kreisten damals um die Frage, ob sie zur Nation of Islam übertreten sollten oder nicht. Für die weißen Häftlinge war dieses Problem ein Buch mit sieben Siegeln, in das sie nur argwöhnisch und mit dem Gedanken hineinlugten, sich gegen etwas wehren zu müssen, was sie als unmittelbare Bedrohung ihrer Existenz empfanden.

Wenn man in jenen Tagen in irgendein Gefängnis des Staates Kalifornien ging und jene Häftlinge besuchte, die in Einzelhaft saßen, fand man unter ihnen mit Sicherheit zehn oder fünfzehn Black Muslims, die eben mit dieser Einzelhaft dafür bestraft worden waren, daß sie immer wieder an die Gefängnisbeamten mit der unerbittlichen Forderung herangetreten waren, es müsse den Muslims gestattet werden, ihre Religion in gleicher Freiheit und mit den gleichen Privilegien auszuüben wie Katholiken, Protestanten und Juden.

In den Gefängnissen Soledad, San Quentin und Folsom fand man die meisten Anhänger des Islam. Da die Gefängnisbeamten nicht zuließen, daß Prediger von draußen in die Anstalten kamen und dort Gottesdienste abhielten – wie die Prediger anderer Religionen es durften –, griffen die Muslim-Anhänger in den Gefängnissen zur Selbsthilfe und gründeten Moscheen, deren Hierarchie genau der Struktur der Moscheen draußen in der Welt entsprachen. Jedes Gefängnis hatte seinen Prediger, Captain und Fruit of Islam aus den Reihen der Häftlinge gewählt. Die Gefängnisbeamten wußten das. Aber alles, was sie dagegen tun konnten, war, die Führer der einzelnen Moscheen von Zeit zu Zeit auszusondern und in ein anderes Gefängnis zu überführen, oder sie in Einzelhaft zu nehmen, so daß sie keine Verbindung mehr zu den anderen Mitgliedern der Moschee hatten. Durch diese Maßnahmen waren die Muslims zu ständiger Reorganisation ihrer Moscheen gezwungen, und für die Gefängnisbehörden war es ein leichtes, sie unter Kontrolle zu halten.

Trotzdem gelang es den Muslims, unter der großen Menge möglicher Konvertiten in den Gefängnissen ein systematisches Bekehrungsprogramm durchzuführen. Jeder schwarze Häftling war während seines Aufenthaltes im Gefängnis den Lehren der Black Muslims ausgesetzt

und mußte sich entscheiden, ob er sich anschließen wollte oder nicht. Es war kein seltener Anblick, Muslims während des Rundgangs im Freien mit einem anderen Häftling um den Hof marschieren zu sehen und diesem möglichen Konvertiten die Botschaft für den schwarzen Mann zu erklären, wie Elijah Muhammad sie lehrte.

Inzwischen hat sich das alles geändert. Es ist nicht schwer zu erkennen, daß das Licht, das einstmals so hell schien, schwächer geworden, wenn nicht überhaupt ganz verloschen ist; und daß die Muslims weder von den Gefängnisbeamten noch von den Insassen, noch von sich selber heute noch ernst genommen werden. Sie brennen nicht mehr vor Eifer, zu einer Religionsgemeinschaft heranzuwachsen, die den Ehrgeiz und die Hoffnung hat, zur beherrschenden Kraft ihrer Umgebung zu werden.

Die Gründe dafür sind zahlreich und kompliziert. Der am offensichtlichsten zutage tretende Grund für den schwindenden Einfluß der Black Muslims in den Gefängnissen ist der folgende: Allahs Taten sind ausgeblieben. In dieser Hinsicht sind die Muslims Opfer ihrer eigenen Voraussagen über den Untergang der weißen Teufel geworden. Um die noch Zögernden anzustacheln, eine möglichst schnelle Entscheidung über ihren Beitritt oder Nichtbeitritt zu fällen, haben die Muslims nämlich gern die Botschaft verbreitet, daß Allah Nordamerika ‹im nächsten Jahr› zerstören werde und daß nur jene Schwarzen gerettet würden, die bereits Mitglieder der Nation des Islam seien. Wenn du noch länger wartest, pflegten sie zu sagen, könntest du dich leicht, zusammen mit den Exilteufeln von Europa, in den Flammen röstend wiederfinden. Aber die Jahre vergingen, und Allah erschien nicht auf der Bühne der Welt.

Der zweite Hauptgrund für den schwindenden Einfluß der Black Muslims in den Gefängnissen war die Spaltung innerhalb der Nation des Islam. Sie wurde ausgelöst durch die unbedachte Amtsenthebung und die folgende Ermordung Malcolm X', der der Held aller schwarzen Gefangenen war. Malcolm starb durch die Hände von Mördern, die aus irgendeiner dunklen Ecke des Königreichs in dieser Welt ausgesandt worden waren. Aber die Last seines Todes lastet am schwersten auf den Schultern von Elijah Muhammad und den Fürsten der Nation des Islam in den oberen Rängen der Hierarchie. Es besteht kein Zweifel, daß sie es waren, die Malcolms Amtsenthebung bewerkstelligten, durch die er die Macht über die New Yorker Moschee verlor, die er von Grund aus aufgebaut hatte.

Einen Menschen so kaltblütig auszuschalten, der so hart gearbeitet hat, um die Nation des Islam über den Berg zu bringen – das hat einen Vertrauensschwund mit sich gebracht und jede Moschee in eine Ruine verwandelt, in der der Geist Malcolm X' umgeht. In den Gefängnissen sitzt er zu Gericht über jeden Muslim, und sein Märtyrertum nistet sich überall dort ein, wo Black Muslims sich versammeln.

Der dritte und vielleicht wichtigste Grund für den schwindenden

Einfluß der Black Muslims in den Gefängnissen ist, daß die in Freiheit lebenden Offiziellen der Nation des Islam es unerklärlicherweise unterließen, ihren hinter Mauern sitzenden Muslim-Brüdern irgendwelche rechtliche Hilfe zu leisten. Muslim-Häftlinge, die gegen die kalifornische Strafvollzugsbehörde klagen wollten, um das ihnen nach der Verfassung zustehende Recht zu erlangen, ihre Religion auch während des Aufenthaltes im Gefängnis ausüben zu können, waren deshalb zu der Demütigung gezwungen, die weißen Teufel von der ACLU (American Civil Liberties Union) zu bitten, sie vor Gericht zu vertreten.

Im Jahre 1963 stürmte die Polizei von Los Angeles die Muhammad-Moschee Nr. 27 und schoß bei diesem Unternehmen blindlings alles zusammen. Dabei wurden sieben Muslims verwundet und einer getötet. Nach dem Überfall wurden – durch eine seltsame Rechtsverdrehung – zwanzig Muslims zur Verantwortung gezogen. Die Beschuldigungen, die man ihnen zur Last legte, reichten von Ruhestörung bis zu tätlicher Beleidigung mit der Absicht der Verschwörung zum Mord. Der Vorfall erweckte weltweites Aufsehen und wurde in den schwarzen Gettos zum eifrig diskutierten Fall. Es war eine Konfrontation des weißen Machtapparats mit dem extremistischen Flügel der schwarzen Revolution.

Als der Fall – mit erheblichen Meinungsverschiedenheiten in den Rechtsfragen und mehrmaligem Wechsel der Anwälte – vor Gericht verhandelt wurde, war die Aufmerksamkeit des gesamten schwarzen Amerikas auf diesen Prozeß konzentriert. Man wollte wissen, wie die Gerichte einen so empörenden Fall behandelten. Die Muslims verloren den Prozeß, und die beiden bourgeoisen schwarzen Rechtsanwälte, die ihn geleitet hatten, Earl Broady und Loren Miller, wurden nach kurzer Zeit von Gouverneur Brown zu Richtern ernannt – Miller beim Municipal Court (Städtisches Gericht) und Broady beim Superior Court (höchster Gerichtshof des Staates). Vier Black Muslims wurden zu Gefängnisstrafen verurteilt.

Sobald die vier im Gefängnis waren, trennte man sie voneinander und brachte sie in verschiedenen Anstaltsgebäuden unter. Das tat man, weil die Black Muslims unter den anderen Häftlingen diese Männer als Helden betrachteten – und zwar als politische Gefangene, die ihrer Pflichterfüllung zum Opfer gefallen waren, und nicht als Straffällige, die ein Bagatellverbrechen begangen hatten. Gerade weil diese Männer als Helden der Nation des Islam galten, war es besonders skandalös, daß die in Freiheit lebenden Offiziellen der Nation des Islam nicht einen Finger rührten, um diesen Helden rechtliche Unterstützung zukommen zu lassen. Auch diese vier Black Muslims waren auf die allgemein übliche Praxis angewiesen, entweder selber Bittgesuche bei Gericht einreichen oder sich an die ACLU wenden zu müssen.

Aus diesen und anderen weniger stark ins Gewicht fallenden Gründen ist die Nation des Islam heute in den Gefängnissen tot, und es würde eines Besuches von Allah persönlich bedürfen, um sie wieder zum Leben zu erwecken. Jetzt setzen die schwarzen Häftlinge ihre Hoffnung in wachsendem Maße auf den Ruf nach Black Power und auf ein detailliertes Programm der Black Power-Bewegung im Geiste von Malcolm X. Die bekanntesten Bücher zu diesem Thema, die heute von schwarzen Insassen in den Gefängnissen gelesen werden, und zwar von Black Muslims ebenso wie von ganz einfachen alten Negern, die die Nase voll haben, sind: ‹Die Autobiographie des Malcolm X›, ‹Malcolm X' Speaks›, ‹Home› von LeRoi Jones, ‹Call the Keeper›, ‹Die Verdammten dieser Erde› von Frantz Fanon, ‹Negroes with Guns› und Che Guevaras Schrift über den Guerillakrieg – keines dieser Bücher weist den Weg nach Mekka.

Februar 1967

Psychologie:
Die schwarze Bibel

Frantz Fanons Buch ‹Die Verdammten dieser Erde›, das in der ganzen Welt längst als klassische Studie über die Psychologie der unterdrückten Völker anerkannt ist, gilt bei den Militanten der schwarzen Befreiungsbewegung in Amerika als ‹die Bibel›.

Dieses Buch, geschrieben von einem Schwarzen, der in Martinique geboren und in Paris erzogen wurde, einem Mann, der seinen Höhepunkt in der Feuertaufe der algerischen Revolution erreichte, ist ein historisches Ereignis. Es markiert einen entscheidenden Augenblick in der Geschichte der Bewegung der kolonialisierten Völker dieser Welt, einen entscheidenden Augenblick in ihrem Streben nach nationaler Befreiung, nach Modernisierung ihrer Wirtschaft und nach Sicherheit vor den endlosen Intrigen der imperialistischen Mächte.

In einem bestimmten Stadium der psychologischen Wandlung eines unterdrückten Volkes, das den Kampf um seine Freiheit aufgenommen hat, entwickelt sich im kollektiven Unterbewußtsein eine Neigung zu Gewalt. Das unterdrückte Volk hat den unbezähmbaren Wunsch, seine Beherrscher zu töten. Aber dieses Gefühl weckt sofort zahllose Zweifel; denn sobald sich das Volk seines Wunsches, gegen die Sklavenhalter vorzugehen, bewußt wird, schreckt es entsetzt vor diesem Impuls zurück. Die Gewalt schlägt auf sich selbst zurück, und die Unterdrückten bekämpfen sich gegenseitig: sie töten einander und tun sich all das an, was sie im Grunde ihren Unterdrückern antun wollten. Eingeschüchtert durch die überlegene bewaffnete Macht der Unterdrücker, haben die Kolonialvölker das Gefühl, daß dieser Unterdrücker im Grunde unbesiegbar ist und daß es absolut sinnlos ist, ihm die Stirn zu bieten.

Wenn der revolutionäre Impuls, zum Schlag gegen den Unterdrücker auszuholen, erstickt wird, kommt es zu Verzerrungen der Persönlichkeit. Während der algerischen Revolution arbeitete Fanon in einem Hospital in Algerien. Als Psychiater war er in der Lage, jene Algerier, die unter dem Druck der revolutionären Situation seelisch zusammengebrochen waren, aus nächster Nähe zu beobachten. Fanons Buch ‹Die Verdammten dieser Erde› enthält einen Anhang, in dem der Autor einige Krankengeschichten aufführt, in denen er in der Psyche seiner Patienten nach dem revolutionären Impuls und den Versuchen, diesem Impuls auszuweichen, forscht.

Nicht alle Patienten Fanons waren kolonialisierte Algerier. Auch französische Polizisten, denen die Brutalität, die sie umgab und in die sie verwickelt waren, zu schaffen machte, sowie französische Soldaten, die Gefangene auf die abscheulichste Weise gefoltert hatten, gerieten oft in Situationen, in denen sie die Nerven verloren und sich plötzlich mit ihren eigenen grausamen Taten konfrontiert sahen.

Die einzigartige Bedeutung dieses Buches besteht darin, daß in ihm ein schwarzer intellektueller Revolutionär die Stimme erhebt und zu seinem eigenen Volk spricht und ihm zeigt, wie es seine Kräfte nutzbar machen kann. Fanon lehrt, daß es entscheidend darauf ankommt, allen Haß und alle Gewalt auf das eigentliche Ziel zu richten – auf den Unterdrücker. Von diesem Zeitpunkt an, sagt Fanon, müßt ihr unerbittlich sein. Das gleiche meint LeRoi Jones in seinem Stück ‹Dutchman›, wenn sein Held Clay der weißen Frau, die ihn gequält hat, entgegenschreit: «Ein kleiner Mord wird uns alle wieder zu normalen Menschen machen.» [Gemeint ist das Verhältnis der Schwarzen gegenüber den Weißen.] In Fanons Buch wird der revolutionäre Drang zur Gewalt gerechtfertigt. Es lehrt kolonialisierte Völker, daß es völlig normal ist, wenn sie den Wunsch haben, sich zu erheben und ihren Sklavenhaltern den Hals abzuschneiden, daß sie erst dadurch zu Menschen werden und daß sie den Unterdrückern entgegentreten müssen, um sich ihres Menschseins bewußt zu werden.

Nach Watts und all den anderen Aufständen, die in den Gettos Amerikas den Brand entfacht haben, ist deutlich sichtbar, daß es im Fühlen und Reagieren unterdrückter Menschen kaum Unterschiede gibt – ob sie nun in Algerien von den Franzosen unterdrückt werden, in Kenia von den Briten, in Angola von den Portugiesen oder in Los Angeles vom Yankee Doodle.

Der französische Philosoph Jean-Paul Sartre schrieb eine Einleitung zu diesem Buch, das, wie er sagt, eigentlich keiner Einleitung bedürfe. Sartres Einleitung ist für sich selbst ein Meisterstück. Indem er Fanons Gedanken für ein weißes Publikum interpretiert, hat Sartre einen wertvollen Dienst geleistet: er überzeugt den Leser davon, daß dieses Buch gelesen werden muß.

15. Januar 1967

Robert Kennedys Gefängnis

Auf dem müden Rücken jenes respektablen Streitrosses sitzend, das man den Feldzug gegen die Armut nennt, fegte der blonde Ritter der liberalen Tafelrunde, Senator Robert F. Kennedy, heute durch San Francisco wie ein Sturm, der nicht losbricht. Ich sah der Schau, die er vor seinem Lieblingspublikum abzog – jenen Sozialfürsorgern, die ein begründetes Interesse an der Existenz der Armut haben –, von der Pressetribüne des Nourse-Auditoriums aus zu. Ich genoß die Szene. Es war das erste Mal, daß ich ihn leibhaftig sah, und ich war mir der Millionen Worte bewußt, die in sein Image investiert worden waren, und mir drehte sich der Magen um bei dem Gedanken an den Berg von Literatur über ihn, durch den ich mich hindurchgefressen hatte.

Ich saß ziemlich in seiner Nähe und sah mir seine Visage genau an. Ich hatte dieses Gesicht schon oft genug gesehen – hart, bitter, niederträchtig. Ich kannte dieses Gesicht von Burschen, die bei Nacht und Nebel auf ihre Raubzüge gingen und alle mindestens zehn Jahre im Gefängnis gesessen hatten. Auch Robert Kennedy ist seit langem schon der Gefangene seines Charakters. Er ist ein Sträfling, ein Lebenslänglicher vielleicht, und ich hatte den Eindruck, daß er – wie es Sträflinge tun – nach einem und *nur* einem Gesetz lebt: ich tue nur das, was das Gesetz des Überlebens vorschreibt, so daß ich, wenn die Ketten fallen, noch eine Chance habe.

So muß es wohl sein. Warum sonst würde ein junger Mann, der intelligent war und manchmal sogar seriös wirkte, dasitzen und zusehen, wie ein Bataillon von Lakaien vor dem Komitee aufmarschierte und einen Haufen beschissener Statistiken und Berichte vortrug, die in einem solchen Kauderwelsch verfaßt waren, daß sie sie selber nicht einmal verstanden. Korruptes Republikanervolk und degenerierte Demokraten, dachte ich bei mir. Da sitzt er nun, unser Robin Hood, die Hoffnung der Armen. Und wie entsetzlich ist die Lage für jene in Amerika, die unter den Fesseln des Systems leiden. Unser Robin Hood sah zu gierig aus, um groß zu sein, zu weiß, um der Richtige zu sein.

‹Ich liebe die Armen›, schien Kennedy mit jeder Bewegung, mit jeder kleinen, unwichtigen, abgedroschenen Frage ausdrücken zu wollen. Er verbreitete um sich die Aura des Idols. Er war der böse Bube im Komitee, der einzige, dessen Image es zuließ, auf die skandalösen Fragen zu sprechen zu kommen. Die anderen beiden Mitglieder des Komitees, Senator Murphy aus Kalifornien und Senator Clark aus Pennsylvanien, hatten keinerlei Ausstrahlung, höchstens eine negative. Murphy war wie ein alter, stinkender Wachhund, der das Haus seines Herrn bewachte, damit nichts hinein-, aber auch nichts herauskonnte. Es kam auch nichts, außer einem fauligen Geruch, der an den Gestank der blinden, selbstgefälligen Reichen in der Stunde ihres Untergangs erinnert.

Als ich das Nourse-Auditorium verließ, sagte ich mir: Wir brauchen keinen Feldzug gegen die Armut. Was wir brauchen, ist ein Krieg gegen die Reichen.

10. Mai 1967

Der Mut zum Töten:
Begegnung mit den
Black Panthers

Als Cleaver nach der Schießerei in Oakland im Vacaville-Gefängnis
von Kalifornien war, gelang es ihm, den folgenden Brief herauszu-
schmuggeln, in dem er seine erste Begegnung mit den Black Panthers
beschreibt.

Bereits die erste Begegnung mit der Black Panther Party war für mich
ausschlaggebend: es war buchstäblich Liebe auf den ersten Blick. Eines
Abends war ich zu einer Versammlung gegangen, die in einer schäbi-
gen kleinen Lagerhalle in der Scott Street im Fillmore-Bezirk, mitten
im schwarzen Getto von San Francisco, stattfand. Das war im Februar
1967. Es war die letzte einer Reihe von Versammlungen einer Gruppe,
die sich lose zum Bay Area Grassroots Organization Planning Committee zusammengeschlossen hatte. Sinn dieses Zusammenschlusses
war es, die geplanten Aktivitäten und Feierlichkeiten anläßlich des
vierten Jahrestages der Ermordung von Malcolm X und die Massen-
aktionen der schwarzen Gemeinde miteinander in Einklang zu bringen.
Der Glanz- und Höhepunkt der Gedenkfeiern, die drei Tage dauern
sollten, war das Auftreten von Malcolm X' Witwe, Schwester Betty
Shabazz, die bei der Massenversammlung im Bayview Community
Center in Hunter's Point die Hauptrede halten sollte.
   Die Frage nach den Sicherheitsvorkehrungen für Schwester Betty
während der vierundzwanzig Stunden, die sie bei uns in der Bay Area
zu Gast sein würde, war einer der Hauptpunkte der Tagesordnung dieses Treffens. Es herrschte eine geradezu paranoide Angst – die ich allerdings nicht teilen konnte –, daß Dutzende von Mördern in der Stadt
herumlungerten, die nur auf die Gelegenheit warteten, Schwester Betty niederzuschießen. Diese Angst, ob sie nun zu Recht bestand oder
nur in der Einbildung, saß tief in jedem einzelnen der Anwesenden.
   Ich hatte mich erst in letzter Minute entschlossen, an diesem Treffen
teilzunehmen und war erst als letzter dort. Niemand von den anderen
im Raum nahm Notiz von mir. Ich setzte mich mit dem Rücken zur
Tür, und ich bin ziemlich sicher, daß mein Gesicht und meine hochmü-
tig gerunzelte Stirn Verachtung ausdrückten. Man hatte die Stühle in
einem Kreis angeordnet. Mir gegenüber saß Roy Ballard (wenn ein
durchschnittliches Gehirn drei Zylinder hat, hat seines höchstens einen),
und er vor allem mußte meinen Gesichtsausdruck richtig deuten, denn

er trug die Hauptschuld daran. Sein idiotisches Grinsen spricht Bände, dachte ich.

Links von Roy saß Ken Freeman, Präsident der inzwischen eingegangenen Black Panther Party von Nordkalifornien. Er starrte mich an wie Dagwood mit den riesigen, runden Gläsern seiner Zweistärkenbrille. Rechts von Roy saß ein ängstlich aussehender kleiner Mulatte, der nach dem Motto zu leben schien: Lieber den Mund halten und für einen Narren gehalten werden, als etwas sagen und damit jeden Zweifel beseitigen. Vermutlich hatte er diesen Grundsatz von seiner großen, fetten gelben Frau übernommen, die rechts neben ihm saß, und, als ich hereinkam, gerade laut genug gesagt hatte, daß ich es hören konnte: «Scheiße! Ich dachte, wir seien beim letzten Treffen in der vorigen Woche übereingekommen, daß er an weiteren Treffen nicht mehr teilnehmen soll!»

Neben ihr saß Jack Trueblood, ein hübscher, ernster Junge mit einer schwarzen Russenmütze. Er vertrat die San Francisco State College's Black Student Union und übernahm jede Aufgabe, die man ihm zuschob. Er konnte ziemlich sicher sein, daß er jedes der wöchentlichen Treffen mit einer schweren Bürde verließ. Rechts neben ihm saß ein Mädchen namens Lucky. Ich weiß nicht, weshalb man sie so nannte – aber bestimmt nicht deshalb, weil sie zufällig eine alte Freundin von Roy Ballard war. Ich vermute eher, der Name hing mit ihrem bezaubernden Lächeln zusammen.

Zwischen Lucky und mir saß Marvin Jackmon, der sich – nachdem Watts in Flammen aufgegangen war – als Dichter einen Namen gemacht hatte, als er ein kleines Lied mit einschmeichelnder Melodie und dem Titel ‹Burn, Baby, Burn› komponiert und ein Stück mit dem Titel ‹Flowers for the Trashman› geschrieben hatte. (Es fällt mir schwer, objektiv über Marvin zu schreiben. Meine Freundschaft mit ihm bestand seit der dritten Dezemberwoche 1966 und endete, in beiderseitiger Verbitterung, mit der Schließung des Black House. Als ich in jenem Monat aus dem Gefängnis gekommen war, nahm ich als erstes mit ihm Kontakt auf. Zusammen mit Ed Bullins, einem jungen Stückeschreiber, der jetzt auf eigene Faust ein paar Sachen off-Broadway versucht, und mit Willie Dale, der mit mir in San Quentin gewesen war und sich als Sänger durchzusetzen versuchte, gründeten wir im Januar 1967 das Black House. Innerhalb der folgenden zwei Monate wurde es zum Mittelpunkt der nicht zum Establishment gehörenden schwarzen Kultur in der Bay Area.)

Rechts von mir saß Bill Sherman, ein ehemaliges Mitglied der Kommunistischen Partei und zu jener Zeit Mitglied des Zentralen Komitees der Black Panther Party von Nordkalifornien. Neben Bill saß Victoria Durant, die sich genauso kleidete, wie die schwarze Bourgeoisie es für ‹stilvoll› hielt oder, besser noch, ‹für große Klasse›. Sie paßte überhaupt nicht in diesen Kreis. Wir anderen repräsentierten das Volk, den Durchschnittsbürger – wir waren die Grassroots, die Wurzeln, die

Quelle –, und mitten unter uns saß diese Victoria, die bei jeder passenden und unpassenden Gelegenheit bereit war, ein Scheckbuch zu zücken und einen Scheck über 50 Dollar auszuschreiben. Sie repräsentierte, wie jeder wußte, die ortsansässige Gruppe der schwarzen Demokraten, die über alles informiert sein wollen, auch über die unwichtigsten Organisationsfragen – selbst wenn solche Informationen sie einen Haufen Fünfzig-Dollar-Schecks kosteten.

Dann war da noch Marianne Waddy, die uns allen ein Rätsel war, weil niemand mit Sicherheit sagen konnte, wer sie eigentlich war und woher sie stammte. An manchen Tagen erschien sie in fließenden afrikanischen Gewändern, die Haare in einem hübschen *skashok* verhüllt – das perfekte Ebenbild einer jungen afro-amerikanischen Frau, die die Identität und Beziehung zur afrikanischen Kultur endgültig hergestellt hatte. An anderen Tagen war sie angezogen wie ein Mann, und sie benahm sich dann auch wie ein Mann, der die erstbeste Kehle, die ihm vors Messer kam, durchschneiden wollte.

Neben Marianne saß ein geschniegelter Bursche namens Nasser Shabazz. Vincent Lynch, der zwischen Nasser und Ken Freeman saß, schloß den Kreis. Lynch war so glatt und schwarz wie die Ebenholzplastiken, die er von seiner Reise nach Nigeria mitgebracht hatte, und er war der einzige von der Black Panther Party von Nordkalifornien, den ich mochte und den ich für aufrichtig hielt. Irgendwo im Raum war auch Ann Lynch, Vincents Frau, mit ihrem großäugigen kleinen Sohn Patrice Lumumba Lynch. Ann war die Leiterin der Black Care, der weiblichen Hilfstruppe der Black Panthers. Diese Schwestern waren sich in vielen Gesprächen darüber klargeworden, daß das Stadium der Gewalttätigkeiten in der schwarzen Revolution unmittelbar bevorstand, und sie berieten nun darüber, wie sie, die Frauen, sich darauf vorbereiten könnten, Männer, die möglicherweise im Kampf verwundet werden, zu versorgen.

Als ich aus dem Gefängnis entlassen wurde, hatte ich den Plan, jene Organisation wieder ins Leben zu rufen, die für Malcolm X als Vortrupp der Revolution gegolten hatte: die OAAU (Organization of Afro-American Unity). Die Arbeit der OAAU war in den Anfängen steckengeblieben, weil ihr Initiator Malcom X auf der Bühne des Audubon Ballrooms in New York durch Mörderkugeln starb. Ich wunderte mich, daß es noch niemandem in den Sinn gekommen war, Malcolms Werk, diese Organisation, die er für so wichtig gehalten hatte, fortzusetzen. Mir erschien es, hinsichtlich der geschichtlichen Zusammenhänge, notwendig und auch logisch, die Organization of Afro-American Unity wieder zum Leben zu erwecken. Die drei Gedenktage für Malcolm X sollten dieser Aktion gewissermaßen den Rahmen geben. Im Januar hatte ich den Plan zu Papier gebracht und in der Bay Area zirkulieren lassen. Als nächstes verfaßte ich einen Aufruf, in dem ich eine Versammlung vorschlug, auf der ein vorläufiges

Gremium ernannt werden sollte, das bis zum Beginn der Gedenktage die Geschäfte der Organisation führen sollte. Während der Gedenktage wollten wir, auf Antrag der Abteilung Bay Area der OAAU, einen Kongreß einberufen, auf dem die Beauftragten für die Organisation gewählt und von Schwester Betty offiziell eingesetzt werden sollten. Am letzten der Gedenktage sollte dann Schwester Betty dem Unternehmen in einer Grundsatzerklärung den Segen erteilen.

Bereits im Februar war der gesamte Plan geplatzt. Wenn der Plan eine Perle war, dann hatte ich sie den Säuen vorgeworfen, und die größte Sau von allen war Roy Ballard. Er hatte den Plan an sich gerissen und ihn in eine Zirkusnummer verwandelt. Es wurde mir sehr schnell klar, daß ein Wiederaufleben der OAAU keinesfalls mit Hilfe dieser Crew zustande kommen würde; denn sie hatten nichts anderes im Kopf als den Pomp und das Gepränge, mit denen die Gedenktage begangen werden sollten. An anderes zu denken, waren sie überhaupt nicht fähig. Sie wünschten sich alles andere, als eine Organisation entstehen zu sehen, die dem Gewirr von Ein-Mann-Show-Gruppen – jener Geißel der schwarzen Gemeinde – ein Ende bereiten würde; und sie führten alle ehrbare Gründe an, weshalb ihre eigenen Splittergruppen am Leben erhalten werden müßten.

Als der Plan ihnen zum erstenmal zu Gesicht kam, fingen sie an, ihn auseinanderzunehmen und so lange auf jedem einzelnen Teilaspekt herumzukauen, bis sie sicher waren, daß er bis zur Unkenntlichkeit entstellt war. War ein Gedanke bereits in dem Kreis erörtert worden und zeigte trotzdem noch Lebenszeichen, dann stürzten sie sich erneut auf ihn und zerfetzten ihn noch mehr. Als sie fertig waren, war von dem ursprünglichen Plan nicht mehr übriggeblieben als der Beschluß, einen Pilgerzug zu der Stelle zu unternehmen, an der ein sechzehnjähriger schwarzer Junge, Matthew Johnson, von einem weißen Polizisten ermordet worden war, als der Beschluß, an den Mauern der Bayview Community Center Bilder von Malcolm X anzubringen, als eine hysterische Rede von Ken Freeman und als der Vierundzwanzig-Stunden-Besuch von Schwester Betty Shabazz.

Ich muß jedoch fairerweise zugeben, daß die Erfüllung meines Planes im Grunde wahrscheinlich unmöglich war, und zwar hauptsächlich deshalb, weil er nicht mit gewissen negativen Aspekten rechnete, mit den Zerstörungen nämlich, die die vierhundertjährige Unterdrückung hier in Babylon in der Seele der Schwarzen angerichtet haben. Und dann war ich ein Außenseiter für sie. Ich hatte in Los Angeles im Gefängnis gesessen und hatte meine bedingte Haftentlassung nach San Francisco ausstellen lassen. Ich war also ein Eindringling und hatte ein Programm entwickelt, daß *ihre* Gemeinde organisieren sollte. Fatal. Es kümmerte sie nicht, daß wir es mit der Idee der Black Nation, des kolonisierten Afro-Amerikas zu tun hatten; und sie sahen nicht, daß die Grenzen, die unser Volk trennen, einzig und allein durch die blödsinnigen Betrugsmanöver der weißen Unterdrücker errichtet worden sind und daß man diese Grenzen niederreißen muß. Nun, egal, ich hatte einen Fehler gemacht. Der Beweis für meinen Fehler war Roy Ballard, der nun da vor mir saß wie ein hagerer Geier, der über dem Kadaver eines Traumes hockt.

Plötzlich wurde es still im Raum. Die brodelnde Unruhe, die seit Wochen unter der Oberfläche zu spüren gewesen war und es einem unmöglich gemacht hatte, einen bestimmten Punkt durchzusetzen, der einem wichtig schien, war wie weggeblasen. Man hörte nur das Schloß klicken, als die vordere Tür geöffnet wurde, dann leicht schurrende Schritte, die sich ruhig auf den Kreis zubewegten. Aus der Spannung, die sich auf den Gesichtern der Leute vor mir abzeichnete, schloß ich, daß Polizisten versuchten, die Versammlung zu sprengen. Aber dann sah ich, wie die Augen der Frauen aufleuchteten. Ein solches Aufleuchten konnte nie und nimmer vom Anblick eines Polizisten ausgelöst werden. In der Tiefe meiner Seele kannte ich dieses Leuchten, ich erkannte es wieder, obgleich ich es noch nie in meinem Leben bewußt gesehen hatte: es drückte die vollkommene Bewunderung einer schwarzen Frau für einen schwarzen Mann aus. Ich fuhr auf meinem Stuhl herum und hatte den schönsten Anblick vor Augen, den ich je gesehen hatte: da standen vier schwarze Männer mit schwarzen Baskenmützen, blauen Hemden, schwarzen Lederjacken und schwarzen Hosen und glänzenden schwarzen Schuhen – und jeder dieser Männer trug ein Gewehr! Der vorderste war Huey P. Newton, er trug eine Schrotflinte in der rechten Hand, deren Lauf nach unten auf den Fußboden zeigte. Neben ihm stand Bobby Seale, unter dessen Jackenbund der Griff einer .45-Kaliber-Automatik hervorsah, die in einem Halfter an seiner rechten Hüfte hing. Ein paar Schritte hinter Seale stand Bobby Hutton, den Lauf seiner Schrotflinte auf die Füße gestützt. Und neben ihm Sherwin Forte, einen M 1-Karabiner mit Bananenklip im Arm.

Roy Ballard war im Nu auf den Füßen. Er fuhr sich mit der Zunge über die Lippen und sagte: «Für diejenigen unter euch, die die Brüder noch nicht kennen: das sind die Oakland Panthers.»

«Stimmt nicht ganz», sagte Huey P. Newton. «Wir sind nicht die Oakland Panthers. Wir leben nur zufällig in Oakland. Unser Name ist: Black Panther Party.»

Nach diesen Worten setzten sich die Panther schweigend auf ein paar Stühle, die an der Wand standen. Sie rückten nicht in den Kreis. Alle Augen im Raum waren auf sie gerichtet. Es wunderte mich, daß Roy Ballard nicht mehr redete und daß auch die anderen im Raum mit ihrem Gequassel aufgehört hatten. Es herrschte absolute Stille. Sogar der kleine Patrice Lumumba Lynch schien die Situation aufmerksam zu beobachten.

Was ging in diesen Augenblicken in mir vor? Ich war aufgewühlt, überwältigt! Meine Gedanken überschlugen sich; ich hatte das Gefühl, daß sie durch einen Nebel rasten, durch eine verschwommene Vorstellungswelt, die soeben in tausend Stücke zerschlagen worden war. Wer waren diese jungen Burschen? Sie setzten mich in Erstaunen, und ich sah sie mir genau an. Sie waren völlig gelassen, und mir schien, daß sie sich der elektrisierenden Wirkung, die sie auf uns alle ausübten, durchaus bewußt waren. Mir fiel eine Bemerkung ein, die Marvin Jackmon einmal hatte fallenlassen. Wir hatten früher einmal über die Notwendigkeit von Schutzmaßnahmen für das Black House gesprochen, weil die Gruppe der Zuschauer größer und größer wurde und wir gerade zu dieser Zeit einen Burschen hatten hinauswerfen müssen, der volltrunken gewesen war und sich aufgeführt hatte, als gehöre ihm der ganze Laden. Ich hatte damals gesagt, am besten wäre es, wenn Marvin, Ed, Dale und ich uns Gewehre beschafften, um der Zwangslage, in der ich uns glaubte, Herr zu werden. Da hatte Marvin geantwortet: «Ich finde, du solltest dich nicht mehr ums Black House kümmern, sondern gleich zu Bobby Seale unten an die Bay gehen.» Dabei hatte er schallend gelacht.

«Wer ist Bobby Seale?» hatte ich ihn gefragt.

Er antwortete nicht gleich; er schien sorgfältig abzuwägen, was er sagen sollte. Schließlich sagte er: «Bobby Seale ist einer von den Burschen, die gerade dabei sind, einige unserer Brüder an der Bay mit Waffen zu versorgen.» Ich versuchte in ihn zu dringen, aber er weigerte sich, mir Näheres zu erzählen. Und da mir die ganze Angelegenheit damals nicht so wichtig erschien, ließ ich es auf sich beruhen. Aber jetzt, als ich hier saß und die Panther vor mir sah, fiel mir dieser Zwischenfall mit Marvin wieder ein. Ich sah zu Marvin hin. Er schien sich ganz in sich selbst zurückgezogen zu haben und saß da wie ein hagerer schwarzer Buddha, der an etwas Unangenehmes, Bedrohliches denkt.

«Wollt ihr bei den Gedenkfeiern eine Rede halten, Brüder?» fragte Roy Ballard.

«Ja», sagte Bobby Seale.

«Gut», sagte Ballard. «Wir haben das Programm nach bestimmten Themen aufgeteilt – Politik, Wirtschaft, Selbstschutz und schwarze Kultur. Zu welchem Thema wollt ihr Brüder sprechen?» Das war genau die Sorte von Fragen, die nach meiner Erfahrung den Beginn einer zweistündigen Debatte ankündigten.

«Es kommt uns nicht darauf an, zu welchem dieser Themen wir sprechen», sagte Huey. «Unsere Botschaft ist immer ein und dieselbe. Wir werden darüber sprechen, daß die Schwarzen sich bewaffnen und in der politischen Arena das politische Mittel der organisierten Macht einsetzen müssen, um dafür zu sorgen, daß ihre Wünsche und Forderungen erfüllt werden. Andernfalls werden politische Konsequenzen gezogen werden. Die einzige Kultur, die es wert ist, daß man über sie spricht, ist die Kultur der Revolution. Es kommt also nicht darauf an, welchem Thema ihr das zuordnet. Wir werden jedenfalls über die politische Macht sprechen, die vom Lauf eines Gewehrs ausgeht.»

«Okay», sagte Roy Ballard. Und nach einer Pause fügte er hinzu: «Dann werden wir es unter den Punkt ‹Politik› aufnehmen.» Dann wandte er sich wieder der Frage nach den Sicherheitsvorkehrungen für Schwester Betty zu, wer sie vom Flugplatz abholen sollte und so weiter. Bobby Seale machte sich in einem kleinen schwarzen Buch Notizen; die anderen Panther saßen ruhig da und beobachteten.

Drei Tage vor Beginn der Gedenkfeiern erhielt ich einen Telefonanruf aus Los Angeles. Der Mann am anderen Ende der Leitung stellte sich als Hakim Jamal vor. Er sagte, er sei ein angeheirateter Vetter von Malcolm X und würde Schwester Betty begleiten; sie wünschten beide, mich zu sprechen. Es stellte sich heraus, daß ihnen mein Artikel über Malcolm sehr gefallen hatte, der im *Ramparts* erschienen war. Wir verabredeten, daß sie auf dem Weg vom Flugplatz in die Stadt bei mir im Büro von *Ramparts* vorbeikommen würden.

An dem Tag, an dem Schwester Betty und Hakim Jamal in San Francisco ankommen sollten, saß ich in meinem Büro und brütete über einem Artikel. Plötzlich platzte eine der Sekretärinnen zur Tür herein. Ihr Gesicht war grau vor Angst, und sie schrie mir zu: «Wir werden besetzt! Sie dringen schon ins Haus ein!»

Ich konnte mir nicht zusammenreimen, wer diese Eindringlinge sein sollten. Waren die Chinesen im Anmarsch? Oder hatte sich das CIA nun doch entschlossen, *Ramparts* zu besetzen? Sie sagte: «Es sind ungefähr zwanzig Mann mit Gewehren draußen.»

Da wußte ich, daß Hakim Jamal und Schwester Betty mit ihrer Eskorte von bewaffneten Black Panthers angekommen waren.

«Keine Angst», sagte ich. «Das sind Freunde.»

«Freunde?» Sie rang nach Luft, und die Augen traten ihr fast aus dem Kopf. Ich ließ sie einfach stehen und schoß an ihr vorbei zum Eingang.

Ich konnte kaum durch die enge Halle kommen, weil sich dort alle Mitarbeiter von *Ramparts* versammelt zu haben schienen. Ich schob mich durch die Menge und wehrte alle ängstlichen Fragen ab, indem ich ständig wiederholte: «Alles in Ordnung, alles in bester Ordnung.» Die Szene in der Halle erinnerte mich an gewisse Fotografien aus Kuba, von dem Tag, an dem Castro Havanna genommen hatte. Überall waren Gewehre, die zur Decke gerichteten Läufe sahen aus wie metallische Grashalme, die aus einem Meer von schwarzen Gesichtern und schwarzen Baskenmützen hervorwuchsen. Ich entdeckte Hakim Jamal und Schwester Betty inmitten einer Gruppe von Panthern, deren Ruhe und Selbstsicherheit in scharfem Kontrast zu den chaotischen Reaktionen standen, die ihr Erscheinen ausgelöst hatte. Draußen auf den vier Spuren des Broadway war ein dichtes Verkehrsgewühl, und in der Ferne konnte man die heulenden Sirenen von Polizeiwagen hören, die sich uns in schneller Fahrt zu nähern schienen.

Ich bat Hakim Jamal und Schwester Betty in ein Büro hinten in der

Halle. Etwa fünfzehn Minuten lang sprachen wir über Malcolm. Schwester Betty, deren Augen hinter dunklen Gläsern verborgen waren, sprach nichts mehr, nachdem wir einander vorgestellt worden waren; sie hörte nur schweigend zu. Sie wirkte äußerlich sehr gelassen, aber man spürte, daß sie bedrückt war. Huey P. Newton stand am Fenster, das Gewehr in der Hand, und betrachtete die nach oben gewandten Gesichter einer Horde Polizisten auf der Straße. Einmal ging ich aus dem Zimmer, um für Schwester Betty ein Glas Wasser zu holen. Ich drängte mich an Bobby Seale vorbei und weiter durch ein – wie mir schien – ganzes Bataillon von Panthern, die in der Halle standen und die Tür bewachten. Bobby Seales Gesicht war wie eine aus Stein gehauene Maske der Entschlossenheit.

Ein paar Meter entfernt von Seale sprach Warren Hinckle III, der Herausgeber von *Ramparts*, mit einem Polizeioffizier.

«Was ist hier los?» fragte der Polizist mit einer Handbewegung auf die Black Panthers mit den Gewehren.

«Gar nichts», sagte Hinckle, «alles in Ordnung.»

Dem Polizisten schien diese Antwort in Wut zu versetzen. Einen Augenblick starrte er Bobby Seale an, und dann stolzierte er nach draußen. Ich war noch in der Halle, als sich ein Fernsehmann mit der Kamera über der Schulter durch die Eingangstür zwängte und anfing, Aufnahmen zu machen. Zwei junge Weiße, die bei *Ramparts* arbeiteten, traten ihm entgegen und machten ihn darauf aufmerksam, daß er widerrechtlich Privateigentum betreten habe und schleunigst gehen solle. Als er sich weigerte, packten sie ihn und warfen ihn mitsamt seiner Kamera und allem anderen aus der Tür.

Als Schwester Betty und Hakim Jamal aufbrechen wollten, übernahm Huey P. Newton das Kommando. Ohne ein überflüssiges Wort zu verlieren, schickte er fünf seiner Männer nach draußen. Sie sollten für Schwester Betty und Jamal eine Gasse durch die Menge der Zuschauer bahnen, die sich auf der Straße angesammelt hatte, die meisten unter ihnen waren Polizisten. Dicht hinter den fünfen setzte sich eine Gruppe von zehn Panthern in Marsch, die Hakim Jamal und Schwester Betty schützend in ihre Mitte nahmen. Newton selber setzte sich mit Bobby Seale und drei anderen Panthern ans Ende des Zuges.

Ich ging mit hinaus und beobachtete den Abzug von der Treppe vor dem *Ramparts*-Gebäude aus. Als Huey aus der Tür trat, fing der Kameramann vom Fernsehen, der gerade aus dem Haus geworfen worden war, wieder an zu filmen. Huey nahm einen Briefumschlag aus der Tasche und hielt ihn vor die Linse der Kamera.

«Gehen Sie mir aus dem Weg!» rief der Fernsehmann. Huey hielt den Briefumschlag unbeirrt weiter vor die Linse. Da fing der Fernsehmann an zu fluchen, holte plötzlich aus und schlug Hueys Hand mit der Faust weg. Huey wandte sich ruhig an einen der etwa zwanzig Polizisten, die die Szene beobachteten, und sagte: «Ich wünsche, daß Sie diesen Mann wegen tätlicher Beleidigung verhaften.»

Im Gesicht des Polizisten tauchte ein ungläubiger Ausdruck auf, und dann platzte er mit den Worten heraus: «Wenn ich hier jemanden verhafte, dann werden Sie es sein.»

Huey wandte sich dem Kameramann zu und hielt ihm wieder den Umschlag vor die Linse. Noch einmal holte der Kameramann aus und schlug Hueys Hand weg. Da holte auch Huey aus, packte den Kameramann am Kragen und schleuderte ihn gegen die Wand. Der Fernsehmann drehte sich um sich selbst, taumelte und fiel aufs Pflaster, wobei er ängstlich versuchte, die Kamera auf seiner Schulter zu schützen.

Bobby Seale griff nach Hueys Ärmel. «Komm, Huey, laß uns hier weg.»

Huey und Bobby gingen auf dem Trottoir entlang zu ihrem Wagen. Die Polizisten standen auf dem Sprung, konzentriert, als ob sie jede Sekunde mit dem Schießbefehl rechneten.

«Vorsicht! Diese Hunde schießen am liebsten von hinten! Wendet ihnen nicht den Rücken zu!» rief Huey den anderen drei Panthern und Bobby zu. Zu diesem Zeitpunkt waren Schwester Betty und Jamal und die übrigen Panther bereits in ihren Wagen, die sich gerade in Bewegung setzten und in das Verkehrsgetümmel einfädelten. Nur diese fünf Panther waren noch am Ort.

In diesem Moment trat ein großer, muskulöser Polizist vor. Im Gehen löste er den Riemen, der seine Pistole im Halfter festhielt und schrie Huey dauernd zu: «Nehmen Sie Ihr Gewehr weg! Richten Sie Ihr Gewehr nicht auf mich!» Dabei fummelte er weiter an seiner Pistole herum, als ob er sie ziehen wolle.

Das war ein Augenblick größter Spannung. Huey blieb stehen und starrte den Polizisten an.

«Laß uns abhauen, Huey!» sagte Bobby Seale. «Laß uns bloß weg hier!»

Huey hörte nicht auf ihn. Er ging langsam auf den Polizisten zu, bis er knapp einen Meter vor ihm stand, und sagte: «Was ist los mit Ihnen? Juckt es Ihnen in den Fingern?»

Der Polizist gab keine Antwort.

«Sie wollen Ihre Pistole ziehen?» fragte Huey ihn.

Die anderen Polizisten riefen ihrem Kollegen zu, er solle sich beruhigen und die Sache nicht so ernst nehmen. Aber er schien sie überhaupt nicht zu hören. Er starrte Huey abschätzend an.

«Okay, du dickes, fettes Rassistenschwein», sagte Huey, «dann zieh doch deine Pistole!»

Der Polizist rührte sich nicht.

«Zieh doch, du feiger Hund!» Huey legte eine Patrone in den Lauf seines Gewehrs ein. «Ich warte», sagte er und blieb ruhig vor dem Polizisten stehen.

Die anderen Polizisten zogen sich aus der Schußlinie zurück. Auch ich trat vorsichtshalber auf die oberste Treppenstufe zurück. Ich starrte

Huey an, der da mitten unter den Polizisten stand und gewagt hatte, einen von ihnen aufzufordern, seine Pistole zu ziehen. Verdammt, er muß verrückt sein, dieser Nigger, dachte ich.

Da gab der Polizist auf. Er stand vor Huey und seufzte und senkte den Kopf. Huey lachte ihm ins Gesicht. Dann drehte er sich um, ging elastischen Schrittes die Straße entlang und verschwand im flimmernden Sonnenlicht.

Weiter so, Bruder, rief ich ihm innerlich zu. Du bist der großartigste Schweinehund, den ich je in meinem Leben gesehen habe.

Ich ging zurück in die Halle, und wir standen alle noch eine Weile herum und redeten aufgeregt über den Vorfall, den wir soeben mit fassungslosem Erstaunen beobachtet hatten.

«Wer war das?» fragte Warren Hinckles kleine Schwester Vampira.

«Das war Huey P. Newton», sagte ich, «der Verteidigungsminister der Black Panther Party.»

«Mann, ist das ein Kerl!» sagte sie mit träumerischen Augen.

«Ja», stimmte ich zu, «an den reichen wir alle nicht ran.»

Huey P. Newtons hervorstechendste Charaktereigenschaft war Mut. Das hatte ich an jenem Morgen vor dem *Ramparts*-Haus gesehen, und das konnte ich, nachdem ich der Black Panther Party beigetreten war, immer wieder beobachten. ‹Verrückt› hatte ich es anfangs genannt – wie es Leuten oft passiert, wenn sie etwas beiseite schieben wollen, von dem sie nichts verstehen. Ich meine hier nicht den Mut, aufzustehen und sich für etwas stark zu machen, und auch nicht den Mut, den es kostet, dem sicheren Tod ins Gesicht zu sehen. Ich spreche von dem revolutionären Mut, ein Gewehr in die Hand zu nehmen und dem Unterdrücker des eigenen Volkes damit entgegenzutreten. Das ist eine besondere Art von Mut.

Fanon sagt, daß Menschen, die in der Unterdrückung leben, sich gegenseitig umbringen. Und ein einziger Blick in eine x-beliebige schwarze Zeitung beweist, daß schwarze Menschen in Amerika einander tatsächlich in schöner Regelmäßigkeit umbringen. Das ist die unterdrückten Menschen inhärente Gewalttätigkeit. Erregt über das Elend ihres eigenen Lebens, aber eingeschüchtert durch die offen zutage tretende Übermacht des Unterdrückers, wagen sie nicht, gegen die wahren Ziele ihrer Feindseligkeit vorzugehen und schlagen statt dessen bei den noch schutzloseren Brüdern und Schwestern in ihrer Umgebung zu. Das erscheint ihnen ungefährlicher, mit weniger schrecklichen Konsequenzen beladen – als ob ein Mensch weniger tot sei, wenn er von einem Bruder erschossen worden ist und nicht von seinem Unterdrücker! Die Waffe gegen einen Bruder zu erheben, ist bloß kriminell und nichts anderes. Aber aus dem entsetzlichen Bann der den Unterdrückten innewohnenden Gewalttätigkeit herauszutreten und die Waffe gegen den Unterdrücker zu erheben – das heißt aus dem Leben selber herauszutreten, das Gefüge dieser Welt zu verlassen und, einsam und nur auf sich selbst gestellt, das Niemandsland der Revolution zu betreten.

Huey P. Newton hat diesen Schritt getan. Als Motto für die Black Panther Party hat er ein Zitat aus Mao Tse-tungs Roter Bibel gewählt: «Unser Ziel ist die Abschaffung des Krieges. Wir wollen keinen Krieg; aber der Krieg kann nur durch Krieg abgeschafft werden, und um die Waffen loszuwerden, ist es nötig, die Waffen erst einmal aufzunehmen.»

Als ich mich entschloß, der Black Panther Party beizutreten, war das einzige, was mir nicht an der Partei gefiel, ihr Name. Ich war immer noch der Überzeugung, daß wir es Malcolm X schuldig seien, dort wieder anzufangen, wo er aufhören mußte. Für mich bedeutete das: die Organisation, die Malcolm ins Leben gerufen hatte, wiederaufzubauen. Dort wieder anzufangen, wo Malcolm aufhören mußte – das hatte jedoch für verschiedene Leute sehr verschiedene Bedeutungen. Für die Jüngeren, wie Marvin Jackmon, bedeutete es zum Beispiel: in die Reihen von Elijah Muhammads Nation of Islam zurückzukehren, Malcolm als Ketzer zu brandmarken und Elijah Treue zu geloben – und das alles in Malcolms Namen. Aber für Huey P. Newton bedeutete es: das Programm zu vollenden, für das Malcolm eingetreten war. Als mir das klarwurde, wußte ich, woran ich bei Huey war.

Für die revolutionäre schwarze Jugend von heute beginnt die Zeitrechnung erst mit Malcolm X. Bevor er in Erscheinung trat, stand die Zeit still, herrschte die Stagnation der Sklaverei. Erst Malcolm fing an, Fraktur zu reden, die Dinge beim Namen zu nennen – und das ist Eisen im Blut eines jungen Negers. Malcolm beherrschte die Sprache, und er gebrauchte sie wie ein Schwert, mit dem er das Lügengewebe durchschlug, jene vierhundert Jahre alte Behauptung, die Macht des Wortes läge allein beim weißen Mann. Und durch die Risse in diesem Lügengewebe sah Malcolm stets den Weg zur nationalen Befreiung vor sich. Er zeigte ihn uns, er zeigte uns den Regenbogen und den goldenen Topf an seinem Ende. In diesem goldenen Topf, sagte uns Malcolm, liege der Schlüssel zur Befreiung. Und Huey P. Newton, einer von den Millionen Schwarzen, die Malcolm zugehört hatten, hob – in blindem Vertrauen zu Malcolm – den goldenen Deckel vom Topf und steckte die Hand hinein, um diesen Schlüssel herauszuholen. Als er die Hand zurückzog und feststellte, was er herausgeholt hatte, sah er das Gewehr, kalt und metallisch glänzend und unerbittlich in seiner Botschaft: Tod–Leben, Freiheit oder Tod – und beides endlich in der Gewalt einer schwarzen Hand! Huey P. Newton ist Malcolms ideologischer Nachkomme, Erbe und Vollstrecker. Malcolm sagte das Zeitalter des Gewehrs für den schwarzen Befreiungskampf voraus. Huey P. Newton nahm das Gewehr auf, spannte den Hahn und entfachte das Feuer der revolutionären schwarzen Gewalt in Babylon.

Die Idee der revolutionären schwarzen Gewalt ist da, und das heißt, daß der Unterdrücker keine Rechte hat, die der Unterdrückte respektieren müßte. Und aus dieser Idee ergibt sich die Frage für die weißen Amerikaner: Auf welche Seite stellt ihr euch? Auf die Seite der Unterdrücker oder der Unterdrückten? Die Zeit der Entscheidung ist für euch gekommen. Die Städte Amerikas haben die ersten Flammen der Revolution zu schmecken bekommen. Aber jetzt rast ein noch heißeres Feuer in den Herzen der Schwarzen: entweder totale Freiheit für die schwarze Bevölkerung oder totale Zerstörung Amerikas.

Ich muß bekennen, daß die Aussichten nicht vielversprechend sind. Amerika ist nicht nur eine träge Nation, es ist auch blind vor Rassismus. Wen die Götter zerstören wollen, den schlagen sie zuerst mit Blindheit. Vielleicht ist dieses Amerika schon zu lange blind gewesen, um jetzt noch etwas Vernünftiges äußern zu können. Aber die Zeit der Entscheidung ist da, und die Entscheidung muß getroffen werden, ob durch Entschlossenheit oder Unentschlossenheit, durch Handeln oder Nichthandeln. Die schwarze Bevölkerung hat ihre Wahl bereits getroffen. Eine revolutionäre Generation, die die Verwegenheit besitzt, von Amerika zu fordern, daß Huey P. Newton freigelassen wird, und die den Mut besitzt zu töten, eine solche Generation gründet ihre Hoffnungen auf den Glauben an die Revolution und sagt mit Che: «Wo immer der Tod uns auch überraschen mag, er wird uns willkommen sein; vorausgesetzt, daß unser Kampfruf noch ein offenes Ohr erreicht, daß eine andere Hand zur Waffe greift und andere Kämpfer den Grabgesang für uns anstimmen, mit dem Hämmern ihrer Maschinengewehre, mit ihren Kampf- und Siegesschreien.»

15. Juni 1968

Einführung in die Biographie
von Huey P. Newton

Ich erinnere mich, daß mich während der Gerichtsverhandlung gegen Huey P. Newton einmal ein Rechtsanwalt im Flur des Alameda County Courthouse anhielt. Er war sehr nervös, als er sagte: «Sie kreuzigen Huey da drinnen – sie machen aus ihm einen zweiten Jesus.» Und ich erinnere mich, daß ich fast instinktiv antwortete: «Ja, Huey *ist* unser Jesus, aber wir wollen ihn nicht am Kreuz sehen.»

Die Neigung, Huey als einen Menschen anzusehen, der über den anderen steht, als einen Menschen, der sich von allen anderen unterscheidet, hat, glaube ich, nichts Ungewöhnliches. Ich weiß, daß Mitglieder der Black Panther Party ihn so sehen, aber auch mehr und mehr andere Schwarze, die ihn verstehen und die etwas über seine Führerrolle in der Partei wissen und den Mut kennen, mit dem er seinen Standpunkt vertritt. Wenn man einmal miterlebt hat, wie *pigs*, rassistische Polizistenschweine, die für ihr brutales, gemeines, mörderisches Vorgehen gegen die schwarze Bevölkerung bekannt sind, Huey und seinen Getreuen nachts auf den Straßen von Oakland auflauern, dann kann man nur erstaunt und fasziniert sein, mit welchem Ernst, mit welcher Selbstverständlichkeit, mit welcher Bereitschaft er sein Leben der Verteidigung der Rechte seines Volkes widmet, und seiner eigenen Rechte, seiner Menschenrechte und seiner verfassungsmäßigen Rechte.

Ich kann nur sagen: Huey P. Newton ist der großartigste Schweinehund, den die Geschichte je erlebt hat. Huey hat eine ganz spezifische Bedeutung für die Schwarzen, denn vierhundert Jahre lang haben Schwarze davon geträumt, genau das zu tun, was Huey Newton getan hat: sich aufzulehnen gegen die tötlichen Fangarme des rassistischen weißen Machtapparats, ihnen zu trotzen und zu demonstrieren, daß er, Huey P. Newton, nicht gewillt ist, Aggression und Brutalität hinzunehmen, und daß er mit gleicher Münze heimzahlt, wenn er angegriffen wird. Huey ist der klassische Revolutionär. Seine Phantasie ist ständig am Werk, er entwickelt Taktiken und Strategien, in denen klassische Prinzipien der Revolution auf die Situationen übertragen werden, denen die schwarze Bevölkerung hier in Amerika gegenübersteht.

Über Huey P. Newton, den Verteidigungsminister der Black Panther Party, ist viel geschrieben worden; aber mir scheint, das meiste davon verzerrt sein Bild, weil versäumt wird, Huey in Aktion zu zeigen. Der Mann, der Huey vielleicht besser kennt als irgendein anderer, ist Bobby Seale, der Chairman der Black Panthers, der die Partei zusammen mit Huey gründete. Bobby kennt Huey seit ungefähr acht Jahren, seit der Zeit, in der sie gemeinsam das Merritt College in Oakland besuchten. Er hatte Gelegenheit, Huey unter den verschiedensten Umständen und in den verschiedensten Situationen zu beobachten, und er bringt Huey jene Art von Wertschätzung und Verständnis entgegen, die allein aus einer langen, gründlichen Beobachtung erwachsen, und die automatisch zu einer Fixierung auf das führen, was diesen Mann, Huey Newton, in Bewegung setzt.

Da Bobby sich mit Huey zusammentat und – in einem sehr wörtlichen Sinne – sein Leben in Hueys Hand legte, hatte er allen Grund, Huey auf Herz und Nieren zu prüfen, und er kam zu dem Schluß, daß das, was er tat, richtig und sicher war. Ich kenne Bobby und Huey, und ich kenne die Beziehung zwischen den beiden, und ich würde sagen, Bobby hatte gar keine andere Wahl, er fühlte sich aus innerem Antrieb dazu gezwungen, sein Leben in Hueys Hände zu legen. Man könnte sagen, daß seine Bewunderung und seine Achtung für Huey schon fast an Verehrung grenzten, und das gewiß nicht aus religiösen Motiven, sondern weil Huey ein Mann ist, dessen Beweggründe einer tiefen, brennenden Sorge und Anteilnahme an der Misere der schwarzen Bevölkerung entspringen, weil er ein Mann ist, der für die Probleme der schwarzen Bevölkerung nach Lösungen sucht, und der erkannt hat, daß es einer sehr einschneidenden Aktion auf revolutionärer Ebene bedarf, um der Unterdrückung ein Ende zu machen, und die Bevölkerung, die schwarze Bevölkerung zu einer revolutionären Haltung gegenüber dem dekadenten rassistischen System zu bewegen, von dem sie unterdrückt wird.

Bob Scheer und ich nahmen Bobby Seale mit nach Carmel in Kalifornien und zogen uns in eine kleine Hütte zurück, stellten ein Bandgerät vor Bobby hin, gaben ihm ein Mikrophon in die Hand und forderten ihn auf, über Huey P. Newton zu sprechen. Nachdem ich selber der Black Panther Party beigetreten war und Huey P. Newton als meinen Führer anerkannt hatte, war meine Einstellung zu Huey die gleiche wie die Bobby Seales: Ich war wie er bereit, mein Leben in Hueys Hände zu legen, ich vertraute wie er darauf, daß Huey in jedem Augenblick das Richtige tun würde, daß er den richtigen Instinkt besaß und daß ich nichts anderes zu tun brauchte, als ihm zu folgen und mich hinter ihn zu stellen.

26. Oktober 1968

Mein Vater
und Stokely Carmichael

Mein Vater, bei dem ich nach meiner Ankunft in Chicago übernachtet hatte, begleitete mich zum Büro der SNCC (Student Nonviolent Coordinating Council). «Mein Gott, ist das ein trostloses Loch hier», sagte er, «mitten im armseligsten Teil des Negerviertels! Wer kommt denn auf die Idee, sich hier ein Büro hinzusetzen.» Mein Vater versteht nicht sehr viel von den Vorgängen in unserer Zeit. Ihm geht es wie vielen alten Negern: den meisten ist erst spät im Leben klargeworden, was die Weißen mit ihnen anstellen, und da konnten sie nur noch verbittert feststellen, daß man sie hereingelegt hat.

Es war ein fünfstöckiges Apartmenthaus mit einer verblichenen Braunsteinfassade und viel Holzwerk. Es sah nicht gerade einladend aus: man zögerte unwillkürlich, die Tür zu öffnen und hineinzugehen. Das Büro der SNCC lag im dritten Stock. Wir stiegen die dunklen Treppen hinauf und klopften an die Tür.

«Wer ist dort?» hörten wir eine Frauenstimme durch die geschlossene Tür. Es handelte sich anscheinend um eine Art Ritual, das man hinter sich bringen mußte, ehe einem die Tür geöffnet wurde; denn als ich antwortete, «Eldridge», ging sie sofort auf. Das Mädchen hatte mich noch nie gesehen, aber sie trat zur Seite und ließ uns eintreten. Drinnen dröhnte eine Platte mit John Coltrane auf dem Plattenspieler. Ein pausbäckiges kleines Kind tobte auf dem Fußboden umher, und ein angestrengt arbeitender junger Mann beugte sich über eine Schreibmaschine und hämmerte unbeholfen auf die Tasten. Ich erklärte, wer ich sei, und sagte, daß ich mit Stokely Carmichael verabredet sei.

Das Mädchen sah mich einen Moment forschend an, ihre klugen braunen Augen strahlten einen sanften Glanz aus. Alles an ihr war sanft, sanft und warm, sanft und braun. Sie trug ihr Haar so, wie es von Natur aus wuchs – was jetzt viele Schwarze tun, die sich nicht mehr des Kräuselhaares schämen, das ihrer Rasse eigen ist. Wir zogen unsere Mäntel aus, und das Mädchen ging zum Telefon und rief allerlei Leute an, um herauszufinden, wo Stokely steckte. «Ich weiß, daß er um halb eins hier sein wollte», sagte sie.

Es stellte sich heraus, daß der Junge an der Schreibmaschine der Sohn von Sarah Wright, der bekannten schwarzen Schriftstellerin, war. Er arbeitete an einem Essay, in dem er den amerikanischen Imperialismus innerhalb und außerhalb der Grenzen der schwarzen Gettos angriff. Er wies auf einige Bücher, die auf seinem Schreibtisch lagen, und fragte mich, ob ich sie gelesen hätte: ‹Das Kapital›, Nkrumahs ‹Neokolonialismus›, ‹Die Verdammten dieser Erde›.

«Ich möchte nach Afrika gehen und dort an Ort und Stelle Studien betreiben», sagte er einige Male. «Ich muß fertig werden, ich muß mein Material zusammenbekommen.»

Das Mädchen legte den Telefonhörer auf und wandte sich mir zu. «Stokely wird gegen eins erreichbar sein.»

Ich wollte nicht mit meinem Vater bis eins im Büro herumsitzen, vor allem deshalb, weil er mich mit einem Haufen Fragen bedrängte. Wer ist Nkrumah? Wer hat dieses Buch geschrieben? Und so weiter. Deshalb sagte ich ihnen, daß ich in der Zwischenzeit mein Gepäck holen wollte und dann zurückkommen würde. Mein Vater und ich gingen zusammen essen. Dann rannte er los, um seine Kamera zu holen, und fing an, Schnappschüsse von mir zu machen. Währenddessen erklärte ich ihm, daß dies eine sehr wichtige Aufgabe für mich sei und daß ich deshalb lieber allein zurückgehen würde, weil die Leute es vielleicht nicht gern sähen, wenn ich jemanden mitbrächte.

Als ich ins Büro des SNCC zurückkam, war noch ein anderer Junge dort. Es war, wie sich herausstellte, David Llorens, ein schwarzer Schriftsteller, dessen Werke ich kannte. Er sollte mich zu Stokely bringen.

Wir gingen schnell durch die eisigen Straßen von Chicago zu dem Haus, in dem wir Carmichael treffen sollten. Er saß auf der Couch und hatte einen Telefonhörer in der Hand. In den folgenden Tagen war ich fast ständig mit Carmichael zusammen, und wenn er nicht gerade umherlief, Reden hielt oder aß, dann saß er am Telefon. Er konnte nicht zehn Minuten irgendwo sitzen, ohne ans Telefon gerufen zu werden oder selber irgend jemanden anzurufen.

Wir aßen etwas und rasten dann los, fuhren bei Rot über die Ampeln, um so schnell wie möglich in die Stadt zu kommen. Stokely war nämlich schon eine Stunde zu spät dran. Er mußte zu einer Fernsehaufzeichnung mit Irv Kupcinet, dem bekanntesten Fernsehmann in Chicago. Als wir mit dem Fahrstuhl nach oben fahren wollten, trat in letzter Minute eine junge Dame herein, die in einem Stapel Papiere blätterte und uns nicht gleich bemerkte. Erst als die Fahrstuhltür zuging, blickte sie nach links, fuhr zusammen und wandte sofort die Augen ab, als sie Cleveland Sellers dort stehen sah. Dann sah sie nach rechts, und dort stand Carmichael mit seinen überall bekannten dunklen Gläsern. Schließlich sah sie über die Schulter nach hinten – direkt in mein Gesicht. Da erstarrte sie und schien in sich zusammenzuschrumpfen. Als sie ihr Stockwerk erreicht hatte, stürzte sie aus dem Fahrstuhl heraus, als sei sie soeben dem leibhaftigen Teufel begegnet. Die Tür schloß sich hinter ihr, und wir fingen alle an zu lachen. «Sie können nicht *mit* uns auskommen, und sie können nicht *ohne* uns auskommen», sagte Carmichael.

Als wir in Kupcinets Büro kamen, warteten schon eine ganze Menge Menschen auf uns. Kupcinet stand mitten unter ihnen. Carmichael wurde schnell zu seinem Platz geschoben. Auf einer Art Bühne in der Mitte des Raumes war ein Kaffeetisch aufgebaut, der an drei Seiten von bequemen Couches umgeben war. Davor stand die Kamera. Auf einer der Couches saß der Kongreßabgeordnete Roman Pucinski, Mitglied von Adam Clayton Powells House Education and Labor Committee und einer der Führer in dem Kampf, Powell aus dem Amt des Vorsitzenden zu entfernen. Außerdem waren anwesend Archibald Carey, Neger-Richter und Prediger in einer großen christlichen Neger-Kirche, Rich C. Kriegel, Beauftragter des State Departments, sowie Studs Terkel, ein liberaler Chicagoer Rundfunkkommentator.

Die Sendung fing ziemlich freundlich an – mit einigen milden Fragen nach Adam Clayton Powell und nach den damals neuesten Nachrichten über die Aktionen gegen ihn im Kongreß. Der Kongreßabgeordnete Pucinski ließ die üblichen abgedroschenen Phrasen gegen Powell vom Stapel und versuchte, ihnen mit Sténtorstimme Nachdruck zu verleihen. Da meldete sich Carmichael zu Wort. Er wollte wissen, warum Pucinski und seine Abgeordnetenkollegen so versessen darauf seien, Powell aus seinem Amt zu entfernen, weshalb sie aber nicht einen Finger rührten, um die Kongreßabgeordneten aus Mississippi und Alabama aus dem Kongreß hinauszuwerfen, die ihre Sitze nur der einen Tatsache verdankten: daß sie Neger einschüchterten, ermorden ließen und an der Stimmabgabe hinderten.

Dann sprach Carmichael über Vietnam. Er hatte eine ganze Aktentasche voll Material mitgebracht, um Einwürfe mit Zitaten von qualifizierten Leuten zurückweisen zu können. Der Abgeordnete Pucinski, der Mann vom State Department und Richter Carey schlugen sich auf die Seite der Regierung Johnson. Terkel und Carmichael stellten sich vereint gegen sie. «Ich meine nicht die politische Seite!» schrie Carmichael. «Wir sprechen hier über das Leben von Menschen. Jeden Tag werden Männer, Frauen und Kinder in Vietnam niedergemetzelt. Ich spreche von Mord. Von MORD! Hören Sie das? Ich spreche über die Tatsache, daß ich hier ins Gefängnis wandern würde, wenn ich einen Mann mit Schlitzaugen auf der Straße ermordete, aber wenn ich es in Vietnam täte, würde ich einen Orden dafür bekommen. Ich spreche darüber, wer eigentlich das Recht hat, mir zu sagen, ich solle einen Mord begehen. Wer hat das Recht zu bestimmen, wer meine Feinde sind? Einen anderen Menschen zu töten – das ist der schwerwiegendste Schritt, den ein Mann tun kann. Wenn es schon dazu kommen sollte, daß ich jemanden töten muß, dann möchte ich wenigstens selber die Entscheidung darüber treffen.»

Pucinski, Carey und Kriegel konnten nicht verstehen, warum Carmichael sagte, er würde nicht in diesem Krieg kämpfen. Sie begriffen auch nicht, warum Terkel so beunruhigt feststellte, Amerika entwickle sich zu einer Nation von moralischen Ungeheuern. Es war hoffnungslos, anzunehmen, daß eine Verständigung in diesen Streitfragen herbeigeführt werden könnte. Carmichael sagte: «Bobby Dylan hat mal was Treffendes über Burschen wie euch gesagt: ‹Sie wissen zwar, daß etwas im Gange ist, Mr. Jones, aber Sie haben keine Ahnung, was das sein könnte, nicht wahr?›»

Kurz bevor die Sendung zu Ende war, seufzte Carey tief auf und gab zu, daß er verwirrt sei und daß das meiste dessen, was in der vorhergehenden Stunde gesagt worden war, über seinen Verstand ginge. Der Mann vom State Department kündigte an, daß er in diesem Bezirk ein Rekrutierungsbüro eröffnen wolle und verlas eine lange Liste mit Fachkenntnissen, die die Bewerber besitzen sollten. Als er damit fertig war, sagte David Llorens: «Schriftsteller hat er nicht erwähnt. Er will also keine Schriftsteller!» Zufälligerweise fuhren wir im selben Fahrstuhl nach unten wie der Mann vom State Department. Während der Fahrt fragte ihn David Llorens dauernd: «Warum wollen sie denn keine Schriftsteller haben?» Worauf der Mann vom State Department antwortete: «Ich habe die Liste ja gar nicht zu Ende gelesen, ich habe sie nicht ganz vorgelesen.»

Als wir vom Studio zurückfuhren, wurde im Radio Negermusik gespielt. Während dieser Fahrt begann ich, mir ein Bild von Carmichael zu machen. Wir hörten gerade die Platte ‹Tell It Like It Is› – das ist Soul, der Blues, die Musik des einfachen Mannes. Als sie anfing, schrie Carmichael auf, klatschte in die Hände und fing an, die Melodie aus dem Radio mitzusingen. Ich fragte mich, wie wohl Martin Luther King oder Whitney Young oder Roy Wilkins auf diese Musik reagiert hätten.

Wir fuhren ins Getto, ins Hauptquartier einer Gruppe schwarzer Nationalisten, die sich ACT for Freedom nannten. Es waren ungefähr zweihundert schwarze Radikale versammelt, die auf Stokely warteten. Die erste Frage überraschte uns alle. «Warum fährst du in der Stadt herum und redest mit den Weißen? Und warum hast du keine Zeit für deine eigenen Leute?»

«Ich weiß nicht, was du meinst, wenn du sagst, ich hätte keine Zeit für meine eigenen Leute», antwortete Carmichael. «In den vergangenen Jahren habe ich jede Minute meines Lebens für meine Leute verwendet.»

«Wie kommt es dann», fragte ein anderer Bursche, «daß du jedesmal, wenn du nach Chicago kommst, nur deshalb kommst, um mit weißen Leuten zu reden?»

Es folgten noch eine Menge ähnlicher Erklärungen. Sie wußten, daß Carmichael abends in der University of Chicago sprechen sollte. Mindestens zehn Burschen äußerten ähnliche Fragen, und sie wurden zunehmend bitterer. Ich bemerkte mit Überraschung, daß Carmichael mit gekreuzten Beinen vor der Menge saß und der Kritik, die sehr persönlich wurde, ruhig zuhörte. An einem Punkt brach er sein Schweigen und sagte: «Mein Leben spricht für sich selbst.» Aber sonst hörte er ihnen nur aufmerksam zu. Einer berief sich auf LeRoi Jones, der Gespräche mit Weißen für sinnlos hielt. Allmählich wurden sie ruhig, um zu hören, was Carmichael zu seiner Verteidigung vorzubringen hatte.

«Ich bin nach Chicago gekommen, um hier an der Universität zu sprechen, weil ein paar junge Leute sich hier zusammengetan und eine Versammlung angeregt haben. Sie haben Karten dafür verkauft und mich dann gebeten zu kommen. Es war also eine bezahlte Einladung. Wir brauchen Geld, um handeln zu können, Brüder und Schwestern. Das sind die harten Fakten des Lebens. Ihr Burschen sitzt hier herum und redet und redet – aber was *tut* ihr? Wenn ihr wollt, daß ich herkomme und zu euch spreche, warum organisiert ihr dann nicht auch eine Versammlung und bittet mich zu kommen? Seid ihr bereit, meine Arbeit zu finanzieren? Seid ihr wirklich dazu bereit? Das ist nämlich einer der springenden Punkte bei uns Schwarzen. Wir alle wollen, daß unsere Organisationen funktionieren, aber wir sind nicht bereit, die finanziellen Mittel dafür aufzubringen. Und wenn wir sehen, daß jemand versucht, das möglichste zu tun, um seinen Beitrag zu leisten, dann lehnen wir uns zurück und nehmen ihn unter Beschuß, statt ihm hilfreich die Hand zu reichen.

Ich will euch genau sagen, wie die Dinge liegen: Mein Fundament ist der Süden. Im Süden finde ich die Unterstützung. Ihr Burschen hier steht ja gar nicht richtig zu mir. Wenn die Polizei mich aufgreifen würde und mir den Schädel einschlüge, würdet ihr Burschen nicht das kleinste bißchen dagegen tun. Aber wenn die Polizei in Atlanta sich mit mir anlegt, dann solltet ihr mal sehen, wieviel Neger dann zusammenlaufen und die ganze Stadt auseinanderreißen. Und dann läßt man mich laufen. Die Polizei läßt mich laufen, weil sie weiß, daß die Schwarzen dort nicht untätig herumstehen und zusehen, wie die Polizei mit mir abrechnet. Das müssen wir ihnen überall zu verstehen geben. Wir müssen den Weißen klarmachen, daß es zwanzig Millionen Schwarze in diesem Land gibt und daß sie sich mit zwanzig Millionen Schwarzen anlegen, wenn sie auch nur einen einzigen Mann von uns anrühren. Und genau das ist der Grund, weshalb ich Adam Clayton Powell unterstütze. Ich unterstütze Powell nicht etwa, weil ich der Meinung bin, er sei ein ganz besonders gelungenes Exemplar der schwarzen Rasse. Ich unterstütze Powell, weil er der mächtigste schwarze Politiker ist, den dieses Land je hervorgebracht hat. Wenn sie *ihm* die Macht wegnehmen, dann entmannen sie einen schwarzen Mann, der eine Position innehat, in der er uns helfen könnte.

Wir haben gerade damit angefangen, die schwarze Bevölkerung in den Gettos hier im Norden zu organisieren. Dabei müssen wir den besten Weg einschlagen, den wir kennen. Und ihr Burschen solltet nicht hier herumstehen und warten, bis wir kommen. Ergreift endlich die Initiative und fangt an, eure Leute zu organisieren. Organisation – das ist das einzige, was zählt.»

«Stokely», fragte einer, «warum kommst du nicht her nach Chicago und hilfst uns, Martin Luther King loszuwerden?»

Stokely mußte lächeln. Die Stimmung war umgeschlagen, und ab nun wurde kein Wort der Kritik mehr laut. Offenbar war die bisher geäußerte Kritik so etwas wie ein Ritual gewesen. Man spürte, daß Stokely jetzt nur noch Zuneigung aus dem Raum entgegenschlug. «Wir können nicht überall zur gleichen Zeit sein», antwortete er. «Und wir wollen uns auch nicht auf einen Kampf mit Martin Luther King einlassen. Wir haben genug damit zu tun, gegen die Weißen zu kämpfen. Daley würde nichts lieber sein, als wenn es zu einem Kampf zwischen dem SNCC und Martin Luther King käme. Das wäre genau das Richtige, um beide loszuwerden – King und uns. Wenn ihr King – oder irgend jemanden sonst lossein wollt, dann ist das eine Sache, die ihr hier in Chicago unter euch ausmachen müßt. Es gibt genug Schwarze hier, die das in die Hand nehmen könnten. Ihr müßt euch nur zusammenschließen und versuchen, die Uncle Toms loszuwerden! Wenn ihr erst mal angefangen habt, euch zu organisieren, werdet ihr merken, daß die Dinge von allein in Bewegung geraten und daß ihr sehr wohl imstande seid, etwas zu tun. Kümmert euch nicht um die Ideologie. Ich sage immer: meine Ideologie ist meine Arbeit. Wenn ihr erst mal angefangen habt, werdet ihr merken, daß eure Ideologie sich aus eurem Kampf entwickelt.»

In diesem Moment kam Cleveland Sellers herein, der Organisator der SNCC. «Tut mir leid, Leute, aber er muß gehen. Wir sind schon zu spät dran. Wir sollten um acht Uhr in der Universität sein.»

«Laßt die Weißen warten!» rief jemand von hinten. «Wir haben vierhundert Jahre auf sie gewartet, jetzt können diese Bastarde auch mal auf uns warten.»

Von der hinteren Bühne der Universitätsaula aus konnten wir sehen, daß die Jungens vom ACT etwas sehr Seltsames gemacht hatten. Sie hatten sich rund um die Aula an den strategisch wichtigen Punkten aufgebaut, wie es einst die Elitewachen der Fruit of Islam bei den Versammlungen der Black Muslims getan hatten. Sie bewachten Stokely, und sie schienen unbewaffnet zu sein.

Während der Fragestunde, die sich an Stokelys enthusiastisch aufgenommene Rede anschloß, fragte ihn ein weißes Mädchen, wer die Burschen seien, die Wache stünden, und ob er glaube, er brauche Schutz vor den weißen Studenten.

«Soll ich sie Ihnen vorstellen?» fragte Stokely zurück. «Sie sind ein großartiger Haufen, diese schwarzen Brüder. Und sie passen auf mich auf.»

In der Seele der Schwarzen in Amerika hat es immer die dramatische Vorstellung gegeben, daß eines Tages eine Generation aufstehen und in den Süden zurückkehren würde, um die Ketten aus den Hirnen der

Sklavenherren zu vertreiben. Stokely Carmichael gehört zu der ersten Generation, die den Mut hatte, zurückzugehen. Er gehört zu der Generation von Negern, die bei den schwarzen College-Studenten *sit-ins* einführten, und die sich von allen anderen Neger-Generationen unterscheidet. Inzwischen sind sechs Jahre vergangen und die Jungens sind zu rauhen, kampferprobten Veteranen herangewachsen. Sie sind bewußte Revolutionäre geworden. Bei dem Versuch, die Welt zu ändern, indem man Amerika zwingt, sein Gewissen einer Prüfung zu unterziehen, sind sie gescheitert. Jetzt betrachten sie jede Doktrin, die ihnen gebietet, ihren Feind zu lieben, nur noch mit Abscheu. Carmichael sagt: «Ich bin nicht aus Gründen der Liebe in der Bewegung. Ich bin in der Bewegung, weil ich hasse. Ich hasse den Rassismus, und ich habe mir zum Ziel gesetzt, ihn auszurotten – sonst wird er mich ausrotten. Als wir in den Süden gingen, stellten die Zeitungen es zuerst so dar, als ob wir uns neben Bull Connor und Ross Barnett setzen und *hot dogs* mit ihnen essen wollten. Das ist eine Lüge. Wir sind in den Süden gegangen, um den armseligen weißen Schweinen die Macht über unser Leben zu entreißen.»

Sie zogen in den Süden. Schon diese Tatsache ist eine Revolution. Denn was für ein ungeheurer Unterschied besteht zwischen den Negern, die bereit sind, in den Süden zurückzugehen, und all den Generationen, deren einziges Ziel es war, dem Süden zu entfliehen. Ein Kreis hat sich geschlossen. Die tatsächliche Arbeit zur Befreiung der Schwarzen in Amerika hat begonnen.

Auch in einer anderen Hinsicht hat etwas Neues begonnen: die führenden Männer der schwarzen Nationalistenbewegung, wie Marcus Garvey, Elijah Muhammad und Malcolm X, haben alle nicht einmal die High School besucht. Stokely Carmichael ist der erste unter den Negerführern, der einen College-Grad aufweisen kann.

Die Geschichte des nationalen Befreiungskampfes in Afrika und in der gesamten Welt hat erwiesen, daß der Erfolg davon abhängt, ob die Intellektuellen, die die Sklavenfesseln abgeworfen haben, sich dem Kampf anschließen und bereit sind, ihre Fähigkeiten und ihre Begabung selbstlos in den Dienst der Massen zu stellen. Bis jetzt ist der Verrat der schwarzen Intellektuellen einer der beklagenswertesten Punkte für die schwarzen Massen gewesen. Die meisten der erstrangigen schwarzen Schriftsteller, die Amerika hervorgebracht hat, sind Männer gewesen, die wenig oder gar keine Bildung besaßen. Zu ihnen gehören Richard Wright und James Baldwin. Und anderen erstrangigen schwarzen Schriftstellern – wie W. E. B. Dubois und Ralph Ellison –, die eine gültige Ausbildung genossen haben, ist es bisher nicht gelungen, sich den schwarzen Massen unserer Tage mitzuteilen. Aber heute ist das anders: der akademisch gebildete LeRoi Jones gehört einer neuen Generation radikaler schwarzer Schriftsteller an, ebenso wie Stokely Carmichael einer neuen Generation radikaler schwarzer Führer angehört.

Einer von Stokelys wichtigsten Zukunftsplänen ist eine Reise nach Afrika. Diese Reise wird ein guter Schachzug in dem Bemühen der SNCC sein, den Kampf des schwarzen Amerika um seine Menschenrechte zu internationalisieren. Im Gegensatz zu einer Menge schwarzer Nationalisten glaubt Stokely, daß das wichtigste Gebiet außerhalb der USA – soweit es das Zustandekommen funktionsfähiger Bündnisse betrifft – Lateinamerika ist. Innerhalb der nächsten zehn Jahre wird der Befreiungskampf Lateinamerikas von der amerikanischen Vorherrschaft dem schwarzen Amerika einige sehr wichtige und starke Verbündete einbringen. Carmichael richtet seinen Blick hoffnungsvoll auf Lateinamerika und weist damit in eine ganz neue Richtung. Darin unterscheidet er sich von vielen schwarzen Nationalisten, die noch zu sehr von der rassistischen Philosophie der Black Muslims beeinflußt sind. Aber diese neue Richtung wird sich durchsetzen. «Wir müssen lernen, mit wem wir uns verbünden sollen und mit wem nicht», sagt Carmichael. «Wir werden bei bestimmten Problemen ganz bestimmte Bündnisse eingehen müssen. Nach dem Motto: Der Feind meines Feindes ist mein Freund. Ich brauche ihn nicht zu lieben, ich kann ihn sogar hassen. Aber wenn er mir helfen kann, die Krallen des Adlers, die meine Kehle umschließen, zu lockern, dann werde ich mit ihm verhandeln.»

Das SNCC hat schon, wie allgemein bekannt, ein offizielles Bündnis mit der Unabhängigkeitsbewegung in Puerto Rico abgeschlossen. Das SNCC hat seine Hilfe und Unterstützung in dem Kampf der puertorikanischen Nationalisten um Aufnahme in die UN und um Anerkennung als souveräner Staat zugesagt. Die puertorikanischen Nationalisten ihrerseits haben sich verpflichtet, sich mit ganzer Kraft dafür einzusetzen, das Problem des schwarzen Amerika vor die UN zu bringen und im gesamten afro-asiatischen Block um Unterstützung in dieser Frage zu werben.

Carmichael reagiert sehr bitter gegenüber Leuten, die sich weigern, in dieser Streitfrage prinzipiell Stellung zu beziehen. Er sagt: «Als Muhammad Ali sich gegen den Krieg in Vietnam aussprach, war ich glücklich, weil mir endlich jemand Rückendeckung gab. Aber da schrie das weiße Amerika Zeter und Mordio, und er klappte zusammen. Das hat mich nicht gerade glücklich gemacht.»

Die Essenz all dessen, was Carmichael sagt und tut, ist: Dem Rassismus die Maske vom Gesicht zu reißen. Er sagt: «Die Bürgerrechtsbewegung war gut, weil sie forderte, daß die Schwarzen in das System integriert werden. Nun müssen wir über diese Forderungen hinausgehen und zu einer neuen Entwicklungsstufe kommen: wir müssen das System selber ändern.» Er ruft nach einem Entscheidungskampf. Und in diesem Zusammenhang muß man auch seine Verärgerung sehen – und die aller anderen Aktivisten, mit denen ich gesprochen habe – über die passive Rolle, die die Black Muslims gespielt haben. «Sie führen große Worte, aber sie bringen nicht mehr zustande, als einen anderen schwarzen Mann umzubringen», sagte mir einer.

Jedesmal, wenn Stokely einen Vortrag hält, zitiert er aus ‹Alice im Wunderland›. «Wenn ich ein Wort gebrauche», sagte Humpty Dumpty in ziemlich zornigem Ton, «dann hat es nur die Bedeutung, die ich ihm gebe – nicht mehr und nicht weniger.»

«Die Frage ist nur», sagte Alice, «ob du es fertigbringst, den Worten so viele verschiedene Bedeutungen zu geben.»

«Die Frage ist», sagte Humpty Dumpty, «wer der Herr ist – und sonst nichts.»

Stokely hat seinen Zuhörern immer wieder erklärt, daß einer der wichtigsten Punkte im Kampf der Black Power-Bewegung das Recht sei, neu zu definieren. Die Schwarzen sind die Opfer der Definitionen des weißen Amerika geworden. Die Weißen haben die Schwarzen von jeher als inferiore Wesen definiert, als Neger und Nigger und als Menschen zweiter Klasse. Wenn die Schwarzen auf diese Definitionen des weißen Amerika eingehen, lassen sie sich genau auf die Fährte locken, auf der die weißen Amerikaner sie haben wollen – und das ist die falsche Fährte. Deshalb müssen die Schwarzen jetzt das Recht fordern, sich selbst definieren zu können. Das weiße Amerika hat zwei Begriffe gleichgesetzt: schwarz und böse. Carmichael sagt dazu: «Ich werde die Schlußfolgerung daraus ziehen: Für das weiße Amerika ist alles Schwarze böse. Ich bin schwarz, deshalb bin ich böse.»

Dann fährt er fort: «Es stimmt nur etwas nicht an der Sache; denn ich bin schwarz, aber ich bin gut.» Damit erzielt er bei seinen Zuhörern immer einen Mordserfolg.

Dieses, sein Lieblingsbeispiel ruft stets eine hysterische Reaktion hervor, sowohl bei schwarzen wie bei weißen Zuhörern. «Hier ist ein gutes Beispiel für die Methode, wie im Einzelfall mit Definitionen umgegangen wird: Während der Bürgerrechtsbewegung sagten die schwarzen Führer: ‹Wir wollen, daß die Rassenschranken aufgehoben werden, wir wollen integriert werden.› Dann kamen die Weißen an und legten fest, was Integration bedeutet. Sie sagten: ‹So, ihr wollt integriert werden? Das bedeutet, daß ihr unsere Töchter heiraten wollt.› Was die Negerführer wirklich mit Integration gemeint hatten, war: sie wünschten mehr und bessere Arbeitsstellen, bessere Schulen, Wohnungen, die Beendigung des Polizeiterrors und ähnliches. Aber als die Weißen festlegten, daß Integration nur in dem Sinn zu verstehen sei, das Schwarze künftig die Töchter der Weißen zu heiraten wünschten, ließen sich die schwarzen Führer von ihrem Ziel abbringen, indem sie auf die Definition der Weißen eingingen. Schließlich lief es darauf hinaus, daß sie erklärten: ‹Nein, wir wollen nicht eure Töchter heiraten. Wir wollen nicht euer Schwager sein, wir wollen euer Bruder sein. Wir wollen nicht in euern Schlafzimmern leben, wir wollen nur Tür an Tür mit euch leben.›

Der springende Punkt dabei ist folgender: Als diese Neger sich überhaupt auf die weißen Definitionen einließen, waren sie schon zurückgeschlagen, bevor sie wußten, was geschah. Sie waren mit einer

Anklage gekommen, die das weiße Amerika in die Defensive trieb. Aber dadurch, daß sie dem weißen Amerika erlaubten zu definieren, was Integration ist, ließen sich diese Neger und das Volk, für das sie sprachen, selber in die Defensive drängen. Das ist eine Kette ohne Ende. Als erstes müssen wir lernen, unsere Begriffe selber zu definieren. Wenn ein Weißer mit solchem Unsinn zu mir käme, würde ich ihm entgegnen: ‹Die weiße Frau ist nicht die Königin der Erde, weder Ihre Tochter noch Ihre Frau, noch Ihre Schwester, noch Ihre Mutter – die weiße Frau ist nicht die Jungfrau Maria. Eine weiße Frau wird genauso gezeugt wie jede andere Frau. Und jetzt lassen Sie uns von etwas anderem sprechen.› So müßt ihr es machen. Geht nie auf die Definitionen der Weißen ein.

Wenn ich Black Power sage, weiß ich genau, wovon ich spreche. Aber die Weißen kommen zu mir gelaufen und sagen: ‹Black Power, das bedeutet Gewalt, nicht wahr?› Ich weigere mich, darauf einzugehen. Ich weiß, wovon ich spreche. Wenn die Weißen es nicht wissen, dann ist das ihr Problem. Die Schwarzen verstehen mich, und nur sie sind das Forum, zu dem ich spreche.»

An diesem Punkt führte Carmichael aus, in welcher Weise die Kräfte, die den schwarzen Befreiungskampf verhindern wollen, der Bewegung den Elan nehmen können, indem sie einfach unsere Losungen übernehmen. In dem Augenblick, als L. B. J. vor die Fernsehkamera trat und vor den Augen der ganzen Nation sagte: «*We shall overcome*», tötete er die Bürgerrechtsbewegung. «Aber nie», fährt Carmichael fort, «wird er vor die Nation treten und sagen: ‹Wir wollen Black Power.›»

April 1967

Die Landfrage
und die Befreiung der Schwarzen

Tatsache ist – und das muß man sich als erstes vor Augen halten –, daß es Leute gibt, die von einer ‹schwarzen Kolonie› und vom ‹weißen Mutterland› sprechen. Nur wenn einem diese Unterscheidung ganz klar ist, wird man verstehen, daß in Amerika zwei voneinander abweichende politische Triebkräfte am Werk sind.

Von Anfang an hatten die Afro-Amerikaner einen Widerwillen gegen das Land. Die Sklaven waren auf ihrem eigenen Grund und Boden gekidnappt worden, dann Tausende von Meilen über den Ozean transportiert und in einem fremden Land ausgesetzt. Sie sahen sich einer vollkommen feindlichen Situation gegenüber und hatten nur den einen Wunsch: diesem unseligen Land und den bösartigen Kreaturen, die sich seiner bemächtigt hatten, zu entfliehen.

In der Sklaverei lernten die Schwarzen das Land hassen. Von Sonnenaufgang bis Sonnenuntergang bearbeiteten sie den Boden: sie pflügten und säten und ernteten das Korn – aber für andere Leute; sie schafften Gewinne, von denen sie selber nie etwas sahen oder spürten. Das ist der Grund, weshalb es noch heute eine der provokantesten Beleidigungen für einen Schwarzen ist, wenn man ihn einen *farm boy* nennt, oder wenn man behauptet, er käme vom Lande oder hätte irgend etwas mit der Landwirtschaft zu tun. In demselben Maße, in dem die Schwarzen in Amerika versuchten, gesellschaftliches Ansehen zu erwerben, wurde – vor allem bei den bourgeoisen Schwarzen – der eigene Wert danach bemessen, wie lange man nichts mehr mit dem Land und der Landwirtschaft zu tun gehabt hatte.

Da die Schwarzen von den Gründern Amerikas als ‹Untermenschen› betrachtet wurden, galten sie bei weißen Amerikanern auch immer als Nicht-Amerikaner, als Fremde, die nicht eigentlich in dieses Land gehörten. Selbst Abraham Lincoln stellte fest, daß Schwarze und Weiße nie als Gleichberechtigte zusammen leben könnten.[1] Deshalb wäre es

1 «Damit will ich sagen, daß ich nicht vorhabe noch je vorgehabt habe, die soziale und politische Gleichsetzung der schwarzen und der weißen Rasse in irgendeiner Weise zustande zu bringen [Beifall]: ich habe auch nicht vor, noch habe ich je vorgehabt, Negern das Stimmrecht zu geben, sie zu öffentlichen Ämtern zuzulassen oder ihnen zu erlauben, Weiße zu heiraten ...

Und da sie nicht so leben können wie es Weiße tun, wohl aber mit Weißen zusammen leben, muß es höherstehende und tieferstehende Wesen geben, und

besser für die beiden Rassen, sich zu trennen. Und da Amerika ein reiches Land ist, werden die Weißen es natürlich behalten, und die inferioren Schwarzen werden irgendwo anders hingehen, am besten zurück in die Dunkelheit des afrikanischen Urwalds, wo gute weiße Christenmenschen sie einstmals aufgestöbert hatten. Den sommersprossigen jungen Rassisten Amerikas fällt denn auch nichts Besseres ein als die rotzige Frage: «Hey, warum geht ihr eigentlich nicht wieder zurück in den Urwald nach Afrika?»

Daher überrascht es nicht, daß der Durchschnittsschwarze in Amerika hinsichtlich seiner Beziehung zu dieser Nation schizoid reagiert und daß der eine Teil seiner Persönlichkeit nur höchst vage, schwankend, locker und keineswegs stetig mit Amerika verbunden ist. Das Gefühl der Entfremdung und des Ausgeschlossenseins ist echt, und die Schwarzen hätten sich längst bereitwillig mit einer anderen Staatsmacht identifiziert, wenn es eine lebensfähige gegeben hätte. Integration war die Lösung der Landfrage, die das Mutterland anbot – das heißt, die weißen Liberalen, die weißen Radikalen und die schwarze Bourgeoisie, die mit den Imperialisten Hand in Hand arbeiteten. Das Problem wäre gelöst, sagen sie, wenn es Schwarzen ermöglicht würde, am Land teilzuhaben. Den Schwarzen müßte nur die Möglichkeit gegeben werden, sich in Amerika zu Hause zu fühlen.

Das soll nicht heißen, daß weiße Liberale, weiße Radikale und die schwarze Bourgeoisie aktiv mit den Imperialisten konspiriert hätten. Man kann hier eher von einem Zusammenfallen der Interessen und Ziele sprechen. Dies gilt besonders für die weißen Radikalen, die alles andere wünschen, als den Imperialisten zu helfen, an der Macht zu bleiben. Aber es entstand eine Situation, in der es für die selbstsüchtigen Interessen der Imperialisten zu gefährlich wurde, auf Resten der Rassentrennung zu bestehen, weil sie dadurch die Schwarzen radikalisiert hätten, indem sie sie gezwungen hätten, sich zu vereinen, um ihre Menschenrechte zu verteidigen.

Der Rassenkonflikt im Innern schuf den Imperialisten mancherlei Probleme im internationalen Bereich. Solange der Konflikt ein rein innenpolitisches Problem blieb, hatten die Imperialisten nichts unternommen, um eine Lösung herbeizuführen. Aber es kam schließlich so weit, daß das Wesen des amerikanischen Imperialismus in der ganzen Welt enthüllt wurde, weil nach und nach bekannt wurde, wie man die Schwarzen hier ‹zu Hause› behandelte. Die Feinde Amerikas ließen keine Gelegenheit aus, auf die Verlogenheit der amerikanischen Außenpolitik mit ihrer Tendenz zum Export von ‹Demokratie› hinzuweisen; denn durch die Tatsachen war bewiesen, daß in den Vereinigten Staaten selbst von Demokratie keine Rede sein könnte.

ich persönlich befürworte, nicht weniger als jeder andere Mensch, daß der weißen Rasse die höhere Stellung zukommt.» Abraham Lincoln, zitiert in Richard Hofstadter: ‹The American Political Tradition›, New York 1955.

All das wurde zu einem wirklichen Problem für die US-Imperialisten bei ihren Verhandlungen mit den schwarzen Regierungen Afrikas, die wie Pilze auf der internationalen Bühne emporschossen. In dem sogenannten Kampf zwischen den imperialistischen und den sozialistischen Ländern um die Gunst der Völker der Dritten Welt brachten die Sowjetunion und die linke Presse der übrigen Welt die US-Imperialisten dauernd in Verlegenheit, indem sie auf die Behandlung der Schwarzen in Amerika verwiesen. Als die Bundesregierung sich der Bürgerrechtsbewegung ‹anschloß›, wurde deshalb die Position der Imperialisten, die in der Regierung die Macht hatten, letztlich gestärkt. Im internationalen Bereich konnten die US-Imperialisten ihr Image aufpolieren, weil ihnen diese Aktion den Schwindel erleichterte, den sie mit der Welt trieben: sie präsentierten sich wieder einmal in der Pose des Kämpfers für die menschliche Freiheit. Als Präsident Johnson, der scheinheiligste unter den Kriegshetzern des 20. Jahrhunderts, vor der Nation stand und rief «We shall overcome», erlebten weiße Liberale, weiße Radikale und die schwarze Bourgeoisie einen Kollektiv-Orgasmus.

(Es ist interessant, zu bemerken, daß der Slogan «We shall overcome» von dem Augenblick an, als L. B. J. ihn beschmutzte, indem er ihn in den Mund nahm, bei allen Leuten, die im schwarzen Befreiungskampf tätig waren und Selbstachtung besaßen, abgemeldet war. Nur Martin Luther King hat die Unverfrorenheit besessen, ihn in der Öffentlichkeit noch zu gebrauchen.)

Was Johnson wollte, war Ruhe und Frieden zu Hause und eine Armee ohne Rassentrennung zur Verteidigung der ‹Demokratie› nach außen. Der ideologische Grundsatz der Integration war angesichts der internationalen Lage und angesichts der zunehmend militanten Haltung der schwarzen Bevölkerung in Amerika das perfekte Instrument zur Aufhebung des eklatanten Widerspruchs zwischen dem, was der US-Imperialismus zu Hause praktizierte und nach außen predigte. Hätten sie die Hände in den Schoß gelegt und zugesehen, wie die Schwarzen dem ‹amerikanischen Traum› vollends entfremdet wurden, dann hätten sich daraus für den US-Imperialismus Probleme viel größeren Ausmaßes im In- und Ausland ergeben. Aus diesem Grund schlug sich der US-Imperialismus auf die Seite der Verfechter der Integration.

Die weißen Radikalen, die Liberalen und die schwarze Bourgeoisie handelten aus völlig anderen Motiven, aber die Situation zwang sie in ein Bündnis mit den Imperialisten. Das Spiel, das mit ihnen getrieben wurde, war so erfolgreich, daß sie bei den Wahlen 1964 zu den eifrigsten Parteigängern L. B. J.s wurden. Ihre Motive waren die Verwirklichung des amerikanischen Traumes, die Vorstellung von Amerika als einem großen Schmelztiegel. Alles, was von ihrem Standpunkt aus zu tun blieb, war, die schwarzen Ingredienzien in den großen amerikanischen Kochtopf zu mischen und damit das Jahrtausend der schwarzweißen Solidarität einzuleiten, in dem die weiße Arbeiterklasse des

Mutterlandes den schwarzen Arbeitern aus der Kolonie die Hand reichten und zusammen mit ihnen ins Paradies marschierten.

Marschieren taten sie, aber nicht ins Paradies, sondern nach Detroit, mitten in den urbanen Guerillakrieg. Der entscheidende Fehler in der Analyse und in der Auffassung der weißen Liberalen, der weißen Radikalen und der schwarzen Bourgeoisie ist, daß das Konzept von einem amerikanischen Schmelztiegel die Unterschiedlichkeit und den Widerspruch zwischen dem weißen Mutterland und der schwarzen Kolonie völlig außer acht läßt. Die auf dieser falschen Auffassung beruhende Lösung des Problems durch Integration war daher von Anfang an dazu verurteilt, ein irreführendes und enttäuschendes Ergebnis zu erzielen. Die Schwarzen sind ein gestohlenes Volk, das in einem gestohlenen Land in kolonialer Abhängigkeit gehalten wird, und eine Analyse, die den kolonialen Abhängigkeitsstatus der Schwarzen nicht in Betracht zieht, kann nicht darauf hoffen, die wirklichen Probleme in den Griff zu bekommen.

Als ideologischer Grundsatz verkörpert die Integration den Traum des Mutterlandes von einem Amerika als einem riesigen Schmelztiegel. Damit wird versucht, die kolonialisierten Schwarzen in dieses Amerika einzubeziehen und sie zu Bürgern zu machen. Der im Mutterland so geläufige Euphemismus vom ‹Bürger zweiter Klasse› ist eine Verschleierung, mit der man den kolonialen Status der schwarzen Bevölkerung in Amerika zu vertuschen sucht.

Aus internationaler Sicht stellt die Integration einen Versuch des weißen Mutterlandes dar, dem Drang seiner kolonialisierten Untertanen nach nationaler Befreiung auf dieselbe Weise entgegenzuwirken, wie Frankreich versucht hat, seine kolonialen Restbestände festzuhalten, indem es seinen Kolonialbesitz einfach zu überseeischen Provinzen erklärt hat, wie es Großbritannien mit seinem Commonwealth oder Portugal mit seinen ‹überseeischen Provinzen› versucht hat. Weder Frankreich noch England, noch Portugal gelang es, seine kolonialen Besitzungen dadurch zu erhalten, daß sie die kolonialisierten Untertanen davon abbrachten, die volle Souveränität als einen Teil jenes besseren Lebens zu betrachten, nach dem sie strebten. Und genauso ist Amerika in dieser Hinsicht zum Scheitern verurteilt.

In der Tat, dieses Scheitern Amerikas ist sogar noch widerwärtiger und verachtenswerter, weil es – wie das Ausbeuter oft tun – seine eigene Propaganda, seine eigenen Lügen geglaubt hat, und weil es all seine bösartigen Selbsttäuschungen für Wirklichkeit gehalten hat. Es scheint, als ob dieses Land sich so tief in Lüge und Heuchelei verstrickt habe, daß es nicht mehr weiß, wie die Wahrheit aussieht. Deshalb kann Amerika, wenn jemand wie Malcolm X, Stokely Carmichael oder Rap Brown daherkommt und die bittere Wahrheit ausspricht, nur mit ihnen fertig werden, indem es sie als ‹subversive Elemente› abstempelt.

Bis zu den Ereignissen in Detroit weigerte sich Amerika standhaft, das wahre Ausmaß der inneren Krise zur Kenntnis zu nehmen. Aber in Detroit wurde die Konfrontation mit den Tatsachen zur nackten militärischen Notwendigkeit: Präsident Johnson war gezwungen, die Lösung des Problems in die Hände des Pentagon zu legen und die Sache entwickelte sich damit zu einem Unterdrückungskrieg, geführt von genau derselben Clique, die für den Unterdrückungskrieg gegen die Nationale Befreiungsfront in Vietnam zuständig war. Aber selbst nach den Schießereien von Detroit noch wagten es die Speichellecker der Machthaber zu ihrer alten, abgedroschenen Rhetorik zurückzukehren, als ob das Wort ‹Integration› in der schwarzen Kolonie noch irgendeine Resonanz auslöste.

Auch Detroit war Ausdruck des Widerwillens der Schwarzen gegen das Land, in dem sie leben. Die Kehrseite dieses Widerwillens ist ein wilder Landhunger, der im Herzen jedes Afro-Amerikaners lebt. Er ist immer dagewesen, nicht weniger als bei anderen Völkern. Und schon die Zeitverschwendung, die diese Feststellung darstellt, ist ein Zugeständnis an den Rassismus, denn damit läßt man sich schon auf die rassistische Behauptung ein, daß Schwarze nicht wie andere Völker seien. Es genügt, wenn man feststellt, daß die Afro-Amerikaner genauso landhungrig sind, wie es die Mau-Mau waren, das chinesische Volk oder das kubanische Volk. Die Afro-Amerikaner sind nicht weniger landhungrig als alle die Völker in der Welt, die jetzt mit dem Tyrannen Kolonialismus ringen und versuchen, in den Besitz eigenen Landes zu kommen. Sogar die Regierung der Vereinigten Staaten hat einmal anerkannt, daß die Schwarzen Landbesitz haben müssen. Nach dem Bürgerkrieg nämlich wurde Schwarzen der Besitz von vierzig Morgen Land und einem Maultier zugestanden. Und Booker T. Washington, der von den Imperialisten über die Afro-Amerikaner eingesetzte koloniale Marionettendiktator, versprach, die Schwarzen – wie einst Moses seine Juden – dem Landbesitz entgegenzuführen.

Als Marcus Garvey vor etwa fünfzig Jahren sein Programm für die schwarze Bevölkerung aufstellte, nutzte er den Landhunger der Schwarzen dazu aus, den afrikanischen Kontinent für die Schwarzen zu beanspruchen und die Identifikation der Schwarzen mit ihrem früheren Heimatland zu intensivieren. Das brachte einen entscheidenden Wandel im Bewußtsein der Schwarzen mit sich. Es brachte sie über einen Krisenpunkt in ihrem Kampf hinweg – weg aus dem grellen Licht der Sklaverei zur Erfahrung ihrer selbst und ihrer Vergangenheit. Marcus Garvey gab den Schwarzen die entscheidende Hilfe bei der Suche nach ihrer Identität. Er griff unmittelbar auf den Ursprung zurück und gab damit den Schwarzen ein festes Fundament, auf dem sie aufbauen konnten.

Marcus Garvey mag die allgemeine Landfrage für die schwarze Bevölkerung beantwortet haben, aber die spezifische Frage der Afro-Amerikaner und der Beziehung zu dem Land unter ihren Füßen hat er nicht beantwortet. Die Aussicht, daß Garvey die Schwarzen wirklich zurück nach Afrika transportieren wollte, ließ die meisten Schwarzen zurückschrecken, weil die internationale Lage und die Machtverhältnisse eine solche Lösung gar nicht zuließen. Und als Garveys Schiffsflotte, die Black Star Line, die für den Transport der Schwarzen nach Afrika vorgesehen war, in dem Schwemmsand versank, in den ihn der rassistische weiße Machtapparat und die Speichellecker seiner Ära getrieben hatten, wurde der Hunger nach Land bei den Afro-Amerikanern noch brennender, noch verzweifelter.

Elijah Muhammad, der aus Garveys Mißerfolg gelernt hatte, wußte, daß er mit dem Hunger nach Land der Afro-Amerikaner rechnen mußte; aber er wußte auch, daß es taktisch klüger wäre, etwas abstrakter an das Problem heranzugehen, um der wahren historischen Beziehung der Afro-Amerikaner zu dem Land unter ihren Füßen möglichst nahe zu kommen. Deshalb war er sehr darauf bedacht, nie einen bestimmten geographischen Ort zu benennen, wenn er Land für die Afro-Amerikaner forderte. «Wir müssen Land haben! Eigenes Land!» In dieser Weise brachte Elijah Muhammad seinem Volk die Landfrage nahe. Und es läßt sich nicht leugnen, daß die schwarzen Amerikaner mit dieser Formulierung etwas anfangen konnten, sie schürte ihren Landhunger noch mehr.

Dennoch hat dieses Schlagwort seine Mängel. In der Praxis behinderte es die Bewegung mehr, als daß es sie vorantrieb. Erstens handelt es sich hierbei um einen reinen Protestslogan. Er hat nichts Revolutionäres, denn er fordert den Unterdrücker auf, den Schwarzen ein Geschenk zu machen. Der Unterdrücker denkt aber gar nicht daran, einem Nigger auch nur das geringste zu schenken. Das wissen die Schwarzen aus bitterer Erfahrung. In einem Land, in dem die Rassistenschweine im Machtapparat jedes dreckige Ding drehen, um die Mittel für Wohlfahrtsleistungen beschneiden zu können, wo sie Kranken ärztliche Fürsorge verweigern, wo sie Schwarzen bewußt Ausbildung und Erziehung vorenthalten und wo sie schwarze Babies aus Mangel an Milch sterben lassen, in einem solchen Land ist kein Schwarzer, der noch einigermaßen bei Verstand ist, bereit, herumzustehen und darauf zu warten, daß eben diese Schweine uns etwas von ihrem Land abgeben, sagen wir: fünf oder sechs Staaten.

Aber dennoch warteten die Schwarzen. Sie warteten auf eine revolutionäre Formel, die ihrer Beziehung zu Amerika entsprach. Stokely Carmichael lieferte sie mit seiner These von der Black Power. Die Genialität dieses Slogans erwuchs aus einem klaren Verständnis der afroamerikanischen Geschichte und aus einer klaren Vorstellung von der Beziehung der Schwarzen zu diesem Land.

Der Slogan Black Power versucht nicht, eine Antwort auf die Landfrage zu geben. Er leugnet nicht die Existenz dieser Frage, aber er gibt freimütig zu erkennen, daß die Landfrage im gegenwärtigen Moment nicht geregelt werden kann, daß die Schwarzen eins nach dem anderen anpacken müssen und daß es einige Dinge gibt, die erledigt werden müssen, bevor wir uns mit der Landfrage auseinandersetzen können. Zum Beispiel müssen wir erst mehr Macht erringen, damit wir in der Lage sind, eine Regelung der Landfrage zu erzwingen. Wenn die Schwarzen durch den revolutionären Kampf erst einmal die Stellung erlangt haben, die sie in die Lage versetzt, Amerika zu politischen Konsequenzen zu zwingen, Amerika dort zu treffen, wo es schmerzt, dann kann auch die Landfrage in Angriff genommen werden.

Bei einer Massenversammlung in Roxbury, der schwarzen Kolonie in Boston, Massachusetts, sagte Stokely Carmichael vor einer begeisterten Menge von viertausend Schwarzen: «Wir sind arm, wir haben kein Geld, aber wir brauchen nicht für das Land zu bezahlen – wir besitzen es bereits. Wir haben es vierhundert Jahre lang mit unserem Schweiß, mit unserem Blut und unserem Leiden bezahlt ... Wir brauchen eine Revolution, damit wir menschenwürdig leben können. Bei unserer Revolution geht es um Land, und bis wir das Land bekommen, werden wir arm bleiben. Wenn du arm bist und wenn du schwarz bist, hast du keine Rechte. Wir wollen eine Neuverteilung des Besitzes in diesem Land. Wir wollen keine Almosen.» Bis dahin wollen wir uns Gewehre besorgen, uns organisieren und uns bereit machen für die Auseinandersetzung mit dem weißen Establishment.

Als Stokely Carmichael die These von Black Power in die Debatte warf, hat er damit dem nationalen schwarzen Befreiungskampf der Afro-Amerikaner einen Beitrag von historischem Ausmaß geliefert. Das einzig Vergleichbare in der afro-amerikanischen Geschichte war der weltweite Schrei der Sklaven nach Freiheit und Marcus Garveys Forderung «Afrika den Afrikanern innerhalb und außerhalb des Kontinents».

In LeRoi Jones' Buch ‹Home› findet sich eine überaus scharfsinnige Bemerkung zu dem Beitrag, den Malcolm X geleistet hat. Jones sagt: «Das Entscheidende ist, daß Malcolm X ein schwarzes Nationalbewußtsein gefordert hat und daß er diese Forderung der breitesten Öffentlichkeit vorgetragen und so gehandelt hat, als ob sie bereits Realität geworden wäre. Wir wollen keine Nation werden, wir sind schon eine Nation. Wir müssen stark werden und uns formieren, und wir müssen das Spiel der Welt mitspielen, mit dem, was wir haben, mit dem, was wir geworden sind – ein wahrhaft eigenständiges Volk!»

Jetzt ist es für die Afro-Amerikaner notwendig, sich zu rühren und damit anzufangen, als Nation zu arbeiten, ihre Souveränität in Anspruch zu nehmen und zu verlangen, daß diese Souveränität von anderen Nationen der Welt anerkannt wird. In Havanna wurde Stokely Carmichael als Repräsentant eines Volkes, einer *Nation* empfangen, und die dort versammelten Revolutionäre haben die Souveränität Afro-Amerikas grundsätzlich anerkannt. Diese Lektion wurde den Afro-Amerikanern das erste Mal durch Malcolm X' Reise nach Afrika erteilt, wo er von den Staatsoberhäuptern, die er besuchte, als Gesandter Afro-Amerikas empfangen worden war.

Eine noch deutlichere Anerkennung mit weiterreichenden Konsequenzen war es, daß Malcolm die Erlaubnis erhielt, beim Jahrestreffen der Organization of African Unity für Afro-Amerika zu sprechen. Die Devise, die heute Gültigkeit hat, heißt: so zu handeln, als ob Afro-Amerika bereits Tatsache wäre. Diese Devise haben die Schwarzen als richtig erkannt, und nach ihr werden sie handeln. Und das ist genau das, was der Slogan von der Black Power meint. Deshalb ist er der erste wirklich revolutionäre Durchbruch seit Marcus Garveys Zeit.

Black Power muß als projizierte Souveränität verstanden werden, als Souveränität im Embryonalzustand. Auf sie können die Schwarzen sich konzentrieren, und mit ihrer Hilfe können sie Unterscheidungen treffen zwischen sich und anderen, zwischen sich und ihren Feinden, kurz: zwischen dem weißen amerikanischen Mutterland und der schwarzen Kolonie, die über den ganzen Kontinent verstreut ist, auf Grund und Boden, der sich in fremden Händen befindet, wodurch Afro-Amerika zu einer dezentralisierten Kolonie gemacht wird. Die Black Power-Bewegung hat der schwarzen Bevölkerung gezeigt, daß es möglich ist, in fremdem Land, auf einem Boden, der irgend jemandem gehört, eine nationale Organisation aufzubauen.

Die Parallele zwischen der Situation der Juden zur Zeit Theodore Herzls und der gegenwärtigen Situation der schwarzen Bevölkerung in Amerika ist faszinierend. Die Juden hatten kein Heimatland und waren über die ganze Welt verstreut, eingesperrt in den Gettos Europas. Eine Rückkehr nach Israel schien damals ebenso aussichtslos wie jetzt der Wunsch Afro-Amerikas, eine eigene Heimat zu finden. Angesehene jüdische Führer zogen damals ernsthaft in Betracht, die Juden en masse nach Argentinien zu transportieren, um dort einen Staat zu gründen. Andere angesehene jüdische Führer glaubten ernsthaft daran, von England das Gebiet von Uganda in Ostafrika zu erhalten, um dort einen Staat gründen zu können.

Der größte Teil der jüdischen Bevölkerung lebte zu jener Zeit in Osteuropa. Als in diesem Gebiet gegen Ende des 19. Jahrhunderts umfangreiche Pogrome stattfanden, war das jüdische Volk in einer seelischen Verfassung, in der es zu verzweifelten Handlungen bereit war. Sie sahen sich einer plötzlich verhängnisvollen Situation gegenüber: sie sahen sich bedroht von der systematischen Ausrottung ihrer Rasse. Und diese sie alle gemeinsam treffende Drohung spornte sie zu gemeinsamem Handeln an.

Die psychologische Situation der Schwarzen in Amerika und unsere Zukunftsaussichten sind dieselben wie die der Juden damals; und deshalb sind wir Schwarzen ebenfalls bereit, gemeinsam zu handeln, um eine Lösung für ein gemeinsames Problem zu finden. Die Schwarzen reagieren genauso wie die Juden, weil sie ihrer Hautfarbe, als ihrer Rasse wegen unterdrückt werden. Endlich ist ein Nationalbewußtsein in den schwarzen Massen Afro-Amerikas geweckt worden. Man müßte lange in den Annalen der Geschichte suchen, um auf einen Fall zu stoßen, in dem das Erwachen des Nationalbewußtseins eines Volkes nicht letzten Endes dazu geführt hätte, daß dieses Volk eine Nation wurde – gleichgültig, mit welchen Mitteln. Bei der Konfusion, die in Amerika über die Unterschiede zwischen dem weißen Mutterland und der schwarzen Kolonie herrscht, und bei der schnellen Entwicklung des Nationalbewußtseins Afro-Amerikas ist leicht, vorauszusagen, daß Amerika in eine Katastrophe beispiellosen Ausmaßes hineintreibt, wenn diese titanischen Kräfte nicht genutzt und in schöpferische Betätigungsfelder gelenkt werden – wie schwarze Revolutionäre es schon lange vorgeschlagen haben.

Die Geschichte zeigt, daß den Juden damals etwas gelang, was Afro-Amerika jetzt tun muß. Als Theodore Herzl den Jüdischen Nationalkongreß gründete, gründete er faktisch eine Exilregierung für ein Volk, das im Exil lebte. Sie bauten ihre Organisation und ihre Regierung auf, und dann, später, bekamen sie etwas Land und setzten die Regierung und das Volk einfach in dieses Land, wie man sich einen Hut auf den Kopf setzt. Das haben die Juden getan. Und sie haben es mit Erfolg getan. Deshalb müssen die Afro-Amerikaner jetzt dasselbe tun.

Als Malcolm X die Organisation der Afro-American Unity ins Leben rief, handelte es sich, genau besehen, ebenfalls um die Gründung einer Exilregierung für ein Volk, das im Exil lebt. Stokely Carmichael und Rap Brown sprechen im Namen dieser Souveränität, im Namen dieser Nation. «Ich fühle mich nicht an die Gesetze und die Moralauffassungen Amerikas gebunden!» konstatierte Rap Brown in Newark, New Jersey. Und die Black Panther Party in Kalifornien ist zum Kampf angetreten, um die Aufnahme Afro-Amerikas in die UN zu fordern.

Ein anderer Vorschlag der Black Panthers, der in der schwarzen Kolonie mehr und mehr Unterstützung findet, ist die Forderung nach einem von den United Nations überwachten Plebiszit in den schwarzen Gemeinden des ganzen Landes. Der Sinn eines solchen Plebiszits wäre es, ein für allemal die Frage zu klären, was die Mehrheit der Schwarzen wirklich will. Betrachten sich die schwarzen Massen tatsächlich als Nation? Wollen sie die Mitgliedschaft in den United Nations? Die Durchführbarkeit dieses Vorschlags ist durchaus gewährleistet, da eine Antwort gefordert wird, die jeder Schwarze zu geben imstande ist. Er braucht nur mit ‹Ja› oder ‹Nein› zu antworten – und das ist auch so ziemlich das Äußerste, was ein Schwarzer in Amerika tun kann. Bei diesem Vorschlag ist jene Gefahr vermieden worden, die sich in der Vergangenheit so verhängnisvoll für den schwarzen Nationalismus ausgewirkt hat: eine Antwort von den schwarzen Massen zu fordern, die sie nicht geben können, und ihnen eine Lösung anzubieten, die nicht durchführbar ist.

Die Lösung, die Marcus Garvey anbot, war: nach Afrika zurückzukehren. Aber er war nicht fähig, diese Heimkehr in die Tat umzusetzen. Da die Schwarzen das klar erkannten, konnten sie sich auch nicht bereit finden, auf Garveys Träume und Hoffnungen einzugehen – wie er es erwartet hatte. Das gleiche galt für Elijah Muhammad und seine Forderung, Amerika solle einen Teil seines Landes den Schwarzen zur Verfügung stellen. In der Forderung der Black Panthers nach einem von den United Nations überwachten Volksentscheid in den Gettos ist nichts Unrealistisches. Allein die um sich greifende Unruhe, die ein solches Plebiszit auslösen würde, wäre eine harte Belastungsprobe für den US-Imperialismus. Auf internationaler Ebene kann man in einigen Fällen damit rechnen, daß Amerikas Feinde den Vorschlag unterstützen werden. In anderen Fällen, bei Ländern, die nicht bereit sind, sich voll und ganz hinter die Idee eines Plebiszits zu stellen, wird zumindest mit einer doppeldeutigen Reaktion zu rechnen sein.

Hier bei uns im Land wird Amerika in die sonderbare Position geraten, den Schwarzen klarmachen zu müssen, daß sie eine Mitgliedschaft in der United Nations gar nicht anzustreben brauchen, weil sie ohnehin amerikanische Bürger seien. Darauf werden die Schwarzen in den Gettos antworten: ‹So, wirklich? Wenn ich ein amerikanischer Bürger bin, warum werde ich dann behandelt wie ein Hund?› Das ganze Problem wird in entscheidender Weise internationalisiert und auf einer höheren Ebene debattiert werden. Die reaktionären Kräfte werden glatt in die Defensive gedrängt, und es wird allen denkenden Menschen klarwerden, daß grundsätzliche Änderungen im Status der schwarzen Bevölkerung in Amerika nicht länger hinausgeschoben oder vermieden werden können.

Wir befinden uns also jetzt in einem offenen Krieg für die nationale Befreiung Afro-Amerikas aus der kolonialen Knechtschaft des weißen Mutterlandes. In unserer Zeit pflegt man die nationale Befreiung überall in der Welt durch Guerillakriege voranzutreiben. Das wird voraussichtlich auch bald in Amerika der Fall sein. Die geistige Bereitschaft dazu ist immer vorhanden gewesen. Nur die rassistische Unterschätzung der menschlichen Natur der schwarzen Bevölkerung hat Amerika blind gemacht gegenüber dem Potential an revolutionärer Gewalt Afro-Amerikas. Die geistigen Väter des heutigen Guerillakrieges in den Städten sind Nat Turner, Gabriel Prosser und Denmark Vesey, die die erfolgreichsten Sklavenrebellionen in Nordamerika anführten.

Robert Williams und Malcolm X sind die beiden Titanen, die fast prophetischen Gestalten, die einst verkündeten, daß der Tag, das Zeitalter des Gewehrs bevorsteht, und daß Afro-Amerika sich zum bewaffneten Kampf rüstet. Das Schicksal dieser beiden prophetischen Gestalten ist von größtem Interesse für uns: Robert Williams hat tatsächlich das Gewehr gegen rassistische Polizisten von North Carolina erhoben; Malcolm X ging zwar nicht so weit, aber seine Worte erreichten eine Zuhörerschaft, die Robert Williams nie gefunden hat. Malcolm X verursachte dem weißen Machtapparat mehr Sorgen als Williams, aber in der Welt des CIA und des FBI, in der nur Intrigen und Verschwörung herrschen, hat Williams genausoviel Verwirrung angerichtet wie Malcolm. Williams' Kampfansage richtete sich an beide – an das weiße Mutterland und an die schwarze Kolonie: Laßt uns den Streitfall durch Krieg austragen, laßt uns, die schwarze Kolonie, die Waffen aufnehmen gegen das weiße Mutterland!

Heute ist Malcolm X tot. Aber Robert Williams lebt. Er ist in China, als Gast des Propheten der Waffe Mao Tse-tung. Von dort aus hat er miterlebt, wie sein Volk endlich die Bewußtseinsstufe erreicht hat, auf der er seit langem schon steht, und daß dieses Volk nun bereit ist für seine Art der Führung.

Die schwarzen Guerillakämpfer in den Städten haben Williams' Herausforderung bereits angenommen. Der weiße Machtapparat hat ebenfalls zu erkennen gegeben, daß er Williams' Herausforderung – im militärischen Sinne – mit massiven Gegenschlägen beantworten wird. Das hat er zu erkennen gegeben, als L. B. J. es der Sensibilität des Verteidigungsministeriums überließ, das Kolonialproblem der Schwarzen zu lösen. Jetzt träumen die schwarzen Guerillakämpfer in den Städten davon, die Befreiung der Schwarzen mit Waffengewalt zu erreichen, indem sie die Macht der amerikanischen Polizei über die Schwarzen ausschalten, das heißt: die Macht des Mutterlandes über die schwarze Kolonie brechen.

Man träumt davon, Robert Williams zurückzuholen. Aber die Schwarzen wissen, daß sie dieses Ziel nicht eher erreichen, als bis sie sagen können: Bringt Robert Williams nach Hause und garantiert ihm sicheres Geleit; er soll mitten in Harlem stehen und eine Rede halten können, und die schwarze Bevölkerung wird verhindern, daß die Truppen der Okkupationsarmee in Harlem eindringen und ihn gefangennehmen. Auch Rap Brown und Stokely Carmichael müssen vor einer schwarzen Zuhörerschaft sprechen können, ohne Angst haben zu müssen, von der Gestapo des Mutterlandes festgenommen zu werden.

Um das zu erreichen, müssen die Schwarzen das Gewehr in die Hand nehmen – das wissen wir jetzt genau –, sie müssen sich bis an die Zähne bewaffnen, sie müssen eine Armee aufbauen und dem Mutterland entschlossen entgegentreten, wenn es versuchen sollte, den Polizeiterror über die schwarze Kolonie weiterhin auszuüben. Sollte das weiße Mutterland einen Sieg über die schwarze Kolonie erringen, ist es die Pflicht der schwarzen Revolutionäre, dafür zu sorgen, daß dieser Sieg der Imperialisten zu einem Pyrrhussieg wird – einem Pyrrhussieg – erkauft mit der Hoffnung auf ein neues Amerika.

April/Mai 1968

Der Tod von Martin Luther King: Requiem für die Gewaltlosigkeit

Der Mord an Dr. Martin Luther King kam für die Öffentlichkeit überraschend, und überraschenderweise löste er auch Erschütterung aus. Viele Leute jedoch, insbesondere diejenigen Schwarzen, die die Politik der Gewaltlosigkeit längst aufgegeben und sich für den Wahlspruch von Malcolm X entschieden hatten – «Befreiung der Schwarzen mit allen notwendigen Mitteln» – waren seit langem darauf vorbereitet, die Nachricht vom Tode Dr. Kings zu hören. Viele von ihnen waren sogar schon ungeduldig geworden. Aber *daß* Dr. King sterben mußte, bezweifelte keiner; denn er war ein Mann, der sich weigerte, die Philosophie und das Prinzip der Gewaltlosigkeit aufzugeben – und das in einem feindseligen, rassistisch eingestellten Land, das unmißverständlich klargemacht hat, daß es weder die Absicht noch den Wunsch hat, das Unrecht, das seinen in kolonialer Abhängigkeit gehaltenen schwarzen Bürgern zugefügt wird, aus der Welt zu schaffen.

Für die militanten Schwarzen war Dr. King der Mann, der sich eigensinnig und beharrlich den Methoden widersetzte, die notwendig waren, um angesichts der gegenwärtigen Situation eine Revolution herbeizuführen. Deshalb wurde Dr. King von den militanten Schwarzen vielfach mit Haß, Feindseligkeit und Kritik bedacht. Der Widerspruch, in dem er sich befand, brachte ihm Haß und Verachtung ein – sowohl von den Weißen in Amerika, die den Schwarzen nicht die Freiheit geben wollten, als auch von den Schwarzen, die das Verhalten des weißen Amerika durchschauten und von dem Selbstbetrug einer Doktrin der Gewaltlosigkeit loskommen wollten. Die militanten Schwarzen waren jedoch bereit abzuwarten, bis Dr. King seine Rolle zu Ende gespielt hatte. Und er hat sie zu Ende gespielt.

Die Kugel des Meuchelmörders hat nicht nur Dr. King getötet, sie beendete eine geschichtliche Epoche. Sie vernichtete eine Hoffnung, und sie zerstörte einen Traum.

Die Tatsache, daß das weiße Amerika den Mörder Dr. Martin Luther Kings hervorbringen konnte, wird von den Schwarzen – und nicht nur von denjenigen, die als militant bezeichnet werden – als endgültige Absage des weißen Amerika an jede Hoffnung auf Versöhnung, auf einen Wandel mit friedlichen und gewaltlosen Mitteln betrachtet. Damit ist klar, daß es für die schwarze Bevölkerung in diesem Land nur eine Möglichkeit gibt, zu bekommen, was sie verlangt – zu bekommen, was ihr Recht ist und was ihr zusteht: Gewalt gegen Gewalt zu setzen. Als Martin Luther King während der vergangenen Monate versuchte, Unterstützung für seinen geplanten Marsch der Armen auf Washington zu finden, da wirkte er bereits wie ein toter Mann. Oder besser gesagt: wie ein totes Symbol. Von beiden Seiten wurde er gehaßt, von beiden Seiten verunglimpft, aber er gab nicht nach. Und er mußte sterben. Der Tod von Dr. King ist das Signal für das Ende einer Ära und den Beginn eines furchtbaren, eines blutigen Kapitels, das vielleicht ungeschrieben bleibt, weil es sein kann, daß niemand übrigbleibt, der die kommende ungeheure Katastrophe für die Nachwelt festhält.

Ich zweifle nicht daran, daß es eine solche Katastrophe geben wird. Ich habe mit Menschen in allen Teilen des Landes telefoniert – mit Menschen, die aufs engste mit dem Befreiungskampf der Schwarzen verbunden sind. Ihre Reaktion auf die Ermordung von Dr. King war einmütig: Die blutige Auseinandersetzung hat begonnen. Die Phase der Gewalt im Befreiungskampf der Schwarzen ist da, einer Gewalt, die mehr und mehr Menschen erfassen wird. Der Schuß auf Dr. King, sein Blut sind der Anfang. Amerika wird in blutiges Rot getaucht werden. Die Straßen werden mit Leichen übersät sein. Die Szene wird an die grauenhaften, erschreckenden, beklemmenden Filmberichte aus dem Algerien der Zeit kurz vor dem endgültigen Zusammenbruch der französischen Kolonialherrschaft erinnern, als die Gewalttätigkeit auf beiden Seiten ihren Höhepunkt erreichte.

Amerika hat die Forderung der Schwarzen nach Befreiung mit einem ‹Nein› beantwortet, und dieses ‹Nein› ist unannehmbar für die schwarze Bevölkerung. Sie wird zurückschlagen. Sie wird auf die Eskalation der Unterdrückung durch die rassistische Regierung und die rassistische Gesellschaft antworten. Sie wird ihre Vergeltungsmaßnahmen verschärfen. Und die Verantwortung für all dies Blutvergießen, für Tod und Leid ... aber es ist zu spät für Exkurse über die Schuldfrage. Die Schwarzen sind nicht mehr daran interessiert, über die Lage zu diskutieren, über die Lage zu verhandeln, über die Lage zu rechten. Ihnen geht es nur noch darum, mit allen Mitteln eine Katastrophe über Babylon heraufzubeschwören, die groß genug ist, um die Befreiung der Schwarzen aus der babylonischen Gefangenschaft zu erzwingen. Alle anderen Wege sind versperrt.

Die Kugel des Mörders, die Martin Luther King niederstreckte, hatte zur Folge, daß eine Tür ins Schloß fiel, die nach Ansicht der Mehrheit der schwarzen Bevölkerung schon seit langem versperrt schien. Vielen von uns war klar, daß jene Tür im Grunde niemals offen war. Aber wir ließen es zu, daß die Hoffnungsvollen unter uns an diese Tür hämmerten und um Einlaß baten. Wir waren bereit, ruhig zuzusehen und sie gewähren zu lassen. Wir hatten letztlich keine andere Wahl. Jetzt aber sind alle Schwarzen in Amerika vom Geist der Black Panthers erfüllt. Natürlich wird es Leute geben, die vor die Massen treten und Kings beredtes Plädoyer für eine Fortsetzung der Taktik der Gewaltlosigkeit wiederholen. Viele werden ihnen zuhören, aber auf neue Art: Man wird auf Martin Luther King und seine Nachfolger zurückblicken mit dem Gefühl von Menschen, die an der Bahre eines Freundes stehen. Aber tot ist tot. Tot ist tot. Jetzt ist die Zeit der Gewehre und der Bomben, des Dynamits und des Messers, und man wird reichlich Gebrauch machen davon in Amerika. Amerika wird bluten. Amerika wird leiden.

Es ist seltsam zu sehen, wie mit jedem Schuß, der abgefeuert wird, die Entwicklung der Dinge schneller vorangetrieben wird. Wie die Tage des Schreckens, mit denen wir alle gerechnet hatten, plötzlich über uns hereinzubrechen scheinen, und wie die Stunden des Schreckens, die wir noch in ferner Zukunft glaubten, plötzlich Gegenwart werden. Was ewigen Bestand zu haben schien, ist dahin, ist wie weggeblasen, fortgeschwemmt vom Blut der Märtyrer.

Ist der Todestag von King ein Tag der Trauer für Amerika? Nein, dieser Tag ist eine Konsequenz dessen, was Amerika durch sein Handeln provoziert hat. Kings Tod war keine Tragödie für Amerika. Amerika sollte froh sein über Martin Luther Kings Tod, denn Amerika hat alles getan, um diesen Tod herbeizuführen. All die Heuchler und bösartigen Irren, die die Regierung und die Polizei dieses Landes korrumpieren, und all die Verfasser der heuchlerischen öffentlichen Stellungnahmen zum Tod von Dr. King haben jetzt ausgespielt. Nicht nur bei der schwarzen Bevölkerung, sondern auch bei Millionen von Weißen, die sich darüber im klaren sind, daß Dr. King nicht tot wäre, daß die Gewaltlosigkeit triumphiert hätte und wir nicht vom Terror bedroht wären, wenn eben diese verräterischen politischen Gangster getan hätten, was zweifellos in ihrer Macht lag. Diese Leute, die Polizeibehörde, die Parlamente der verschiedenen Staaten, die Regierung, die Demokratische Partei und die Republikanische Partei – alle, die man gemeinhin zum Establishment zählt, die an den Hebeln der Macht sitzen, sie trifft die Verantwortung und die Schuld.

Aber man sagt, daß ein Volk oder ein Land die Führer und die Regierung bekommt, die es verdient. Und so haben wir einen Präsidenten mit Namen Lyndon Baines Johnson, der die Frechheit besitzt, vor die Nation zu treten und Martin Luther King zu betrauern und seine Führungsqualitäten sowie seine Politik der Gewaltlosigkeit zu preisen – ausgerechnet der Mann, der das Blut von Hunderttausenden von Menschen an den Händen und das gemordete Gewissen Amerikas auf dem Gewissen hat. Wenn ein einzelner für das kommende Blutvergießen und die Gewalttätigkeit verantwortlich gemacht werden könnte, dann wäre es Lyndon Baines Johnson. Aber nicht nur er allein ist verantwortlich. Die Schuld liegt bei allen und bei keinem: Bei den habgierigen nach Profit jagenden Geschäftsleuten in Amerika, bei den gewissenlosen Gewerkschaftsführern Amerikas, die alles stillschweigend dulden, bei den vielen Speichelleckern, den Profitgeiern der Bürgerrechtsbewegung und bei dem einfachen Mann auf der Straße, dem dieses verderbte, widerwärtige System den Haß eingeimpft hat.

Die Hauptstadt Washington brennt. Der einzige Gedanke, der mir dabei kommt, ist: Hoffentlich überlebt Stokely Carmichael Washington. Chicago brennt. Detroit brennt. Überall in Babylon wüten die Flammen und hallen Schüsse.

Gestern abend ermahnte Lyndon Baines Johnson sein Volk, ermahnte er die schwarze Bevölkerung, auf Gewalt zu verzichten und nicht den Weg des Meuchelmordes einzuschlagen. Unter all dem leeren Stroh, das er drosch, war etwas, das mich besonders traf. Johnson ritt immer wieder auf dem berühmten Wortspiel von Malcolm X herum: «*The Ballot or the Bullet*» (Stimmzettel oder Kugel). Malcolm X hatte vorausgesagt, wenn es nicht gelinge, den Schwarzen mit Hilfe des Stimmzettels Befreiung zu bringen, dann werde die Kugel sprechen. Gestern abend sagte Lyndon Johnson, er werde der Nation und dem amerikanischen Volk beweisen, daß der Stimmzettel und nicht die Kugel triumphieren werde. Aus seinem Mund war das eine pure Beleidigung.

Diejenigen unter uns in der Black Panther Party, die ihre Augen offen halten und sich Gedanken über die Zukunft machen, haben erklärt, daß dieses Jahr das Jahr der Panther sein wird, das Jahr der Black Panther. Und soweit ich es bisher übersehe, besteht kein Zweifel daran. Jetzt ist die Stunde von Stokely Carmichael, Rap Brown und vor allem Huey P. Newton gekommen. Malcolm X prophezeite die Herrschaft der Gewalt, Huey Newton ergriff die Gewalt, und jetzt steht Gewalt gegen Gewalt. Malcolm X wurde ihr Opfer. Martin Luther King wurde ihr Opfer.

Im Auftrag des Herausgebers dieser Zeitschrift versuche ich, ein paar Sätze auf Band zu sprechen, versuche zu sagen, was meiner Ansicht nach die Ermordung von Martin Luther King für die zukünftige Entwicklung bedeutet, was jetzt vermutlich geschehen und wer vermutlich als neuer oder tonangebender Führer der Schwarzen hervortreten wird. Es ist schwer, Worte auf dieses Band zu sprechen; Worte sind belanglos geworden. Allein die Tat zählt noch. Vielleicht wird Amerika diese Sprache verstehen. Ich bezweifle es. Ich glaube, daß Amerika nicht in der Lage ist, *irgend etwas* zu begreifen, was mit Menschenrechten zu tun hat. Ich glaube, daß Amerika schon Selbstmord begangen hat und daß wir, die wir jetzt in seinem Leichnam zappeln wie ein Fisch auf dem Trockenen, sein Schicksal teilen. Amerika ist eine widerwärtige Bürde für unseren Planeten, eine Bürde für die gesamte Menschheit. Und wenn wir hier in Amerika ...

6. April 1968

Protokoll Nr. 2:
Die Schießerei in Oakland

Noch während Cleaver sein ‹Requiem für die Gewaltlosigkeit› in den Räumen von Ramparts in San Francisco diktierte, bekam er einen Telefonanruf aus Oakland, brach seinen Essay mitten im Satz ab und fuhr nach Oakland hinüber. Ein paar Stunden später wurde er nach der Schießerei mit der Polizei in Oakland festgenommen und ins Vacaville-Gefängnis gebracht. Dort schrieb er das folgende Protokoll, in dem er den Verlauf des Zwischenfalls in Oakland festhält.

Ich bin überzeugt, daß die sogenannte Schießerei in der 28. Straße das Ergebnis der hektischen Versuche der Polizei von Oakland war, das Barbecue-Picknick des schwarzen Bevölkerungsteils zu hintertreiben, das die Black Panther Party für den 7. April im DeFremery Park angekündigt hatte. Die Schießerei ereignete sich in der Nacht vor dem geplanten Picknick. Wir hatten für das Barbecue-Picknick im Rundfunk über den örtlichen Sender geworben, hatten überall Handzettel verteilt und viele Plakate angeschlagen, auf denen die Gemeinde zur Teilnahme eingeladen wurde. Außerdem waren Mitglieder der Black Panther Party eine Woche lang mit Lautsprecherwagen kreuz und quer durch den Ost- und Westteil von Oakland gefahren und hatten die Leute zur Teilnahme am Picknick aufgefordert.

Beim Barbecue-Picknick sollten Spenden für den Wahlkampffonds der Black Panther Party und für die Verteidigung von Huey P. Newton gesammelt werden. Für beides brauchten wir dringend Geld. Wir hatten drei Kandidaten aufgestellt, die sich um öffentliche Ämter bewerben sollten: Huey P. Newton im 7. Bezirk von Alameda County für den Kongreß, Bobby Seale im 17. Bezirk für einen Sitz im Abgeordnetenhaus von Alameda County und Kathleen Cleaver im 18. Distrikt für das Abgeordnetenhaus in San Francisco. Dieser Wahlkampf wurde mit leeren Taschen bestritten. Deshalb waren wir auf den Gedanken eines Barbecue-Picknicks gekommen – in der Hoffnung, dabei etwas Geld sammeln zu können. Und außerdem wurde natürlich ständig Geld für die Verteidigung von Huey gebraucht.

Wir wußten, daß der Polizei von Oakland das Picknick ein Dorn im Auge war. Denn bereits als wir die Parkverwaltung um Genehmigung für das Picknick baten, versuchten sie, uns einen Strich durch die Rechnung zu machen. Damit hatten sie keinen Erfolg. Es gelang ihnen jedoch, die Parkverwaltung zu veranlassen, uns eine Reihe lächerlicher und außerordentlich hinderlicher Bedingungen aufzuerlegen. Wir sollten keine Reden im Park halten, keine Lautsprecheranlage installieren, kein Wahlkampfmaterial verteilen und so weiter. Außerdem wurden den Brüdern und Schwestern, die mit dem Lautsprecherwagen unterwegs waren, ständig unter irgendwelchen Vorwänden Schwierigkeiten bereitet. Die Polizisten rissen mit großem Eifer unsere Plakate ab, mit denen wir für unser Picknick warben, und ebenfalls die Plakate, die wir zur Unterstützung des Wahlkampfes von Huey und Bobby angebracht hatten. Auch Mitglieder unserer Partei, die Plakate klebten und Handzettel verteilten, wurden von der Polizei behindert und belästigt. Wir hatten etwa 300 Dollar für das Picknick ausgegeben und waren deshalb sehr daran interessiert, daß es erfolgreich und ohne Zwischenfall verlief.

Uns war aufgefallen, daß die Polizei von Oakland jedesmal aktiv wurde, sobald wir eine größere Sammelaktion organisierten. Zuerst versuchte sie stets, derlei Veranstaltung zu verhindern. Gelang dies nicht, nahm sie einige Mitglieder der Partei fest und brachte uns damit um das Geld, das gesammelt worden war; denn nun mußten wir es für Kautionen verwenden, um die Inhaftierten wieder freizubekommen. Außerdem waren Gerichtskosten aufzubringen. Diese Methode war eindeutig. Sie wurde vollends sichtbar, als wir am 17. Februar die Kundgebung zum Geburtstag von Huey P. Newton in der großen Versammlungshalle von Oakland organisierten. Zuerst versuchte die Polizei von Oakland, uns die Benutzung der Halle mit der Begründung zu verweigern, daß eine derartige Veranstaltung öffentliches Ärgernis erregen und eine gefährliche Situation heraufbeschwören würde. Wir mußten den Anwalt John George bitten, uns zu begleiten und Mr. Luddekke, der im Auftrag der Stadt Oakland für den Betrieb der Versammlungshalle zuständig ist, mit einer Klage zu drohen. Erst dann lenkten sie ein und erklärten sich einverstanden, uns den Veranstaltungsraum zur Verfügung zu stellen. Trotzdem verhaftete die Polizei von Oakland und Berkeley in der Woche nach der Kundgebung insgesamt sechzehn Mitglieder unserer Partei. Dabei kam es auch zu jenem bekannten Zwischenfall, bei dem unser Vorsitzender Bobby Seale und seine Frau Artie noch vor Morgengrauen aus ihren Betten gezerrt und der Verschwörung zur Vorbereitung von Mord beschuldigt worden waren. Die Öffentlichkeit reagierte mit großer Entrüstung auf diesen himmelschreienden Übergriff und das abgekartete Spiel der Polizei, so daß man die Beschuldigung schleunigst zurückzog. Aber was viele Leute nicht begreifen, ist die Tatsache, daß auch dies sehr kostspielig für uns war. Obgleich die lächerliche Beschuldigung zurückgezogen worden war, hatte die Polizei ihr Ziel erreicht: überhöhte Kautionen und Gerichtskosten leerten unsere Kasse.

Bei der Organisierung des Barbecue-Picknicks hatten wir diese Erfahrungen vor Augen. Deshalb hatten wir alle Parteimitglieder dringend aufgefordert, sich völlig korrekt zu verhalten, um jeden Zwischenfall mit der Polizei zu vermeiden, der einen Vorwand für Festnahmen liefern könnte.

In diesem Zusammenhang muß ich den Namen von Captain McCarthy von der Polizei von Oakland erwähnen, denn er ist innerhalb der Polizei einer der Hauptscharfmacher gegen die Black Panther Party und hegt einen ganz besonderen Groll gegen mich. Als wir die ersten Vorbereitungen für die Kundgebung in der großen Versammlungshalle von Oakland trafen, drängte uns Mr. Luddekke ständig, uns mit Sergeant White von der Polizei in Verbindung zu setzen, um mit ihm Sicherheitsfragen zu erörtern. Eine derartige Unterredung empfanden wir zunächst als Zumutung. Als das Datum der Kundgebung näher rückte, wurde uns jedoch klar, daß es das beste wäre, uns um die Angelegenheit zu kümmern. Entweder am 16. oder 17. Februar – ich kann mich an das Datum nicht mehr genau erinnern – rief ich deshalb die Nummer an, die mir Mr. Luddekke gegeben hatte, sprach mit Sergeant White und verabredete mich mit ihm, damit wir über die Sicherheitsvorkehrungen in der großen Versammlungshalle sprechen konnten.

Ein anderes Mitglied der Black Panther Party, Mr. Emory Douglass, der Revolutionary Artist der Partei, begleitete mich zu dieser Unterredung, die im Hauptquartier der Polizei von Oakland stattfand. Als wir dort ankamen, wurden wir in der Eingangshalle von Sergeant White empfangen, der uns zu einem Gespräch mit Captain McCarthy brachte. Beim Eintritt in den Raum, in dem Captain McCarthy wartete, stellte uns Sergeant White vor. Captain McCarthy streckte seine riesige Pranke aus, um meine Hand zu schütteln. Ich schlug sie aus, worauf der Captain sagte: «Was soll das? Sind Sie zu fein, mir die Hand zu schütteln?»

Ich antwortete: «Angesichts des augenblicklichen Verhältnisses zwischen Ihrer Organisation und der meinigen bin ich der Ansicht, daß es nicht angebracht ist, wenn wir uns die Hände schütteln.»

Der Captain starrte mich an. Seine Augen waren kalt und grausam. Sein feister Hals, der in einem zu engen Kragen steckte und durch die Krawatte fast abgeschnürt wurde, lief rot an. Diese Röte kroch vom Adamsapfel aufwärts über das ganze Gesicht. Ich konnte bemerken, daß es ihn einige Anstrengungen kostete oder daß ihm ein wichtiger Gesichtspunkt in den Sinn kam, der ihn davon zurückhielt, uns aus seinem Büro zu werfen. Im stillen nahm ich mir vor, diesem Schwein aus dem Weg zu gehen, denn es war unwahrscheinlich, daß er mir das Vorgefallene verzeihen oder mich vergessen würde.

Zwei Monate später versuchte dieser Captain, unterstützt von einer Truppe von Polizisten mit schußbereiten Schnellfeuergewehren, das Tor der St. Augustin-Kirche in der 27. Straße Ecke West Street in Oakland einzutreten und eine unserer Versammlungen einzuschüchtern. Bei dieser Aktion hatte der Captain außer seinen Schweinen einen weißen Priester und einen schwarzen Prediger mitgebracht, die Pfarrer Neil, dem die Kirche gehörte, beruhigen sollten. Dieser ließ sich durch die heuchlerischen Appelle der gesalbten Komplicen des Captains jedoch nicht besänftigen. Der Vorfall ereignete sich am 3. April, drei Tage bevor derselbe Captain mit einer Armee von Schweinen den mörderischen Angriff auf Mitglieder der Black Panther Party leitete, bei dem Bobby Hutton, ein Parteimitglied, durch rassistische Schweine hinterlistig und kaltblütig erschossen wurde, nachdem diese Schweine lange auf der Lauer gelegen und auf eine Gelegenheit gewartet hatten, das Blut der Black Panther zu vergießen.

An dem Abend, an dem die Schweine den kleinen Bobby ermordeten, waren wir gerade mit den letzten Vorbereitungen für das Barbecue-Picknick am nächsten Tag beschäftigt. Der Bruder, dem das Soul-Food-Restaurant neben unserem Büro in der 41. Straße Ecke Grove Street in Oakland gehört, kochte das Fleisch für uns. Ständig liefen unsere Schwestern zwischen dem Restaurant, dem Laden und dem Haus von David Hilliard in der 34. Straße Ecke Magnolia Street hin und her, wo wir die Vorräte für den nächsten Tag stapelten.

Die Polizei hatte unsere Wagen den ganzen Tag beschattet. Während des ganzen Tages parkten Polizeiwagen auf der anderen Straßenseite vor unserem Büro. Die Polizisten machten kein Geheimnis aus der Tatsache, daß sie uns beobachteten – mit bösen, finsteren Blicken, mit dem Gesichtsausdruck, der einem Schwarzen zu verstehen gibt: ‹Ich mag dich nicht, Nigger, und lasse dich nicht aus den Augen. Eine falsche Bewegung, und . . .› Die Polypen waren mir so oft gefolgt, daß ich gelernt hatte, sie zu ignorieren und meiner Arbeit nachzugehen, als ob sie gar nicht existierten.

Ein Weißer in Berkeley, der die Arbeit unserer Partei mit Wohlwollen verfolgt und uns aus einer Verlegenheit helfen wollte, rief uns eines Tages an und sagte, er habe in unserer Zeitung gelesen, daß wir dringend Fahrgelegenheiten brauchten. Deshalb bot er uns an, uns zwei Wagen zur Verfügung zu stellen. Ich weiß, daß wir einen der versprochenen Wagen – einen weißen Ford – bekamen, der mehrere Jahre alt war, sich aber in einem guten Zustand befand. Ich weiß allerdings nicht, ob wir den zweiten bekommen haben. Der weiße Wagen war eine große Hilfe für uns, bereitete uns aber gleichzeitig auch einiges Kopfzerbrechen, weil er eine Zulassungsnummer von Florida hatte. Die Brüder fuhren nur ungern mit dem Wagen, weil man von den Polypen unweigerlich angehalten wurde, besonders auf der Fahrt durch Oakland. Die Zulassung in Florida benutzten sie als Vorwand, um den Wagen zu stoppen. In wenigen Tagen hatte es sich bei der Polizei von Oakland herumgesprochen, daß die Black Panther einen weißen Ford mit einer Zulassungsnummer von Florida fuhren, und von da an hatten sie ein besonderes Auge auf diesen Wagen. Aus diesem Grund benutzte *ich* den Wagen die meiste Zeit, weil ich über die besten Papiere verfügte: Führerschein, Wehrdienst-Registrierung, Sozialversicherungskarte und eine Anzahl von Presseausweisen für meine Arbeit bei *Ramparts*. Ich hatte sogar eine Pressekarte, die mir von den Vereinten Nationen ausgestellt worden und die mit Sicherheit dazu angetan war, das ohnehin schwerfällige Denken eines Polypenschweins noch mehr zu verlangsamen, besonders wenn es sich um ein dummes Schwein von der Polizei von Oakland handelt. Verschiedene Brüder waren in dem Wagen angehalten worden, und die Polypen hatten ihnen allerlei Fragen gestellt. «Sind Sie aus Florida? Seit wann sind Sie in Kalifornien?» Einmal hielt mich einer an, und als er mich fragte, wem der Wagen gehöre, erzählte ich ihm, daß ein Weißer aus Florida ihn der Black Panther Party zur Verfügung gestellt hatte. Dies schien ihn in Harnisch zu bringen, denn er sagte: «Sie erwarten doch nicht etwa, daß ich Ihnen diese Geschichte abnehme? Kein Weißer, der bei Verstand ist, würde den Black Panthers einen Wagen zur Verfügung stellen.»

«Vielleicht ist dieser Weiße verrückt», sagte ich.

Kurzum, aus diesem Grund fing ich an, diesen Wagen häufiger als jeder andere zu benutzen, der für die Parteiarbeit zur Verfügung stand.

Wir in der Partei haben es uns zur Regel gemacht, daß sich kein bekanntes Parteimitglied in Oakland nachts auf der Straße blicken läßt, wenn es nicht von mindestens zwei Leuten begleitet wird. Wenn die Polypen von Oakland nämlich jemals einen von uns allein erwischen, dann versuchen sie bestimmt – und zwar ohne einen Zeugen außer den rassistischen Schweinen von Polypen. Das Urteil der gerichtlichen Untersuchung wäre dann wie üblich: Notwehr – keine Strafverfolgung. Und damit Punktum. Nachdem sie versucht hatten, unseren Verteidigungsminister Huey P. Newton auf die Art zu ermorden, gingen wir kein Risiko mehr ein. Am Abend des 6. April folgten deshalb dem Wagen, den ich fuhr, zwei andere Wagen mit Panthern. Ich war auf der Fahrt zu David Hilliards Haus in der 34. Straße Ecke Magnolia Street. Mit mir im Wagen waren David Hilliard, Wendell Wade und John Scott, alles Mitglieder der Black Panther Party.

Wir waren nur noch ein paar Häuserblocks von Davids Haus entfernt, als mich aus heiterem Himmel der unwiderstehliche Drang überkam, zu pinkeln. Deshalb verließ ich die hellerleuchtete Straße, auf der wir fuhren (ich glaube, es war die 30. Straße, bin aber nicht sicher, da mir die Gegend nicht besonders gut bekannt ist), fuhr an den Rand, hielt den Wagen an, stieg aus und begann, mich zu erleichtern. Die beiden Wagen mit den Black Panthers, die uns folgten, hielten hinter uns und warteten. Während ich gerade mein Bedürfnis verrichtete, bog aus der Richtung, aus der wir gekommen waren, ein Wagen um die Ecke, und ich geriet in Gefahr, durch ein – wie ich glaubte – vorüberfahrendes Auto in eine peinliche Situation zu geraten. Deshalb unterbrach ich das Geplätscher und huschte verlegen um den Wagen herum auf den Bürgersteig, um zu beenden, was angefangen worden und nur unter Schwierigkeiten zurückzuhalten war. Ich erinnere mich, daß ich dabei sogar meine Hose etwas beschmutzte. Der ankommende Wagen jedoch fuhr nicht vorbei, sondern hielt, und ein Spotlight-Scheinwerfer wurde angeschaltet, der in meine Richtung strahlte. Ich merkte, daß es die Polizei war, zwei Polizisten. Sie stiegen aus und blieben unmittelbar neben ihrem Auto stehen. Einer von ihnen rief: «He, Sie da! Gehen Sie auf die Straßenmitte, mit erhobenen Händen, aber schnell!»

Zum zweitenmal war ich in einer heiklen Situation. Ich war fast fertig, und es war mir unmöglich, noch einmal zu unterbrechen. Ich rief zurück: «Okay, okay!» Ich wandte mich um, versuchte dabei den Reißverschluß an meiner Hose hochzuziehen und auf die Straßenmitte zu gehen. Mein Verstand sagte mir, es wäre besser, die Hände hochzuheben, sobald ich vorn um den Wagen herumging. Bevor ich das jedoch tun konnte, schrie der Polyp auf der Beifahrerseite etwas und begann zu schießen. Sofort fing auch der andere Polyp an zu schießen. Ich war nicht sicher, ob sie auf mich schossen, weil die Scheinwerfer ihres Autos mich in grelles Licht tauchten, so daß ich nichts sehen konnte. Das Peitschen ihrer Schüsse gellte mir jedoch so laut in den Ohren, daß ich erschreckt vor meinem Wagen in Deckung ging. Die Panther in den anderen beiden Wagen fingen an zu schreien, drückten auf die Hupen und stiegen aus. Die Brüder, die in meinem Auto waren, kletterten auf der Beifahrerseite heraus.

Über mir zersplitterte die Windschutzscheibe meines Wagens. Ich schaute mich um. Am anderen Straßenende war ein zweiter Polizeiwagen aufgetaucht, von dem aus ebenfalls auf uns gefeuert wurde. Von allen Seiten schien man auf uns zu schießen. Es hörte sich an, als ob die gesamte Gegend von Schützen wimmelte. Im Bruchteil einer Sekunde war mir klar, daß sie uns ins Kreuzfeuer genommen hatten. Deshalb rief ich den Brüdern zu: «Zerstreut euch! Haut ab!» Die besten Chancen – das lag auf der Hand – hatten wir, wenn es uns gelang, auf die andere Straßenseite zu kommen, und dorthin setzten wir uns in Bewegung. Wir hatten kaum einen Schritt getan, als Warren Wells, einer der Panther, getroffen wurde und einen gequälten Schmerzensschrei von sich gab, als er zu Boden stürzte. Ich warf mich etwa in der Mitte der Straße auf das Pflaster, während überall um mich herum die Kugeln vom Asphalt abprallten und als Querschläger an meinem Kopf vorbeijaulten. Aus verschiedenen Richtungen wurde auf mich geschossen, und zum zweitenmal innerhalb weniger Minuten spürte ich den Hauch des Todes. Ich kroch jedoch, so schnell ich konnte, weiter über die Straße und wußte wahrhaftig nicht, ob ich getroffen worden war oder nicht, ob ich tot war oder im Sterben lag. Überall spürte ich brennenden Schmerz – Hautabschürfungen, die ich mir vom Straßenpflaster zugezogen hatte. Immer noch wurde auf mich geschossen. Ich sah, wie einige Panther zwischen zwei Häusern hindurchrannten, und sprang auf, um ihnen zu folgen. Ein Polyp mit einem Gewehr rannte schießend hinter mir her. Ich war unbewaffnet, wünschte in dieser Situation jedoch sehnlichst, ein Gewehr zu haben. (Und *wie* ich mir das wünschte!!!)

Als ich zwischen den beiden Häusern hindurchlief, sah ich einen Panther über etwas klettern, das wie ein Zaun aussah. Ich gelangte gerade in dem Augenblick an die Stelle, als er das Hindernis überwunden hatte, um dann beim Klettern festzustellen, daß es sich um eine Art Schuppen handelte. Ich lag auf dem Dach, und der Polyp hinter mir schoß immer noch mit dem Gewehr auf mich. Ich sprang auf der anderen Seite zu Boden und fiel auf Bobby Hutton. Ehe ich mich aufgerappelt hatte, wünschte ich jedoch bereits, den Schuppen niemals überklettert, sondern mich lieber dem Polypen und seinem Verderben speienden Gewehr gestellt zu haben, denn Bobby und ich hatten keinen Ausweg mehr. Der Schuppen hinter uns füllte den Raum zwischen beiden Häusern zu unserer Seite aus. Obgleich es vor uns bis zur Straße kein Hindernis gab, konnten wir uns nicht von der Stelle rühren, denn die Straße wimmelte von Polypen, die auf uns ballerten wie die Verrückten. In der Dunkelheit konnte ich nicht sehen, daß Bobby eine Flinte hatte, bis er anfing zu knallen, was eine erstaunliche Wirkung auslöste: die Polypen, feige Schweine mit Plattfüßen und Holzköpfen, stürzten alle in Deckung. Die paar Sekunden Atempause reichten uns, um eine Kellertür zu entdecken. Wir stürzten hinein. Keinen Augenblick zu früh! In der nächsten Sekunde prasselte ein mörderisches Feuer in den Winkel, den wir gerade verlassen hatten.

Hatte uns der Sprung über den Schuppen vom Regen in die Traufe gebracht, so spottete unsere Lage in diesem Haus jeder Beschreibung. Die Wände waren dünn wie Papier, und die Schweine durchlöcherten sie von allen Seiten zugleich. Es ging uns wie den Indianern in all den Cowboy-Filmen, die ich gesehen hatte. Was uns für den Augenblick rettete, war ein etwa 45 Zentimeter hohes Beton-Fundament. Wir preßten uns flach gegen den Boden, während die Kugeln die Wände durchlöcherten. Das mörderische Feuer hielt etwa eine halbe Stunde lang an, dann verstummte es, und die Schweine begannen, Tränengas hereinzuschießen. Während die Gaspatronen durch die Fenster flogen, benutzten Bobby und ich die Gelegenheit, die Wände mit allem zu verstärken, was uns in die Hand fiel: Möbelstücke, Blechkanister, Pappkartons. Das war natürlich sinnlos, wir versuchten es aber trotzdem. Während ich aufrecht stand, um eine schwere Platte gegen die Wand zu schieben, wurde ich an der Brust von einem Gaskanister getroffen, der durch das Fenster gefeuert worden war. Ich fiel zu Boden, und der Schlag raubte mir fast die Besinnung. Little Bobby, geschwächt durch das Gas, hustete und rang nach Luft. Dennoch streifte er mir die Kleider ab, um trotz der Dunkelheit herauszufinden, ob ich verwundet war. Er tastete mich ab, ob ich irgendwo blutete.

Die Schweine begannen wieder zu schießen, und wir mußten uns schnell hinwerfen. Die Sachen, die wir an den Wänden aufgetürmt hatten, wurden von den Kugeln davongeblasen, als ob sie in Maschinengewehrfeuer geraten wären. Wir beschlossen, im Haus zu bleiben und lieber zu ersticken, als nach draußen in den Kugelhagel zu laufen. Durch den Lärm der Schießerei konnten wir die Stimmen von Leuten hören, die den Polypen zuriefen, sie sollten das Feuer einstellen, und die sie als Mörder bezeichneten und beschimpften. Das gab uns Kraft und Hoffnung, weiter auszuhalten. Das Tränengas zu ertragen, war gar nicht so schwer, wie ich mir vorgestellt hatte. Meine Lungen brannten wie Feuer, Nase und Augen schmerzten, aber nach einer Weile fühlte ich überhaupt nichts mehr. Einmal sagte Little Bobby zu mir, er sei nahe daran, ohnmächtig zu werden. Im gleichen Augenblick war es schon geschehen. Aber er kam bald wieder zu sich, und wir lagen da, zählten die Minuten und duckten uns vor den Geschossen, die man nicht zählen konnte, weil sie zu zahlreich waren. Eine der Kugeln traf mein Bein und meinen Fuß. Der Schlag war so hart und löste einen derartigen Schmerz aus, daß ich sicher war, ein Bein verloren zu haben. Das machte mir jedoch nichts mehr aus, denn ich war überzeugt, daß es nur noch eine Frage von Sekunden wäre, bevor eine der Kugeln meinem Leben ein Ende bereitete. Im stillen sagte ich der Welt ade, und ich war sicher, daß Little Bobby das gleiche tat. Uns blieb gar nichts anderes übrig, während wir dort im Kugelhagel lagen. Wenn es noch einen Ausweg geben sollte ... er kam mir jedenfalls nicht in den Sinn. Ich sagte meiner Frau Lebewohl, und im Geiste sah ich sie für mich tanzen, was sie schon oft getan hatte, und ich streckte meine Hände aus, um sie zu berühren und ihr einen Abschiedskuß zuzuwerfen. Dann sah ich im Geiste Menschenmengen vor mir – riesige Menschenmassen, Millionen von Menschen, als ob sich die ganze Menschheit – alle Männer und Frauen, die jemals gelebt haben – vor mir versammelte. Ich sah Parade-Szenen, Menschenmengen in großen Sälen. Ich erinnerte mich an die Menschen auf der Kundgebung im Oakland-Auditorium, an die wogende, quirlende Menge auf dem Konvent der Peace and Freedom Party im großen Versammlungssaal von Richmond; irgendwie flossen die beiden Ereignisse vor meinem inneren Auge ineinander. Ich sah Scharen von Studenten im Merritt College, im staatlichen College von San Francisco und im Universitätscollege von Berkeley, und dann hörte ich Little Bobby fragen: «Was sollen wir bloß machen?»

Ich fühlte eine ohnmächtige Wut auf mich selbst in mir aufsteigen, denn alles, was ich sagen konnte, war, er solle den Kopf untenhalten, den Kopf mit seinem hübschen schwarzen Gesicht. Kurze Zeit später mußte ich ohnmächtig zusehen, wie die reißenden Hunde vor dem Haus ihn mit ihren Gewehren in die Ewigkeit schickten. Schossen sie mit Vorbedacht? Ja, es war kaltblütiger Mord. MORD! Und das darf niemals vergessen werden: Die Polizei von Oakland ermordete Little Bobby, und das war kein Ruhmesblatt für sie. Jedes Schwein dieser mörderischen Polizei ist des Mordes an Little Bobby schuldig. Und der lügende, heuchlerische Polizeichef Gains ist Mörder Nummer eins. Bei Little Bobbys Blut müssen wir alle schwören, daß wir nicht eher ruhen werden, bis Polizeichef Gains zur Rechenschaft gezogen worden ist, entweder vor Gericht oder auf der Straße. Und daß wir nicht eher Ruhe geben werden, bis die blutdürstige Polizeitruppe von Oakland nicht mehr die Rolle einer Besatzungsarmee spielt, die der schwarzen Gemeinde ihre Stiefel in den Nacken setzt und die Gewehre auf die schwarze Gemeinde anlegt – eine böse Gewaltherrschaft, die das Schwert des Terrors der schwarzen Gemeinde ins Herz stößt. Das ist es, was Little Bobby von euch fordern würde, Brüder und Schwestern: Macht dem Terror ein Ende, mit allen erforderlichen Mitteln. Alles, worum er bittet, worum Huey bittet und auch ich, das ist, worum Che Guevara bat:

Wo immer der Tod uns überraschen mag,
er wird uns willkommen sein; vorausgesetzt
daß unser Kampfruf noch ein offenes Ohr erreicht,
daß eine andere Hand zur Waffe greift
und andere Kämpfer den
Grabgesang für uns anstimmen, mit dem Hämmern ihrer
Maschinengewehre, mit ihren Kampf- und Siegesschreien.

Der Rest der Geschichte ist ohnmächtige Wut, Schmerz und Demütigung von der Hand dieser Schweine. Sie schossen schließlich Brandsätze in den Keller und verwandelten ihn in ein rasendes Inferno. Wir konnten die Hitze nicht aushalten, konnten die heiße Luft nicht atmen, da unsere Lungen bereits wund waren vom Tränengas. Wir mußten raus, um dem sicheren Tod zu entrinnen, gleichgültig, was uns draußen erwartete. Ich rief den Schweinen zu, daß wir herauskommen würden. Sie forderten uns auf, die Waffen herauszuwerfen. Ich lag unter einem Fenster. Deshalb reichte mir Bobby die Flinte zu, und ich warf sie nach draußen, wobei ich immer noch auf dem Rücken lag. Dann half mir Bobby auf die Beine, und wir stolperten durch die Tür. An den Fenstern des benachbarten Hauses im Oberstock waren Schweine, die ihre Gewehre auf uns angelegt hatten. Sie riefen uns zu, uns nicht zu bewegen und die Hände hochzunehmen. Das taten wir, und eine Armee von Schweinen näherte sich von der Straße her. Sie begannen, uns zu treten und zu beschimpfen. Aber wir verspürten bereits keinen Schmerz mehr, waren ohne Gefühl. Die Schweine befahlen uns aufzustehen. Bobby half mir auf die Beine. Die Schweine zeigten auf einen Streifenwagen, der in der Mitte der Straße geparkt war, und befahlen uns, dorthin zu laufen. Ich sagte ihnen, daß ich nicht laufen könne. Da rissen sie Little Bobby von meiner Seite und schoben ihn vorwärts, indem sie ihm befahlen, zum Auto zu rennen. Das Herz drehte sich mir im Leib um! Little Bobby, der hustete und dem die Nachtluft genauso in den Lungen brannte wie mir, stolperte vorwärts, so gut er konnte. Nachdem er etwa zehn Meter zurückgelegt hatte, schossen ihn die Schweine mit ihren Gewehren zusammen, und dann wandten sie sich mir zu. Ehe sie mich jedoch umlegen konnten, fingen die schwarzen Bewohner der Nachbarschaft, die durch die Schießerei und den Tumult zusammengeströmt waren, an zu schreien und die Schweine als Mörder zu beschimpfen und ihnen zuzurufen, sie sollten mich in Ruhe lassen. Da tauchte ein Gesicht auf, das ich niemals vergessen werde, das Gesicht des Captains mit den grausamen wasserblauen Augen.

«Wo sind Sie verwundet?» fragte er mich.

Ich wies auf meine Wunde. Das größte Schwein aller Schweine warf einen Blick darauf, hob den Fuß und trat mir mit aller Wucht auf meine Wunde.

«Bringt ihn weg», befahl er dann den anderen Schweinen, und sie transportierten mich ab.

Warum bin ich noch am Leben? Während ich im Highland Hospital liege, sagte eines der Schweine zu mir: «Mit dem Barbecue-Picknick morgen ist es Essig für dich. Jetzt schmorst du auf dem Bratrost!» Warum mußte Little Bobby sterben? Daß ich am Leben blieb, ist kein Wunder, es ergab sich einfach so. Ich weiß, was ich nun zu tun habe. Nachdem mein Leben zufällig verschont worden ist, werde ich es ab sofort nur noch unserem Kampf weihen. Eldridge Cleaver starb in jenem Haus in der 28. Straße gemeinsam mit Little Bobby. Uns bleibt weiter nichts übrig als Gewalt – Öl auf das Feuer zu gießen, das das Antlitz dieses rassistischen Landes überziehen und es entweder von allem Bösen reinigen oder in Asche verwandeln wird. Ich sage dies im Namen von Little Bobby, von Eldridge Cleaver, die in jener Nacht starben, im Namen aller schwarzen Männer, Frauen und Kinder, die jemals hier in Babylon starben. Und ich rufe es dem rassistischen Amerika zu: Wenn auch die letzte Stimme Andersdenkender durch Gewehre, Gerichte, Gaskammern und Geld zum Schweigen gebracht worden ist, dann wisse: Solange der Geist von Eldridge Cleaver auf Erden wandelt, hast du immer einen FEIND in deiner Mitte!

19. April 1968

Offener Brief an Ronald Reagan

California Medical Facility
Vacaville, California
13. Mai 1968

The Honorable Ronald Reagan
Governor of the State of California
Sacramento, California

Honorable Sir,

wenn ich Ihnen diesen Brief schreibe, will ich zunächst eines klarstellen: ich schreibe ihn nicht, weil ich Sie um etwas bitten möchte; ich schreibe ihn nicht, weil ich um Gnade nachsuchen will; ich schreibe ihn nicht, weil ich mich beklagen will. Ich schreibe ihn vielmehr, um Sie darauf hinzuweisen, daß bestimmte Personen, die Ihnen unterstellt sind, sich verschworen haben, meine Rechte zu verletzen und mich als politischen Häftling in der California Medical Facility in Vacaville gefangenhalten, in einem Gefängnis also, das von der kalifornischen Strafvollzugsbehörde verwaltet wird, einer staatlichen Behörde, die Ihrer Kontrolle untersteht. Sie als den höchsten Beamten des Staates Kalifornien dürfte es, meine ich, interessieren, was die Leute getan haben, die Sie in die kalifornische Adult Authority [Gremium zur Überwachung des Strafvollzugs] beriefen. Aber gleichgültig, ob Sie nun tatsächlich darüber informiert sein möchten oder nicht – als ranghöchster Beamter haben Sie die Pflicht, darauf zu achten, daß die Ihnen unterstehenden Organe ihre Aufgaben so erfüllen, daß die Rechte keines Bürgers des Staates Kalifornien, eines anderen Bundesstaates oder einer anderen Rechtshoheit verletzt werden. Ich möchte Sie von einer flagranten und empörenden Verletzung meiner Rechte in Kenntnis setzen. Deshalb schreibe ich Ihnen diesen Brief und hoffe, daß Sie ihn in diesem Sinne aufnehmen, der Angelegenheit nachgehen und dann handeln oder nicht handeln, je nachdem, ob Vernunft und Gewissen es Ihnen gebieten und Ihre Berater es Ihnen nahelegen.

Ich bin ein politischer Häftling, und eine Untersuchung der Umstände, die zu meiner Inhaftierung führten, wird Ihnen und jedem anderen deutlich machen, daß es daran keinen Zweifel gibt. Ich bin mir bewußt, daß ich damit einen peinlichen Anspruch geltend mache; denn wie mir bekannt ist, haben bereits andere Personen die Vorgänge, denen ich meine gegenwärtige Lage verdanke, untersucht und sind zu dem Schluß gekommen, daß ich zu Recht hier bin. Aber ich will nicht über die Auffassung, die diese Leute von der Angelegenheit haben, diskutieren, denn ich halte diese Auffassung nicht nur für falsch, sondern für perfide und kriminell. Gewisse Personen mußten gewisse Dinge tun, um zu erreichen, daß ich jetzt hier in dieser Zelle sitze. Man sprach über mich und meine Aktivität und erließ dann Befehle. Andere wurden veranlaßt, diese Befehle auszuführen. Die Männer, die mir die Handschellen anlegten, meine Beine fesselten, meinen ganzen Körper fesselten, mich ins Auto stießen, mich hierher transportierten und mich den hiesigen Wärtern übergaben, waren ausführende Organe, Automaten, die ihre ‹Pflicht› erfüllten im Geiste Adolf Eichmanns. Ich will lieber von denen reden, die die Entscheidungen trafen, zu denen Sie, Gouverneur Reagan, sie ermächtigt haben. Diese Leute sind die Schuldigen, die Verschwörer, auf deren Beschlüsse und Befehle ich Ihre Aufmerksamkeit lenken will.

Während der Zeit meiner bedingten Haftentlassung hielt ich mich in San Francisco auf, nachdem ich neun von vierzehn Jahren Haft in San Quentin, Folsom und Soledad verbüßt hatte. Am 12. Dezember 1966 wurde ich entlassen. Der für mich zuständige Schutzaufsichtsbeamte war R. L. Bilideau. Die kalifornische Adult Authority hatte mir vier Haftjahre bedingt erlassen, vermutlich weil man mich für rehabilitiert hielt. Nach meiner Auffassung war ich rehabilitiert.

Da ich von Los Angeles aus ins Gefängnis gekommen war, beschloß ich, während der Zeit meiner bedingten Haftentlassung in San Francisco zu leben, in einer neuen Umgebung neu zu beginnen; ich wollte mich aus eigenen Kräften behaupten oder untergehen; ich wollte ein neues Leben aufbauen. Ich tat es in einer Hochstimmung, in dem brennenden Verlangen, am Leben teilzuhaben, am wirklichen Leben, das ich so lange Zeit aus der Distanz einer stagnierenden, toten, künstlichen Welt betrachtet hatte. Ich fand Liebe und heiratete. Meine Frau, die ich sehr liebe, heißt Kathleen. Schon im Gefängnis hatte ich beschlossen, nach meiner Entlassung einen Weg zu finden, um gemeinsam mit meinem Volk für ein besseres Leben zu kämpfen, mich in diesen Kampf zu stürzen und alles, was ich besaß, rückhaltlos einzusetzen: mein Leben, mein Glück und meine Ehre, die ich während meiner Haftjahre im Kampf ums seelische Überleben gefunden hatte.

Nach einigen fehlgeschlagenen Versuchen des Neubeginns stieß ich auf die Black Panther Party und trat ihr sofort bei; da ich mich bewährte, gab man mir den Posten eines Informationsministers. Diese Position habe ich noch immer inne und bin darauf nicht weniger stolz als Sie, Herr Gouverneur, es vermutlich auf Ihr Amt sind. Sie haben gewiß von meiner Partei gehört, ebenso wie ich von der Ihren. Am 2. Mai vergangenen Jahres statteten wir Ihnen in Sacramento einen Besuch ab und wurden – wenn ich so sagen darf – sehr schlecht empfangen. Wie ich vermute, hatte dies seinen Grund darin, daß einige von uns Gewehre bei sich hatten. Aber auch Ihre Männer trugen Waffen. Überdies richteten Ihre Leute die Gewehre auf uns, obwohl wir die unseren keineswegs auf sie richteten. Man sagte uns, Ihre Männer hätten das Recht, Waffen zu tragen, wir jedoch nicht. Wir diskutierten natürlich über diesen Punkt, aber augenscheinlich waren Ihre Männer taub für unsere Argumente, denn unsere Leute wurden, weil sie Waffen trugen, verhaftet, und einige mußten Gefängnisstrafen verbüßen. Auch ich wurde verhaftet, aber sehr bald wurden alle gegen mich erhobenen Beschuldigungen zurückgezogen, und man ließ mich frei. Dann erkannte ein Richter, daß man mich aus verschiedenen Gründen gar nicht erst hätte verhaften dürfen: ich war als Reporter von *Ramparts Magazine* mit gültigem Presseausweis Zeuge des Zwischenfalls geworden – ich war damals, wie ich es auch heute noch bin, Redaktionsmitglied von *Ramparts* –, ich war unbewaffnet; und was die Vorschriften hinsichtlich der bedingten Haftentlassung betrifft, so konnte ich auf eine schriftliche Erklärung meines Schutzaufsichtsbeamten verweisen, aus der eindeutig hervorging, daß ich die Erlaubnis hatte, zur Berichterstattung nach Sacramento zu fahren. Zu weiteren Verhaftungen kam es in den achtzehn Monaten, die ich als bedingt Entlassener verbrachte, nicht. Nach Lage der Dinge darf man wohl feststellen, daß in jenen achtzehn Monaten niemals ein Anlaß für meine Verhaftung bestand.

Die Wahrheit ist, daß ich mich in dieser Zeit geradezu mustergültig verhielt, auch wenn ich meinem Schutzaufsichtsbeamten gelegentlich Kopfschmerzen bereitet haben mag. Wenn das so war, dann war es nicht meine Schuld; er verdankt seine Kopfschmerzen dem Widerspruch zwischen der Anmaßung der Schutzaufsichtsbehörden und meinen Menschen- und Bürgerrechten, die es mir erlaubten, mich aktiv politisch zu betätigen. Er sagte mir immer wieder, ich hätte zwar das Recht, der Black Panther Party anzugehören, es gäbe jedoch in Sacramento Politiker, die diese Partei nicht billigten. Er riet mir, einen kühlen Kopf zu behalten, wenn ich in meiner Bewährungszeit keinen Ärger haben wollte. Einen kühlen Kopf? Neun Jahre hatte ich auf Eis gelegen. Zum Teufel, mein Kopf war kühl genug. Tatsächlich taute ich erst allmählich auf, versuchte warm zu werden, um mich wirklich engagieren zu können. Außerdem war das Recht auf meiner Seite. Was die Politiker betrifft, so war ich selbst Politiker. (Vermutlich vergaß ich, daß Politik, besonders wenn sie tiefer geht, ein schmutziges Geschäft ist. Man kann sich auf nichts verlassen, nicht einmal, wie mein Fall zeigt, auf die Verfassung der Vereinigten Staaten. Aber ich verließ mich ja auch nicht darauf; denn ich wußte nur zu gut, daß es Politiker gab, die im Namen der Verfassung eben diese Verfassung vergewaltigten und in den Schmutz zerrten.)

Aber ich bin Informationsminister der Black Panther Party. Und was für ein Mensch wäre ich, was für ein Politiker, welchen Wert hätte ich für die Partei, für meine Kameraden und für die Menschen, die wir repräsentieren, wenn ich (aus bloßer Furcht vor feindseligen Politikern) die Verantwortung zurückgäbe, zu der ich mich bekannt habe? Da Sie selbst einen Amtseid geleistet haben, Herr Gouverneur, werden Sie mich gewiß verstehen. Angenommen, Jesse Unruh forderte in einem Drohbrief Ihren Rücktritt als Gouverneur. Ich weiß, was Sie tun würden: Sie würden Big Daddy zum Teufel jagen. Nun ja, ich tat mehr oder weniger das gleiche; aber das war – so dachte ich wenigstens – ausschließlich eine Sache zwischen mir und meinem Schutzaufsichtsbeamten. Ich war entschlossen, meinen Standpunkt zu vertreten. Jedenfalls war ich der Ansicht, daß Politiker in Sacramento besseres zu tun hatten, als sich um Bewährungskandidaten zu kümmern, und die Partei hatte nicht die Absicht, der Hauptstadt des Bundesstaates noch einmal einen Besuch abzustatten. Informationsarbeit erschien mir völlig harmlos, und überdies war ich zu beschäftigt, um mir darüber Sorgen zu machen.

Huey P. Newton, der Verteidigungsminister der Black Panther Party, saß in der Klemme; ihm drohte die Gaskammer und er brauchte mich. Mr. Coakley, Distriktanwalt von Alameda County, erhob im Namen des Volkes von Kalifornien Anklage wegen Mordes gegen ihn; deshalb war es klar, daß die Menschen Informationen brauchten, die sie offensichtlich nicht besaßen: Informationen über Huey, über die Black Panther Party, über die Polizeibehörde von Oakland und über Distriktanwalt Coakley, über die Schwarzen, über das Jahr 1968, über die Antworten der Schwarzen auf den Rassismus der Weißen (das war, bevor L. B. J. sich entschloß, mir durch die Veröffentlichung seines Civil Disorders Report unter die Arme zu greifen) und über Politik – und Informationen darüber, wie all das miteinander verwoben war, wie Fürsorgewesen, Polizei, Brutalität, schlechte Wohnverhältnisse, der Vietnam-Krieg miteinander in Beziehung standen. Das alles mußte überschaubar gemacht werden, damit die Leute sehen und begreifen und die Forderung nach Hueys Freilassung unterstützen konnten.

Um Ihnen die Wahrheit zu sagen, Herr Gouverneur, dieser ganze Scheißdreck machte mich müde. Ich wurde vor der Zeit alt: ich bin zweiundzwanzig Jahre alt – genauso alt wie damals, als ich ins Gefängnis kam; denn als ich freigelassen wurde, war eine große Leere in meinem Innern; sie mußte erst aufgefüllt werden. Dies geschah durch die schwarze Revolution, genauer gesagt durch Huey, weil Huey die Verkörperung dieser schwarzen Revolution ist, falls Ihnen das etwas sagt.

Und dann tauchte die Peace and Freedom Party auf. Politik. Zum Teufel. Wir hatten sie schließlich herbeigerufen. ‹Kommt alle und helft Huey, nur die da brauchen wir nicht.› Nein, wir meinten es ernst, und es blieb nur noch wenig Zeit. Die schwarze Revolution stand auf dem Spiel, wir brauchten jede erreichbare Hilfe, weil die Bevölkerung informiert werden mußte.

Okay. Wir hatten danach gerufen, und nun hatten wir sie: die Peace and Freedom Party. Politik. Welche Beziehung wir dazu haben? Glauben Sie, wir hätten es schwer gehabt, eine Antwort darauf zu finden, Herr Gouverneur? Wenn Sie das meinen, ist Ihre Meinung so verkehrt wie zwei linke Schuhe, denn die Antwort war so einfach wie die States' Rights für George Wallace. Er erschien übrigens – wie Sie sicherlich wissen – mit seiner National States' Rights Party, der amerikanischen Unabhängigkeitspartei, zur gleichen Zeit auf der Bildfläche, wie die Peace and Freedom Party. Aber seine Leute kamen nicht, um Huey zu helfen. Sie kamen wohl eher, um der Polizei von Oakland und dem Distriktanwalt Coakley den Rücken zu stärken. Die Anhänger der Peace and Freedom Party brauchten nur wenig Information; sie waren bereits ausreichend informiert. Man sollte korrekterweise erwähnen, daß wir mit ihnen Informationen austauschten. Daher ging es mir nur noch um die Verteilung der Arbeitslast; sie wurde bei der Gründungsversammlung der Peace and Freedom Party im Richmond-Auditorium vorgenommen. Das war im März. Damals wurde eine große Koalition zwischen Braunen (Brown Caucus), Weißen (White Caucus) und Schwarzen (Black Caucus) gebildet – das ist ein bißchen kompliziert, Herr Gouverneur, ich weiß, aber ich möchte hier nicht ins Detail gehen. Falls Sie mehr Informationen über diese Angelegenheit wünschen, nehmen Sie Kontakt auf mit den Leuten von der Peace and Freedom Party, den Black Panthers oder den Mexikano-Amerikanern; die werden Ihnen detaillierte Auskünfte geben. Wenn ich von hier fort könnte, würde ich mich glücklich schätzen, Ihnen derlei Informationen selber zu beschaffen; denn Sie sollten wirklich darüber Bescheid wissen; es ist eine brandneue Geschichte. In dieser Zelle jedoch bin ich leider dazu nicht in der Lage.

Die berüchtigte, rassistische und brutal zuschlagende Polizei von Oakland ist der Stein des Anstoßes. Diese Gestapotruppe terrorisiert in offener und flagranter Weise die Schwarzen von Oakland. Die Black Panther Party übte Kritik am früheren und jetzigen Vorgehen der Polizeibehörde von Oakland. Da ich einer der wichtigsten Sprecher der Partei war, kannten mich die Leute von der Polizei sehr gut und haßten mich. Ich wußte, daß sie mich haßten; in ihren Augen las ich einen glühenden, mörderischen Haß. Sie haßten die Idee der Black Panther Party und waren auf ihre Zerschlagung aus. Wir andererseits erstrebten die Organisierung der Schwarzen, um dem Terror ein Ende zu machen. Wir sahen nicht ein, warum wir das nicht tun sollten, zumal niemand sonst Schritte in dieser Richtung zu unternehmen schien. Und wenn doch derlei unternommen wurde, so ohne sichtbaren Erfolg; denn die Dinge entwickelten sich zum Negativen und nicht zum Besseren. Die Polizeibehörde von Oakland setzte verstärkte Streifen gegenüber den Schwarzen ein und steckte wie ein Messer im Herzen des Volkes. Die Black Panther Party wollte dieses Messer herausziehen. In ihrem Bemühen, die Stoßkraft der Partei zu interminieren, unternahm die Polizei von Oakland systematische Störmanöver und verhaftete zahlreiche Mitglieder der Partei, besonders ihre Führer. Werfen Sie einen Blick in die Strafakte Huey P. Newtons, unseres Verteidigungsministers, oder die David Hilliards, unseres National Captain, oder die Bobby Seales, unseres Chairman. Sie werden auf eine ganze Liste von abgekarteten Fällen stoßen – eine Liste so lang wie Ihr Arm. Am 28. Oktober 1967 versuchten sie, Huey zu ermorden, dann klagten sie ihn des Mordes an, als einer ihrer eigenen Männer umkam. Am 6. April 1968 versuchten sie mich zu ermorden, schossen auf mich und ermordeten ein Mitglied unserer Partei – den siebzehnjährigen Bobby Hutton. Und dann beschuldigten sie mich, *ich* hätte *sie* ermorden wollen!

Herr Gouverneur, ich möchte Sie auf einen alten Spruch hinweisen: wo Rauch ist, da ist auch Feuer. In der Gegend um die Polizeibehörde von Oakland steigt eine Menge Rauch auf. Ich vermute, dieser Rauch hängt mit dem überaus freizügigen Einsatz von Feuerwaffen gegen die schwarze Bevölkerung zusammen. Man sollte das einmal untersuchen. Als Gouverneur des Staates Kalifornien würden Sie ja nicht Ihren Dienstbereich verlassen, wenn Sie Oakland zur Abwechslung gelegentlich etwas näher in Augenschein nähmen. Im übrigen wäre es für Sie einfacher als für jeden anderen, den Dingen in Oakland auf den Grund zu gehen. Wie ich höre, haben Sie in Oakland viele Freunde und Anhänger, auch bereitete man Ihnen kürzlich beim dortigen Parteitag der Republikaner einen über die Maßen herzlichen Empfang.

Jedenfalls verfielen die Polizisten von Oakland in der Nacht, in der ich angeschossen und verhaftet wurde, auf die ebenso hirnverbrannte wie phantastische Idee, Mitglieder der Black Panther Party könnten ins Gefängnis eindringen, um mich herauszuholen. (Quatsch. Jeder *könnte* alles tun!) Also setzten sie sich mit der kalifornischen Adult Authority in Verbindung (ob man sich auch an Sie gewandt hat?) und forderten meine Überführung nach San Quentin. Die Panik der Polizeibehörde von Oakland übertrug sich auf die Adult Authority, denn zu einem völlig absurden Zeitpunkt, am Sonntag, dem 7. April, morgens um vier Uhr, ordneten zwei Mitglieder der Adult Authority (ein Telefongespräch schlaftrunkener Stimmen und der Beschluß war gefaßt) die Aufhebung meiner bedingten Haftentlassung an. Ich wurde nach San Quentin gebracht und von dort nach Vacaville. Endlich offerierte mir die Adult Authority denn auch drei Gründe für diese Maßnahme:

1. Eldridge Cleaver verstieß mit dem Besitz einer Waffe gegen die Vorschriften für bedingt Haftentlassene;

2. Eldridge Cleaver verstieß gegen diese Vorschriften, weil er sich mit Leuten verbündete, die in schlechtem Ruf stehen;

3. Eldridge Cleaver verstieß gegen diese Vorschriften, indem er seinem Schutzaufsichtsbeamten zu wenig guten Willen bewies.

Wie finden Sie das, Herr Gouverneur? Ich jedenfalls finde es empörend, und ich meine, Sie sollten es genauso empörend finden. Lassen Sie mich die Gründe darlegen. Worauf stützt sich die erste Beschuldigung? Auf die unfehlbare Aussage der Polizei in Oakland! (Nachdem der Inspekteur für das US-Sanitätswesen sich gegen den Einsatz von Mace gegen die Bürger des Staates aussprach, an dessen Spitze Sie stehen, und nachdem die Polizeichefs von San Francisco und Los Angeles entsprechende Befehle erließen, hielt es die Polizeibehörde von Oakland bis heute noch nicht für nötig, darauf zu reagieren.) Diese Beschuldigung der Adult Authority lief auf einen Übergriff auf den Bereich der Indikative hinaus. Ich wurde ohne Gerichtsverfahren inhaftiert. Ich habe beim Obersten Gericht Berufung eingelegt und mich für nichtschuldig im Sinne der Anklage erklärt; aber die Adult Authority hat mich schon für schuldig befunden und abgeurteilt. Habe ich kein Anrecht auf einen Prozeß?

Die zweite Beschuldigung – daß ich mich mit Leuten von schlechtem Ruf verbunden hätte – klingt geradezu phantastisch. Ich weiß inzwischen, daß in den Augen gewisser Rassisten alle Schwarzen einen schlechten Ruf haben; die Adult Authority versteht darunter in diesem Fall Mitglieder der Black Panther Party. Mein Schutzaufsichtsbeamter R. L. Bilideau sagte mir – ich zitiere: «Wir haben nichts dagegen, wenn Sie zu den Black Panthers gehören.» Wir diskutierten lange über diese Frage, und er warnte mich lediglich vor Politikern in Sacramento, die Gegner der Black Panther Party seien. Meine Frage lautet, wer vertritt denn eigentlich die Ansicht, daß die Black Panther Party einen schlechten Ruf hat? Bestimmt nicht die Schwarzen, und auch nicht alle Weißen. Was soll also der Unsinn mit dem schlechten Ruf? Hunderte von Menschen in der Bay Area, im ganzen Staat, im ganzen Volk und überall in der Welt haben sich über die Verfolgung der Black Panther Party durch die Polizei von Oakland empört. Aber wenn wir schon von Leumund sprechen, so sollte darauf hingewiesen werden, daß die Polizei von Oakland den schlechtesten Ruf von allen Polizeibehörden im Staate Kalifornien hat und nur mit der Rassenpolizei in Mississippi und Südafrika verglichen werden kann. Was also tut die Adult Authority, wenn sie sich mit dieser verrufenen Polizeitruppe assoziiert? Die Gefängnisse von Kalifornien sind überfüllt mit Häftlingen, die von der Polizeibehörde von Oakland eingeliefert werden. Der ganze Quatsch mit dem schlechten Ruf beruht lediglich auf politischen Erwägungen, die dazu noch von mangelnder Informiertheit zeugen.

Angesichts der dritten und letzten Anschuldigung, daß ich es meinem Schutzaufsichtsbeamten gegenüber an gutem Willen hätte fehlen lassen, dreht sich mir der Magen um; denn sie ist eine glatte Lüge. Wie in den beiden anderen Fällen, so hat man sich auch hier nachträglich etwas ausgedacht, um meine überstürzte Neueinweisung ins Gefängnis zu rechtfertigen. (Wie kommt es, daß gewisse Leute, wenn sie einsehen, daß sie einen großen Fehler begangen haben, diesen Fehler nicht korrigieren und dem Opfer ihres Irrtums zur Befreiung verhelfen, sondern eine Rechtfertigung zusammenbasteln? Ich kenne einen ganzen Güterwagen voll Strafgefangener, die bessere Menschen sind, weil sie bereitwillig zugeben würden, daß sie unrecht hatten.) Als ich meinen Schutzaufsichtsbeamten das letzte Mal sah, wenige Tage vor meiner Inhaftierung, schüttelten wir uns beim Abschied die Hand, und er sagte: «Sie könnten mir einen Gefallen tun, Eldridge. Wenn ich eine Ausgabe Ihres Buches bekomme, würden Sie mir eine Widmung hineinschreiben?» Wir lachten beide, und ich sagte: «Ist das nicht eine phantastische Wendung der Dinge? Stellen Sie sich vor: während all dieser Jahre hing ich von Burschen wie Ihnen ab, die für mich Unterschriften leisten mußten, und nun erhalte ich eine Gelegenheit, etwas für Sie zu unterzeichnen! Es wird mir ein Vergnügen sein!»

Ich weiß nicht, ob dieser Schutzaufsichtsbeamte tatsächlich einen so verlogenen Bericht über mich vorgelegt hat oder ob die Adult Authority mich bloß in seinem Namen beschuldigte, weil Mangel an gutem Willen in der Zusammenarbeit mit dem Schutzaufsichtsbeamten eine Routinebeschuldigung ist, wenn es darum geht, einen bedingt Haftentlassenen wieder ins Gefängnis zu bringen. Es ist eine Klischeebeschuldigung, die dazu dient, das Maß voll zu machen. Und die Adult Authority arbeitet so geheim, umgibt sich mit so viel Dunkelheit, daß niemand weiß, was in ihrer Sternenkammer vor sich geht. Wenn aber tatsächlich mein Schutzaufsichtsbeamter diese Lüge verbreitet hat, wäre ich eher verletzt als überrascht, weil ich damals die leitenden Männer des Department of Corrections so ausgiebig kennengelernt habe, daß sie mich durch nichts mehr überraschen könnten und sei es noch so ekelerregend. Aber wissen Sie, Herr Gouverneur, wenn man achtzehn Monate lang mit jemanden ständigen Kontakt hat, entsteht eine Bindung. Man lernt sich auf menschlicher Ebene kennen, man erhält Einblick in die Persönlichkeit des anderen, und es gibt gewisse Dinge, die Menschen voneinander erwarten, zum Beispiel, daß sie sich gegenseitig nicht in den Rücken fallen. Aber leider existiert diese Solidarität nicht, denn wie soll man sonst Caesars Worte über den abgrundtiefen Verrat verstehen: Et tu, Brute. *Et tu, Bilideau?*

Nun ja, das wär's Herr Gouverneur, das ist wohl das Wesentliche dessen, was ich Ihnen darlegen wollte. Aber gestatten Sie mir noch einige kurze Bemerkungen. Ich habe mit dem kalifornischen Dempartment of Corrections nichts mehr zu tun; ich habe nichts mehr zu tun mit der Adult Authority, mit Schutzaufsichtsbeamten, mit Gefängnissen, mit dieser ganzen Welt der Beschränkungen, Einkerkerungen und Bestrafungen. Die Sache geht mich nichts mehr an, denn ich bin frei. Ich bin ein freier Mensch, Herr Gouverneur, und ich kenne keine Unterwerfung mehr und spiele auch nicht länger die Rolle eines Mannes, der Schuldner der Gesellschaft ist. Ich schulde der Gesellschaft allein die Arbeit, die ich außerhalb jener Mauern zu verrichten habe. Meine Arbeit kann, wird und soll nicht warten. Und Sie, Herr Gouverneur, sollten es begrüßen, daß ich meine Arbeit wiederaufnehme, denn ich nahm einige der dringendsten Probleme in Angriff, vor denen nicht nur der Staat Kalifornien steht, sondern die Nation und die Welt. Und die

Menschen, zu denen Sie nicht durchdringen, die Besitzlosen und Unterdrückten, zu denen Sie nicht einmal sprechen können, die Sie nicht verstehen können und die ihrerseits Ihnen weder vertrauen noch Sie verstehen – mit diesen Menschen stehe ich auf gutem Fuße, denn ich gehöre zu ihnen, ich bin einer von ihnen. Sie und ich, Herr Gouverneur, wir beide haben an der Lösung der gleichen Aufgaben gearbeitet – Sie von der Spitze herab, ich vom Grund her. Der Grund der Welt ist in Bewegung geraten, Herr Gouverneur, und Bobby Dylans *empty handed beggar* steht vor der Tür, aber nicht mehr mit leeren Händen. Man hat ihm ein Gewehr in die Hand gedrückt. Und er bettelt nicht mehr. Er spricht auch kaum noch ein Wort, denn er hat gemerkt, daß ihm kaum jemand zuhört. Wenn er schließlich überhaupt nichts mehr sagt, wird er anfangen zu schießen. Damit habe ich alles gesagt, was ich Ihnen sagen wollte. Mehr gibt es nicht zu sagen. Nur noch eine Frage: Haben Sie mir zugehört, Herr Gouverneur?

Hochachtungsvoll
Eldridge Cleaver
Informationsminister
Black Panther Party

Marginalien zu Ronald Reagan

Ich habe Ronald Reagan nie gemocht. Selbst nicht in den Tagen seiner schlechten Filme – langweiliger Kintopp, der mich nie fesselte – ich hatte zu ihm die gleiche Einstellung wie zu den lässigen Cowboys Roy Rogers und Gene Autry: durch ihr Spiel kam keinerlei Handlung, kein Geschehen zustande. Sie waren lediglich da, füllten die Leinwand aus und stahlen mir meine Zeit, mein Geld und widersprachen meinem gesunden Menschenverstand. In ihrem Stil lag etwas Unwirkliches. In Filmen wird einem bekanntlich etwas vorgemacht, aber die Unwirklichkeit, die auf der Leinwand so fade Schauspieler wie Reagan darstellten, spiegelten für mich – einen Nigger aus dem schwarzen Getto – eine ekelerregende Mischung aus humorlosem Lachen und perfekten Colgate-Zähnen wider, niemals jedoch eine Spur von wirklicher Lebensangst. Ein Film mit Reagan war fade, versprach nichts und bot noch weniger, er war nichts Aufregendes, Überraschungen gab es nie.

Aber dann machte Reagan auch noch eine Fernsehshow. Durch die Mithilfe reicher Geldgeber und ein paar raffinierter Drehbuchautoren wurde die Mediokrität seines Niveaus beschönigt und durch rhetorisches Make-up übertüncht, das ein Team bürstenhaariger Textartisten entwickelt hatte. Danach, als Hollywoods beste Maskenbildner es immer schwieriger fanden, mit den Falten fertig zu werden, die sein Gesicht langsam in eine zerfurchte, kahle, abgeerntete Ackerlandschaft verwandelten, war es für ihn selbstverständlich, sich der Politik zuzuwenden.

Für sein Vorhaben war Kalifornien der Idealstaat. Durch die Wahl von Nullen der politischen Lobby wie Richard Nixon und Max Rafferty demonstrierte Kalifornien sein Talent für eine absurde Politik. Er hatte sich also den richtigen Platz ausgesucht und hätte keinen besseren Stil wählen können. Ronnie wußte die richtige Formel: Greif die schwierigsten Probleme des Volkes auf und attackiere mit scharfer Kritik alle ernsthaften Bemühungen zur Lösung dieser Probleme; biete als Alternative ein Konglomerat einfältiger Klischees und Fangphrasen, die bis auf die Mayflower zurückgehen; schwing die US-Flagge und lächle breit und überschwenglich, wenn du den Leuten zuwinkst; rede in einem kämpferischen Stil nach dem Motto ‹Ich habe es satt..›; und denke immer daran: wenn nichts zum gewünschten Ziel führt, bleibt besonders in Kalifornien immer noch der erprobte und bewährte

Schachzug demagogischer Politiker – attackiere boshaft die ewigen Sündenböcke des American Dream: versteckte Subversion in den Formulierungen der Textbücher, die ‹Dekadenz der Universitäten und irregeleiteten Studenten, betrogen von einer Handvoll Professoren, die unter dem geschickten Einfluß der kommunistischen Verschwörung stehen›.

Es hat geklappt. Mickymaus ist Gouverneur und Donald Duck Kandidat für den US-Senat. Darüber sollten wir uns Gedanken machen. Damit sollten wir uns auseinandersetzen.

Man sagt, ein Volk erhält die Herrscher, die es verdient. Ich glaube jedoch nicht, daß Amerika die Herrscher hat, die es verdient. Der Staat Kalifornien insbesondere kann nicht die Herrscher verdient haben, die er hat. Trotzdem haben wir sie, und dies ist ein Wahljahr. Und welch ein Wahljahr: dieses Wahljahr ist der Alb des American Dream.

Alles ist offen in diesem Jahr. Niemand versucht ernsthaft etwas zu verbergen. Wie gewöhnlich ist die Schlüsselfrage der Wahl, was man mit den Niggern machen soll – diesmal jedoch ist die Frage umgewandelt worden in die Lesart, wie man *mit* den Niggern fertig werden soll. Aus der Sicht der Nigger selbst wurde die Frage auch umfunktioniert und lautet jetzt: wie kommen wir aus dieser Scheißlage heraus?

Es gab eine überraschende Entwicklung, die die Möglichkeit bietet, vielleicht sogar die einzige Möglichkeit, mit einer Universalwaffe die Träume der Rassisten zu durchlöchern: eine beträchtliche Anzahl weißer Amerikaner revoltiert gegen das System. So ist das Problem Gesetz und Ordnung oder Verbrechertum auf den Straßen die Schlüsselfrage.

In Kalifornien hielt Mickymaus von seinem Ausguck im Disneyland Ausschau nach einer Gelegenheit für einen neuen Auftritt, nachdem er in Miami von einem Schwein, das schon länger das Spiel betrieb, von der Bühne verjagt worden war. Von seinem Schlupfwinkel aus heftete Mickymaus seinen Blick verblüfft auf den Campus der University of California in Berkeley. Er hatte einen Wink bekommen, daß die Situation auf diesem Campus genau auf seine Bedürfnisse zugeschnitten war. Eldridge Cleaver – die Inkarnation des amerikanischen Albtraums: Niggergroßmaul, ehemaliger Strafgefangener wegen Notzucht, Befürworter der Gewalt, Präsidentschaftskandidat – hielt im Auftrage subversiver Elemente von Berkeley in der Universität Vorlesungen, um die Moral der lilienweißen amerikanischen Jugend zu untergraben. So tauchte Ronnie-Baby aus seinem Schlupfwinkel auf, erfüllte seine Pflichten als Republikaner und nahm den Kampf auf: «Wenn Eldridge Cleaver Vorlesungen vor unseren Kindern halten darf, kommen sie womöglich eines Nachts nach Hause und schneiden uns die Hälse durch. Daher wird die kalifornische Bevölkerung das nicht dulden!»

Nur weiter so, Mickymaus. Wir wissen schon, was du vorhast, und das paßt uns gar nicht. Wir werden dagegen vorgehen, gegen Sie, um Ihrem absurden Treiben vor dem Volk ein Ende zu setzen. So daß alle

Schwindelmanöver mit der Universitätsleitung, die diese zwangen, die Vorlesungsreihe, an der ich als Gastlektor mitwirken sollte, zu neutralisieren, nicht den gewünschten Erfolg hatten. Vermutlich mißfiel es Ihnen, daß selbst die Universitätsleitung nicht alles mitmachte und mir die Abhaltung einer Vorlesung gestattete.

Manipulation! Für wen, verdammt noch mal, halten Sie sich denn, daß Sie mir erzählen, ich könnte nicht sprechen, daß Sie den Studenten und Fakultätsmitgliedern der Universität Berkeley einreden, sie dürften mir nicht gestatten, zehn Vorlesungen zu halten? Ich werde es doch tun, ob es Ihnen nun gefällt oder nicht. Ich will nun sogar zwanzig Vorlesungen halten. Sie, Donald Duck Rafferty, Big Mama Unruh und das Mitglied der rassistischen John Birch Society, das diese Resolution vor die Legislative brachte, damit die Männer, die mich zu den Vorlesungen einluden, getadelt würden – Sie alle können meinen schwarzen Niggerarsch küssen, denn ich durchschaue Sie genau, Sie sind rassistische Demagogen, die auf das Wahlergebnis im kommenden November schielen. Die Studenten und Fakultätsmitglieder in Berkeley versuchen das amerikanische Volk vor dem Chaos zu retten, das ihr Schweine angerichtet habt. Euer Machthunger, eure Machtgier sind so groß, daß es euch gleichgültig ist, ob ihr bei euren Machtgelüsten den vitalen Entwicklungsprozeß einer zivilisatorisch unterentwickelten Gesellschaft, die sich zögernd anschickt, eine höhere Stufe zu erklimmen, zerstört.

Ich weiß nicht, wie all das enden wird, aber ich weiß, daß ich bestimmt nie Ihren Arsch küssen, niemals Ihren demagogischen Machenschaften nachgeben werde. Für mich sind Sie ein feiger Wicht. Sie sind kein Mann. Sie sind eine miese Kreatur. Da Sie mich als einen Rassisten beschimpft und damit beleidigt haben, hätte ich gern Gelegenheit, die Rechnung zu begleichen. Alles, was ich fordere, ist eine faire Chance. Daher, Mickymaus, fordere ich Sie zum Duell auf Leben und Tod, und Sie können die Waffen wählen. Und wenn Ihnen das nicht gefällt – nun gut, dann lauf, Mäuschen, verschwinde mitsamt deinem blitzsauberen Arsch.

26. Oktober 1968

Stanford-Rede

Bald nachdem Richter Raymond J. Sherwin vom Obersten Gerichtshof des Staates Kalifornien auf Grund einer Haftbeschwerde unter Berufung auf die Habeas Corpus-Akte die Freilassung Eldridge Cleavers angeordnet hatte, wurde Cleaver angeboten, in einem soziologischen Versuchskursus an der University of California Vorträge zu halten. Gouverneur Ronald Reagan reagierte geradezu hysterisch auf die Berufung Cleavers und veranlaßte den Verwaltungsrat der Universität, den Studenten, die an dem Kursus teilnehmen wollten, eine Anerkennung dieser Vorlesungen im akademischen Stundennachweis zu verweigern. Cleaver antwortete mit einem Artikel unter der Überschrift ‹Antwort an Reagan›, der in der Zeitschrift Ramparts veröffentlicht wurde, und mit einer Serie von mehr oder weniger improvisierten polemischen Reden in den Colleges im ganzen Staat, für die die folgende Rede, die an der Stanford University gehalten wurde, charakteristisch ist.

Guten Abend, meine Damen und Herren! Zunächst möchte ich all denen danken, die mich hierher eingeladen haben, und besonders Mickymaus Ronald Reagan und Donald Duck Rafferty, daß sie es gestattet haben.

Hier stelle ich Ihnen George Murray vor, den Erziehungsminister der Black Panther Party. Er ist eine weitere Gefahr für das Hochschulwesen hier in Kalifornien – ein Bruder, von dem Sie alle schon gehört und gelesen haben, ein Mann, der am State College in San Francisco arbeitet und dort das Erziehungssystem untergräbt: George Murray.

Es fällt mir schwer zu entscheiden, wo ich anfangen soll: in der Mitte, von der Seite, von vorn, oben oder unten. Betrachtet man nämlich die Situation, mit der wir heute konfrontiert sind – von welchem Blickwinkel auch immer –, dann stellt man fest, daß alles ein großer Beschiß ist. Als ich hierher reiste, rieten mir einige Leute, keine anstößigen Ausdrücke zu gebrauchen. Schließlich sei dies die Stanford University, sie meinten, keine vom Staat unterstützte Einrichtung, sondern eine Institution, die mit privatem Geld finanziert werde. Wenn man auf eine staatliche Einrichtung schimpfe, dann schimpfe man auf einen Teil seines eigenen Geldes, und das könne man tun; hier aber handle es sich um das Geld anderer, und das müsse man ein wenig respektieren. Meine grundsätzliche Antwort darauf möchte ich mit meiner Antwort an Ronald Reagan verbinden. Ich glaube, daß in dieser Gesellschaft die Menschen immer toleranter werden, weil sie – wie ich meine – bereit sind, sich anzuhören, wenn jemand sagt: ‹Scheiß auf Ronald Reagan› oder ‹Scheiß auf die privaten Mittel der Stanford University›, wenn nötig auch ‹Scheiß auf die Stanford University›. Vielleicht ist mein Wortschatz ja damit erschöpft, aber das ist mir völlig gleichgültig, denn wir haben den Punkt erreicht, wo Worte immer belangloser werden. Der Bruder, der mich vorgestellt hat, versäumte zu erwähnen, daß ich Mitglied der Black Panther Party bin – und genau das ist der Ausgangspunkt! Dort liegt für uns der Anfang, und es sieht so aus – wenn es nach dem Willen gewisser Leute geht –, als ob wir dort auch enden würden.

Man munkelt heute, daß die Leute den Mut verloren haben, daß sie nicht mehr mit den Problemen fertig werden, vor die die Gesellschaft gestellt ist, daß sie aufgeben müssen und Berufspolitiker wie Nixon, Reagan, Humphrey und Georgie-Boy Wallace herbeirufen, um uns zu retten und der Menschheit das Heil zu bringen. Wir glauben, daß dies auch nur eine Lüge ist, ein Faden des Lügengewebes, in das jeder in diesem Land sein Leben lang eingesponnen ist, und wir sagen, daß die Leute es nicht nötig haben, sich Lügen zu unterwerfen, daß sie nicht den Schwanz einziehen müssen, wenn ein Narr wie Ronald Reagan sie anschreit. Das haben Sie nicht nötig.

Es gibt so etwas wie einen freien Willen, und es ist möglich aufzustehen und sich Gehör zu verschaffen, wenn man bereit ist, die Konsequenzen zu tragen. Das Gebot der Stunde ist, zu handeln, Stellung zu beziehen und – wenn möglich – die Konsequenzen zu vermeiden. Denn die Konsequenzen, die ein solches Verhalten bei den gegenwärtigen Machtverhältnissen nach sich zieht, sind außerordentlich. Man kann sich ihnen nur schwer entziehen. Sie sind etwas, das man keinem Mitmenschen wünscht. Jeder wirft der Black Panther Party vor, einen Rochus vor der Polizei zu haben und nichts anderes zu tun, als herumzulungern, Polizisten zu überfallen und sie ‹Schweine› zu nennen. Das ist jedoch nur ein Teil dessen, was wir tun können. Das ist nicht alles. Das ist keineswegs alles.

Es ist sehr wichtig, sich vor Augen zu führen, daß man überhaupt nichts erreichen kann, wenn man nicht die Zusammenhänge begriffen hat. Das Hauptproblem in diesem Land ist heute die politische Verwirrung. Die Menschen wissen nicht, wer ihr Feind ist; sie wissen nicht, wer ihr Freund ist. Sie haben keine Ahnung, ob sie sich vor der Rechten oder der Linken fürchten sollen. Sie wissen nicht, ob sie selbst zur Rechten oder zur Linken gehören. Deshalb sagen sie einfach ‹Scheiße›, zucken die Achseln, wenden sich dem LSD zu oder werden verrückt, weil sie unentwegt Haschisch oder Tabletten nehmen oder sich dem Alkohol ergeben. Die Leute haben einfach das Gefühl, daß sie mit der Situation nicht fertig werden. Und ich glaube, das ist der Fall, weil die Leute bewußt und geschickt in diesem Sinne beeinflußt worden sind. Wir erleben gerade, daß die Demokratische Partei ihren Bannerträger Lyndon Baines Johnson herauspickt und ihm sagt, er habe zu viele Unzulänglichkeiten, seine Lügen hätten zu kurze Beine und er verliere ständig an Glaubwürdigkeit. Dies ist beste amerikanische Tradition: Schöne Ausreden, um harte Fakten zu verschleiern. Sie meinen, daß Johnson ein Lügner ist, daß er verlogene Berichte herausgegeben hat und daß man den statistischen Zahlen und Berichten, die von den Beamten seiner Regierung herausgegeben wurden, nicht mehr glauben kann. – Dabei wurde dieses Land Zeit seiner Geschichte mit Lügen abgespeist. Mit Lügen über Lügen. Mit Lügen, die Verwirrung auslösten, und dann mit neuen Lügen aus den Trümmern der Lügen, die von der Realität zerschmettert worden waren. Jetzt haben wir einen Punkt erreicht, an dem unter der schwarzen Bevölkerung Menschen aufstehen, die der Lügen müde sind, die der Lügner leid sind und genug haben von der Politik der kleinen Zugeständnisse und der Scheinlösungen. Nicht nur Huey P. Newton, nicht nur die Mitglieder der Black Panther Party, sondern Schwarze überall im Land haben sich von der kriecherischen Führung abgewendet, der sie so lange gefolgt sind. Sie gehen auf die Straße, sie sprechen von «Boston Tea Parties», hier in Babylon, hier in Kalifornien, auf allen Straßen Kaliforniens. Sie sagen, daß es uns reicht, daß wir nicht länger stillhalten werden. Sie sprechen aus, daß man uns den Tod androht, den Völkermord, so daß wir keine andere Alternative sehen, als uns zu organisieren, um uns so die Möglichkeit zu verschaffen, Weiße mit in den Tod zu nehmen, wenn wir sterben müssen. Wir sagen, wenn die Schwarzen massenweise sterben müssen, dann ist das Beste, was wir tun können, dafür zu sorgen, daß auch die Weißen massenweise sterben. Da wir schon in den Zentren der Großstädte und des industriellen Systems leben, wollen wir in der Lage sein, Zerstörungen anzurichten, wenn unsere Feinde sich anschicken, uns zu vernichten; denn daß uns Vernichtung droht, das wissen wir alle. Wir wollen außerdem in der Lage sein, das Wirtschaftssystem ernsthaft zu erschüttern, so daß die Militärmaschinerie nicht mehr funktionsfähig ist und die Feinde Amerikas ins Land kommen und den Bewohnern Babylons das Gold aus den Zähnen brechen können. Wir wollen dann in der Lage sein, sagen zu können: Falls es einen Sieg über uns gibt, wird es ein Pyrrhussieg sein, weil die internationale Situation es so will.

Wir sind keine Nihilisten. Wir wollen keine Zerstörungen, deshalb müssen wir eine Alternative bieten können. Wir sprechen heutzutage über eine Alternative, vielleicht die letzte Alternative, die letzte Chance. Wir greifen auf Grundprinzipien zurück und sagen, wir brauchen Leute mit gesundem Menschenverstand, damit die Situation in diesem Land gerettet werden kann. Wir brauchen Schwarze mit gesundem Menschenverstand, wir brauchen Weiße mit gesundem Menschenverstand. Wir sind uns darüber im klaren, daß die Black Panther Party allein die

Aufgabe nicht bewältigen kann, daß die Schwarzen allein es nicht schaffen können. Es sind auch Weiße notwendig, die die Situation der Welt von heute klar erkennen und sich erheben, um sich – jawohl – mit ihren schwarzen Brüdern und Schwestern zu vereinigen. Wir haben es mit einer Situation zu tun, in der einer des anderen Feind geworden ist, in der jeder sich jedem entfremdet hat, in der man sich feindselig gegenübersteht und sich jeder selbst in eine Ecke manövriert hat. Und das ist genau die Situation, die die Schweine der Machtstruktur erhalten wollen.

‹Teile und herrsche› ist immer noch die einzig sichere Methode, mit der sich Tyrannen, Despoten und rassistische Schweine den Sieg über das Volk sichern können. Wir sind der Ansicht, daß es notwendig ist, aus dieser Sackgasse auszubrechen, die Initiative zu ergreifen und Bewegungsfreiheit zu schaffen, damit die Menschen sich zusammentun können – aber nicht auf der Grundlage irgendeines rührseligen Pseudo-Liberalismus und nicht so, daß Sie auf mich warten und sagen: ‹Viel Glück! Hoffentlich hast du Erfolg! Wir sind mit dir!› Oder: ‹Nur Mut›, wie mir einer zurief, als ich hier ankam. Okay, wir brauchen Mut, wir brauchen das alles. Aber wir brauchen auch die Hilfe der Menschen, die erkannt haben, wo ihr Interesse liegt.

Viele Leute lieben es, mit Zahlen zu operieren. Sie meinen: Wir haben Wasserstoffbomben, wir haben die Trägerwaffen, um sie ins Ziel zu bringen, wir haben mehr Waffen als irgend jemand bisher in der Geschichte – wer kann uns da schon bedrohen? Es gibt Leute, die bereit sind, das Schicksal des gesamten Planeten damit als gesichert anzusehen. Aber es gibt noch andere Völker auf dieser Welt, die Kanonen haben, und es gibt welche, die Wasserstoffbomben haben, und die sagen ganz einfach: ‹Wenn du auf deinen Knopf drückst, dann drücke ich auf meinen Knopf.› Wir sagen, das ist recht und billig, und unser Dilemma besteht darin, daß wir uns darüber im klaren sind, daß wir nicht die Zeit haben, Wissenschaftler heranzubilden, die dann in die Labors gehen und Wasserstoffbomben herstellen. Wenn wir diese Bomben haben wollen, dann müssen wir sie euch wegnehmen, euch, den Babyloniern. Das ist unsere Haltung zu diesem Punkt. Die Bomben sind da, und wir haben die notwendigen Soldaten. Wir sind zu allem entschlossen. Wenn Kanonen und Bomben gegen uns eingesetzt werden sollten, müssen wir in der Lage sein, ebenfalls Bomben in unseren Besitz zu bringen, damit wir sagen können: ‹Wenn ihr Bomben auf uns abwerft, dann werfen wir welche auf euch ab.› In Zukunft geht es demokratisch zu. Wir werden demokratisch leben, und wir werden demokratisch sterben. Etwas anderes gibt es nicht. Ganz gleichgültig, was Sie dazu meinen, verstehen Sie? Ich bin mir bewußt, daß die Leute so etwas nicht gern hören. Sie haben es lieber, wenn gesagt wird, daß alles in Ordnung ist, daß sich schon alles zurechtlaufen wird, daß es besser wird.

Wir aber stellen fest, daß sich die Lage verschlimmert. Der Rassist

George Wallace liegt – wie man uns sagt – bei den Meinungsumfragen für die Präsidentschaftsbewerber an zweiter Stelle. Und der Mann, der die Einberufungsbefehle an die schwarzen Jungens in den Gettos schickt und sie nach Vietnam in Marsch setzt, dieser General Hershey, stellt sich hin und sagt, George Wallace sei der Präsidentschaftskandidat seiner Wahl. Für die Schwarzen ist das eine hoffnungslose Situation, ob die Weißen sich dessen bewußt sind oder nicht. Es ist eine hoffnungslose Situation auch für die Weißen, denn die Welt steht vor dem Abgrund. Man behauptet, sie drohe einzustürzen, weil ein paar Idioten alles aus dem Gleichgewicht bringen, und man sagt weiter, einer dieser Idioten sei ich.

Ronald Reagan sagt, daß ich es sei, der alles aus dem Gleichgewicht bringe. Man solle dafür sorgen, daß ich das nicht mehr tun könne. Ich will Ihnen etwas sagen: Solange ich dazu in der Lage bin, werde ich versuchen, alles aus dem Gleichgewicht zu bringen. Ich bin der Ansicht, daß ich das tun *muß* – denn wenn sie mir drohen und mir sagen, ich solle meine Meinung für mich behalten und lieber den Mund halten, sonst würde meine bedingte Haftentlassung widerrufen werden, dann muß ich so handeln. Ich weiß, daß mein Schutzaufsichtsbeamter seinen Beauftragten hier in der Versammlung hat. Und das gleiche gilt für ihn, für Reagan – der Teufel soll ihn holen –, denn ich sage, was ich sagen will.

Ihr könnt meine Haftentlassung ruhig rückgängig machen. Das hier ist bitterer Ernst, hier gibt es keine Effekthascherei. Hier geht es darum, der gegenwärtigen Situation mit der einzig wirksamen Methode zu begegnen, nämlich Widerstand zu leisten.

Ich muß jederzeit damit rechnen, daß sie mich wieder ins Gefängnis stecken. Das wollen sie nämlich zu gern. Aber ich lasse mich davon nicht beeinflussen, denn ich bin der Ansicht, wenn ein Mann ein Verbrechen begehen will, dann rechnet er mit der Möglichkeit, gefaßt zu werden mit allen daraus entstehenden Konsequenzen. Das habe ich wenigstens getan, als ich noch von anderer Leute Arbeit zu leben pflegte. Ich wußte, welche Strafe mich dafür erwartete. Ich finde, wenn man so etwas tut, dann muß man auch bereit sein, dafür zu büßen. Ich habe es getan, ich habe dafür gebüßt und will nichts mehr davon hören. Wenn jedoch irgendein Narr kommt und mir sagt, er werde mich wegen der Dinge, die ich sage, wieder ins Gefängnis stecken, dann kann ich nur sagen: Nicht mit mir. Ich tue mich mit Leuten zusammen, die da auch nicht mehr mitmachen. Wir werden uns einen Verteidigungsmechanismus aufbauen, der uns vor den Schweinen schützt, die einen mundtot machen und ins Gefängnis bringen wollen, in eine winzige Zelle.

Ich denke dabei nicht so sehr an mich, sondern an Huey P. Newton, den Verteidigungsminister der Black Panther Party, den die Gerichte in Oakland und insbesondere Richter Monroe Friedman wiederholt zu Unrecht eingesperrt haben, nur um ihn loszuwerden. In diesem Zusammenhang möchte ich auf die Tatsache hinweisen, daß morgen das Versöhnungsfest Jom Kippur ist, nicht wahr? Und Richter Monroe Friedman ist Jude, nicht wahr? Er hatte Verwandte, die im Warschauer Getto ums Leben gekommen sind. Morgen wird er in seine Synagoge gehen, um ihrer zu gedenken und um der Juden zu gedenken, die ums Leben gekommen sind. Dabei wird er auch an die denken, die für die Endlösung des Judenproblems verantwortlich waren. Und dieser Mann, mit seinem stinkenden Hintern, sitzt genauso zu Gericht und bringt den Namen der Justiz in Verruf, indem er eine führende Rolle bei der Endlösung der Negerfrage hier in Babylon spielt. Widersprüche über Widersprüche! Richter Monroe Friedman wird morgen von einer gemeinsamen Delegation junger Juden und Mitgliedern der Black Panther Party aufgesucht werden. Sie werden zu seiner Synagoge gehen, um ihn und seine jüdischen Mitbürger daran zu erinnern, wozu er sich hergibt. Wir möchten, daß seine Kirchengemeinde überlegt, wie sie dazu steht, und was sie dagegen zu tun gedenkt. Das ist ihre Pflicht. Es ist schon deshalb ihre Pflicht, weil sie vielleicht in eine Kirche gehen, in der mein Schutzaufsichtsbeamter, irgendein Staatsanwalt oder irgendein blutrünstiger und brutaler Polizist neben ihnen sitzt und zu Jesus aufblickt und jeden Sonntag gemeinsam mit ihnen betet. Sie gehen nämlich nicht in die Kirchen, in die ich gehen würde, wenn mir danach zumute wäre. Sie kommen nicht in die schwarze Gemeinde, um zu beten. Sie gehen in die weißen Vororte, sie fahren nach Palo Alto, nach Atherton und überall dorthin, wo sie unter sich sind. Sie gehen nur dorthin, wo die schwarze Gemeinde ausgeschlossen ist.

Jetzt komme ich zu dem, was als erstes weg muß: zu den Mauern der Gettos. Ich spreche von der Unterwerfungspolitik in der Gemeinde. Die schwarze Gemeinde wird von rassistischen, ausbeuterischen Elementen beherrscht, die in der weißen Gemeinde leben: Von einer Hand in Hand arbeitenden Gruppe habgieriger weißer Geschäftsleute und Politiker, die von einer gestapoähnlichen Polizei unterstützt werden. Sie haben die schwarze Gemeinde zu einem Markt gemacht, nicht so sehr zu einem Markt für billige Arbeitskräfte, sondern zu einem Markt, auf dem sie uns die Arbeitslosen- und Wohlfahrtsunterstützung sowie die Moneten wieder abnehmen, die wir von der Überflußgesellschaft dieses Landes ergattern konnten. Dabei machen sie hohe Profite. Helfen aber tun sie uns nicht. Um das Maß voll zu machen, haben wir auch noch eine widerwärtige schwarze Bourgeoisie zu ertragen.

Angesichts dieser Situation haben wir gebetet, haben wir gefleht, haben wir gekniet, haben wir alles getan – sind wir sogar gestorben. Sie aber haben Gesetze verabschiedet, neue Gesetze zu den alten – mit dem Erfolg, daß sich George Wallace jetzt um die Präsidentschaft bewirbt. Im Augenblick steht Lyndon Johnson an der Spitze, und Hubert Horatio Humphrey bemüht sich sehr, an seine Stelle zu gelangen. Richard Milhous Nixon macht den Eindruck, als hätte er den Sieg schon sicher in der Tasche. Und George Wallace wird das Rennen machen, wenn die anderen die Sache verpatzen.

Was sollen wir also tun? Sollen wir «We shall overcome» singen? Sollen wir unseren Schwanz einklemmen und ausreißen, wenn Reagan sagt, daß wir nicht in den Universitäten reden dürfen, um uns in dieser Angelegenheit an die einzigen Leute mit gesundem Menschenverstand zu wenden, die noch vorhanden sind? Keineswegs! Sollen wir unsere Waffen in den Kirchen und bei der Feuerwehr abliefern, wie Oberbürgermeister Joseph Alioto es vorschlägt? Und das zu einer Zeit, wo gleichzeitig die Bewaffnung der Polizei verstärkt wird? Als Detroit brannte, als die Freiheitskämpfer sich dort Gehör verschafften, als sie klarstellten, was sie denken, und als sie Brandfackeln in Gebäude und Büroräume warfen, legten die Stadtväter die Dinge nicht in die Hände des Ministeriums für Gesundheit, Erziehung und Wohlfahrt, sondern sie legten sie in die Hände des Pentagon und damit Robert S. McNamaras — in die Hände des Mannes, der damals den Krieg in Vietnam leitete.

Wir wissen, welche Gefühle die Gesellschaft uns gegenüber hat. Wir wissen, was sie uns angetan hat. Diese Gesellschaft hat uns gekidnappt, hierhergebracht und uns in den Zustand der Sklaverei versetzt. Danach galt der Grundsatz: Getrennt, aber gleich. Was immer er sonst bedeuten mag: Freiheit bedeutet er nicht. Freiheit bedeutet er nicht, denn wir werden immer noch unmenschlich behandelt. Kürzlich wurde ein junger schwarzer Bruder in San Francisco von Mitgliedern des Sonderdezernats erschossen. Die Leute beschwerten sich über das Vorgehen des Sonderdezernats. Sie forderten einen paritätischen Ausschuß, der sich mit allen Aspekten der Arbeit der Polizei befaßt. Die Politiker, die Handelskammern, die Angehörigen der freien Berufe und die weißen Rassisten waren dagegen und sagten, das sei nicht nötig. Was sie in Wirklichkeit meinten, das war: ‹Laßt die Neger ruhig sterben.› Was ist also mit unserem Ausschuß? Entweder wird ein Ausschuß eingeführt, oder wir werden seine Aufgabe auf der Straße wahrnehmen müssen.

Nun, wie beurteilen Sie die Situation, wenn der Gouverneur des Staates Kalifornien durchdreht bei der Nachricht, daß Eldridge Cleaver eingeladen worden ist, an einem Versuchskursus teilzunehmen? Er rast nach Los Angeles, packt die Mitglieder des Verwaltungsrates beim Kragen, setzt sie unter politischen Druck und zwingt sie, zu entscheiden, daß Eldridge Cleaver nicht zehn Vorlesungen halten dürfe, sondern nur eine. Meine Antwort darauf, die Antwort der Studenten in Kalifornien und die Antwort der Mitglieder des Lehrkörpers, unter deren Schirmherrschaft die ganze Sache steht, ist: Ich werde nicht nur die zehn Vorlesungen halten, sondern zwanzig, und Mickymaus Ronald Reagan und Donald Duck Rafferty haben das Nachsehen.

Gewisse Leute müssen daran erinnert werden, daß dieses Land nicht den Schweinen des Machtapparats gehört, daß die Bewohner Kaliforniens nicht Ronald Reagan gehören und daß die Regierung des Staates Kalifornien nicht ihm gehört. In Wirklichkeit ist er ein Mann im Dienste der Öffentlichkeit, der wie alle Beamten heutzutage anmaßend geworden ist. Sie beleidigen einen, wenn man sie aufsucht, um mit ihnen über irgendeine dringende Sache oder Amtshandlung zu verhandeln, für die eigentlich sie da sind. Sie funktionieren alle nicht, von der Polizei bis zu den Beamten in den Behörden. Alle tun so, als gehörte ihnen alles, wo in Wirklichkeit doch wir durch unsere Steuern ihre Gehälter bezahlen. Wenn überhaupt jemand für einen anderen da ist, dann sind sie es für die Öffentlichkeit. Sie aber behandeln uns, als ob wir für sie da seien. Sie haben die Regierungsmaschinerie in diesem Land usurpiert. Sie sprechen von repräsentativer Demokratie, doch repräsentiert die Regierungsmaschinerie nur die Schweine des Machtapparats.

Wir befinden uns in einer Situation, in der die Polizei in diesem Land Kastengeist entwickelt hat. Sie zeigt die gleiche Geisteshaltung, die man sonst nur beim Militär findet. Sie sieht sich selbst als Wächter der Grenzen einer Zivilisation gegen die Horden der Barbaren. Und wir sind die Horden der Barbaren. Das Volk, das sind die Barbaren. Wenn man sich erhebt und verlangt, gehört zu werden, wenn man sagt, man werde von seinem verfassungsmäßigen Recht Gebrauch machen und seine Ansicht zum Vietnam-Krieg zum Ausdruck bringen, die Polizei von den Schweinen entsprechende Anweisung erhalten und sie werden einschreiten und einem Nervengas ins Gesicht schießen. Oder sie werden einen erschießen und umbringen. Sie werden ihren Befehlen folgen und einem später sagen – oder besser, den Hinterbliebenen –, daß sie nur ihre Pflicht taten, ebenso wie Adolf Eichmann argumentierte. Wir aber meinen, daß es die Pflicht eines Polizisten ist, seinen vorgesetzten Offizier zu erschießen, wenn dieser ihm den Befehl gibt, mit der Waffe, dem Schlagstock oder mit Nervengas gegen das Volk vorzugehen. Es ist seine Pflicht, ihn zu verhaften – wenn nicht sogar, ihn zu erschießen. Wenn er es nicht für richtig hält, ihn zu erschießen, dann muß er ihn zumindest festnehmen. Wenn er auch das nicht will, dann muß er zumindest an die Öffentlichkeit treten, eine Pressekonferenz abhalten und uns davon unterrichten.

Ich weiß, daß es einige Schweine in diesem Schweinestall gibt, die mit dieser Sauerei nicht einverstanden sied. Gibt es unter ihnen keinen mehr, der gesunden Menschenverstand besitzt? Oder sind sie alle derartig solidarisch? Ist jeder Polizist der Polizei von Oakland mit dem sinnlosen Übergriff von zwei betrunkenen Schweinen einverstanden, die am Büro der Black Panther Party vorbeifuhren und es als Schießscheibe benutzten, ganz, als wären sie auf dem Schießstand? Ist jeder Polizist damit einverstanden? Bisher ist keiner an die Öffentlichkeit getreten und hat den Übergriff kritisiert. Bisher hat keiner aus Protest gekündigt. Was wir dagegen erlebt haben, war, daß 200 von ihnen drohten, am nächsten Tag nicht zum Dienst zu kommen, wenn die zwei Polizeibeamten disziplinarisch bestraft würden. Das taten sie. Sie drohten mit einem Streik. Diese zwei Polizisten – in Wirklichkeit waren es nicht zwei, sondern sechs – waren identifiziert worden, weil sie in einem gekennzeichneten Polizeiwagen fuhren. Sie waren in Uniform, am Wagen war an jeder Seite groß die Nummer, und einige Bürger schrieben sich diese Nummer auf und meldeten sie. Dadurch flogen die beiden auf. Die anderen aber, die anderen in den wie Privatwagen aussehenden Autos, wurden nicht gefaßt. Der lügnerische Polizeichef Gains weiß, daß sie beteiligt waren. Er weiß das. Er trat jedoch vor die Öffentlichkeit und sagte: «Werft nicht gleich den ganzen Korb Äpfel weg, wenn zwei faulige darunter sind.» Und wir wissen, daß er log, als er das sagte, und er wußte auch, daß er log. Die Polizei von Oakland ist wie die gesamte Polizei in diesem Land – ich muß es aussprechen – durch und durch korrupt, und die Öffentlichkeit muß dafür sorgen, daß das in Ordnung kommt. Wir haben beobachtet, wie sie die Bevölkerung behandelt. Wir können nicht zulassen, daß immer wieder neue Bestimmungen erlassen und durchgesetzt werden, die ihnen noch mehr Waffen zubilligen, während die Bevölkerung gleichzeitig entwaffnet wird. Sollen wir untätig dasitzen, selbstzufrieden und ohne ein Wort zu sagen? Sollen wir das mitansehen und sagen: ‹Den Niggern wird es im nächsten Sommer schlecht ergehen?› Es werden nicht allein nur die Neger betroffen sein. Es wird auch weiße Nigger geben, und zwar arglose Weiße, Babylonier, ohne die Fähigkeit, kritisch das zu durchleuchten, was in dieser Welt vor sich geht. Die College-Studenten werden vielleicht die einzigen sein, die damit fertig werden. Deshalb bin ich sehr froh, daß ich eingeladen worden bin, hier an dieser Universität zu den jungen Weißen zu sprechen, weil sie zu denen gehören, die über diese Zustände entrüstet sind.

Und dann ist da die Sache mit den ‹Alten›. Ich zähle mich selbst zur älteren Generation. Ich bin kein junger Dachs mehr. Ich bin 33 Jahre alt. Mit diesem Alter bin ich einer der ältesten bei den Schwarzen Panthern. Bis vor kurzem fühlte ich mich ziemlich einsam. Ehe ich heiratete – meine Frau sitzt übrigens hier unter Ihnen –, gab es mal ein hübsches kleines Mädchen. Ich sagte: «He, wie wäre das mit uns beiden heute abend?» Darauf sagte sie ironisch: «O Eldridge, du könntest mein Vater sein!» Wenn ich ihr soviel älter vorkam, daß sie mich abblitzen ließ, dann werde ich den gleichen Eindruck auch auf Sie machen. Wir sprechen verschiedene Sprachen. Das gleiche gilt auch für die Schweine von den Massenmedien, die zu den Versammlungen kommen, sich anhören, was man sagt, und dann an ihren Schreibtisch zurückkehren und ihre Lügen niederschreiben wie irgend so ein Dummkopf von *Newsweek*, der zum Klub der Advokaten in San Francisco kam und dort mit seinem Tonbandgerät saß. Er hörte sehr aufmerksam zu und schrieb dann etwas, was wie ein Albtraum wirkte, den er an diesem Abend gehabt hatte. Und es war tatsächlich ein Albtraum! Er hatte nichts mit dem zu tun, was ich gesagt hatte.

Was ich dort gesagt habe, das war im großen und ganzen das, was ich jetzt hier sage. Und ich gebe mir sehr große Mühe, ein Schlupfloch für die Weißen zu lassen, die es benutzen wollen. Ich weiß, daß es die Leute nicht gern haben, kategorisch verurteilt zu werden, und ich möchte auch kein kategorisches Urteil fällen. Ich möchte ein Schlupfloch für diejenigen lassen, die erkennen, mit welcher Situation wir heute konfrontiert sind, und die sich klar darüber geworden sind, daß wir alle in der Todeszelle sitzen. Das sind die Leute, die eine glückliche Zukunft für das Volk wollen, eine glückliche Zukunft für jeden – nicht nur für sich allein. Eine Zukunft voller Freiheit, eine Zukunft voller Gerechtigkeit, in der es keine Benachteiligten mehr gibt, die von anderen, von den Fettwänsten, ausgebeutet werden, während die Ausgebeuteten nur aus Haut und Knochen bestehen. Wir gehen von dem Grundgedanken aus, daß jeder Mann, jede Frau und jedes Kind auf dieser Welt den höchsten Lebensstandard verdient, den menschliches Wissen und die Technologie zu erreichen in der Lage sind. Und damit Punktum! Nicht mehr wollen wir, aber auch nicht weniger. Alles, was diesem Grundsatz im Weg steht, ist ein Widerspruch, der die Zukunft des Menschen in Frage stellt. Es ist von Übel und muß aus dem Weg geräumt werden.

Wenn wir heute Bilanz ziehen, befinden wir uns in dem Dilemma, feststellen zu müssen, daß das herrliche Amerika als das häßliche Amerika, das schreckliche Amerika, das fürchterliche Amerika, als der Peiniger und Mörder der Menschheit entlarvt worden und in die Fußstapfen von Nazi-Deutschland getreten ist. Amerika ist in Wirklichkeit heute in der Welt das Hindernis Nummer eins für den Fortschritt der Menschheit. Nicht die Sowjetunion, nicht China, sondern Babylon hier in Nordamerika ist es: ein Land, das auf den Gebeinen des roten Mannes aufgebaut worden ist, ein Land, das auf den Gräbern und mit dem Schweiß schwarzer Männer und Frauen aufgebaut worden ist, ein Land, das auf dem Rücken von Weißen aufgebaut worden ist, ein Land, das auf Kosten der Menschheit aufgebaut worden ist, ein Land, das mit Hilfe von Ausbeutung, habgieriger Inbesitznahme von Grund und Boden, Mord und Völkermord geschaffen worden ist – und das alles nach dem Motto: Wir können nichts Unrechtes tun, denn wir erfüllen nur unsere historische Mission. Historische Mission! Wir leben in einer Zeit, in der sich die letzte Chance bietet zu entscheiden, ob es Frieden und Freiheit geben wird oder Chaos, Wirren und Tod.

Ihr lieben Weißen, ihr müßt mich unterstützen, sagt George Wallace; ihr müßt mich unterstützen, sagt Nixon mit seinem Schlagwort von Ruhe und Ordnung; ihr müßt mich unterstützen, sagt Schwachkopf und Jasager Humphrey; ihr müßt mich unterstützen – sonst kommen die Nigger in die weißen Vororte und verwandeln die weißen Vororte in Schießbuden. Ich werbe nicht um Ihre Stimmen, denn es würde mir nicht das geringste ausmachen, wenn Sie im November nicht zur Wahlurne gingen. Wenn Sie aber für eines dieser Schweine stimmen wollen, dann möchte ich mit Nachdruck empfehlen, nicht zu gehen. Wenn Sie Richard Nixon wählen, wenn Sie Schwachkopf Humphrey wählen, wenn Sie George Wallace wählen, dann stimmen Sie für eine Fortsetzung und Eskalation der Politik und der Ausreden, die die Welt an den Rand einer Katastrophe gebracht haben. Nixon würde China angreifen wollen. Humphrey würde es tun. Und George Wallace würde alle angreifen.

Um zu zeigen, wie Propaganda gemacht wird und wie die Leute mit allen Tricks beeinflußt werden, lassen Sie uns einen Blick auf George Wallace werfen. Sie wissen, daß er ein rassistisches Schwein ist, daß es ihm an Format fehlt, daß er keine Zukunft bieten kann, nicht einmal für die Rassisten in diesem Land, weil ihm alle Leute schnuppe sind. Und doch müssen wir feststellen, wie er sein häßliches Gesicht auf die Titelseiten der Zeitschriften bringt, wir müssen sehen, wie die Schweine Meinungsumfragen veranstalten, die über die Massenmedien verbreitet werden und euch weismachen, daß Wallace ein Schlager ist, daß er bei den Meinungsumfragen an zweiter Stelle liegt. Zu *mir* ist keiner dieser Arschlöcher gekommen und hat mich gefragt, was ich von George Wallace halte. Mich haben sie nicht gefragt. Sie haben lediglich einige Telefonnummern ausgewählt und einige Berufslügner gefragt, die Schweine von den Massenmedien NBC, ABC und so weiter, die den Mist schrieben und verbreiteten. Und jetzt gehen die Leute herum und sagen: ‹Mein lieber Mann, Wallace hat sich vielleicht durchgeboxt.› Ich aber würde sagen, daß das alles nur Mache ist, mit republikanischem Geld, das von Richard Milhous Nixon ausgegeben worden ist, um sich einen extremen Gegenpol zu schaffen oder einen rechtsgerichteten Konkurrenten. Dann kann er nämlich sagen: Wallace ist rechts, Humphrey ist links, und ich stehe in der Mitte. Wenn man sich das ansieht und feststellt, daß er Sachen wie: «Ich will gern mit Humphrey debattieren, aber ich debattiere nicht mit Wallace», dann sagt er meiner Ansicht nach nur *oink* und grunzt wie ein Schwein. Und weiter nichts! Weil er lügt, weil er mit doppeltem Boden arbeitet. Und die Leute gehen ihm – schafsdumm, wie sie sind – auf den Leim. Es gibt einige Leute in diesem Land, die eines Tages gegen Wallace opponieren werden, weil sie darauf programmiert worden sind, gegen ihn zu opponieren, wie sie jetzt umprogrammiert worden sind und sagen: ‹Donnerwetter, der hat sich ganz schön durchgesetzt. Deshalb werde ich für Wallace stimmen, weil er die Andersdenkenden vertritt.› Ist das nicht so? Er stellt sich hin und sagt, daß wir die Bundesregierung abschaffen müssen, wo doch die Bundesregierung unsere einzige Chance ist.

Es gibt keine Regierungen der einzelnen Staaten mehr. Es gibt nur die Ehren-Schweine wie Oberbürgermeister Alioto oder wie Ihr Bürgermeister hier heißen mag, die den Vorsitz bei der Verteilung der Bundesmittel führen. Sie sind ein Rädchen eines gigantischen Systems, eines Riesenkraken, der den Kontinent von einem Ende bis zum anderen überspannt und mit seinen Fangarmen überallhin reicht, in jede

Tasche, um jeden Hals. Das Ganze ist ein weitverzweigter Apparat, der alles aufsaugt – ein Ungeheuer mit L. B. J. als Kopf, gleichgültig, wo dieser heute abend auch sein mag. Das ist es: ein Monstrum, mit dem wir auf örtlicher Ebene, auf der Ebene der einzelnen Staaten, auf nationaler und auf internationaler Ebene zu tun haben. Deshalb müssen wir uns an unsere örtlichen Verbündeten halten, müssen wir uns an unsere Verbündeten auf nationaler und internationaler Ebene halten. Im internationalen Rahmen müssen wir uns an die Seite der Dritten Welt stellen, zu den Unterdrückten dieser Welt, gegen die Schweine und gegen die internationale Machtstruktur der Schweine.

Wir müssen zu einer Solidarität kommen und dabei mit dem Land beginnen, das man uns als den größten Feind zu präsentieren versucht, nämlich mit der Chinesischen Volksrepublik. Mao Tse-tung, mein Lieber, du hast wirklich Großes geleistet. Du hast deine Wasserstoffbomben, du hast keine Truppen auf dem Boden anderer Staaten, du verteidigst deine eigenen Grenzen, und wenn sie dich angreifen, dann wirf deine Bomben, wirf sie direkt auf mich ab. Sprenge mich in die Luft und nimm dabei diese Babylonier mit in den Tod. Bringe den Völkern der Erde ein wenig Frieden. Wir brauchen Solidarität mit Ho Tschi-minh, Solidarität mit dem Volk, dem Vietkong, den Freiheitskämpfern in Vietnam.

Unsere Soldaten in Vietnam tun mir leid. Wir wollen etwas für sie tun. Wir wollen sie nach Hause holen, aber sie sollen nicht zur Polizei gehen, wenn wir sie in die Heimat zurückholen. Wir wollen sie dort herausholen, so schnell wir Schiffe bekommen können, um sie herauszuholen. Wenn wir sie zurückgeholt haben, dann wollen wir aber dafür sorgen, daß sie nicht zur Polizei gehen, wie sie das vorhaben. Wir wollen ihnen sagen, daß sie eine Volksmiliz bilden können, wenn sie das Volk verteidigen wollen, und dann können sie das Volk gegen die Usurpatoren verteidigen, gegen die Schweine in der örtlichen Polizei, die so anmaßend geworden sind, daß sie ihre mörderischen Waffen gegen das Volk richten.

Wir brauchen Schutz vor den Schweinen. Wenn Sie das nicht einsehen, dann sind Sie für diese Schweine, dann billigen Sie, was diese Schweine tun, ob Sie sich dessen bewußt sind oder nicht, ob Sie das wollen oder nicht. Heute ist man entweder Teil der Lösung oder Teil des Problems. Ein Mittelding gibt es nicht, weil das Problem ständig wächst, weil das Problem ein Problem des Überlebens ist, weil es um Blut geht und darum, daß Ihr Herz schlägt, daß das Herz des Volkes weiterhin schlägt.

Mit dieser Frage sind Sie konfrontiert, so wie es das Volk in Nazi-Deutschland war. Sie können sich den Kopf zerbrechen, und Sie können darum herumreden, Sie können untätig bleiben und sagen, daß Sie nicht wissen, ob Sie die Schwarzen gegen die Schweine unterstützen sollen. Sie können sagen: ‹Ich sehe zwar, daß du einen über den Schädel bekommst, ich sehe zwar, daß du erschossen wirst, aber ich weiß nicht, ob ich dir helfen soll oder nicht.› In diesem Fall muß allgemeine Feindseligkeit um sich greifen.

Muß ich nicht feindselig gegenüber Menschen sein, die eine neutrale Haltung einnehmen, während diese militanten rassistischen Schweine auf mich losgehen, mich umbringen und mich und Menschen, die ich liebe, um Leben, Freiheit und die Möglichkeit bringen, nach Glück zu streben? Muß ich nicht eine gewisse Feindseligkeit ihnen gegenüber empfinden, wenn sie die Verfassung preisen, die Unabhängigkeitserklärung und die Freiheitsurkunde, und wenn sie auf die Freiheit hinweisen, die dort in Worte gefaßt worden ist, und mir dann durch ihr Verhalten sagen, daß sie nicht für mich gilt, oder daß sie sich einen Dreck darum scheren, ob ich auch in ihren Genuß komme?

Und dann werden da einige sehr interessante Gesetze verabschiedet. Die Schweine erwähnen mich nicht namentlich. Sie sagen nicht: Nehmt den Niggern die Waffen weg. Sie sagen, daß die Leute sie nicht mehr besitzen dürfen. Sie erlassen keine besonderen Bestimmungen und Vorschriften für die Schwarzen, sondern sie formulieren die Bestimmungen so, daß sie für alle gelten. Hubert Humphrey sagt, es seien die Hippies, die Anhänger der Jugendbewegung und die Panther. Gestapo-Chef J. Edgar Hoover sagt, es seien die Studentenbewegung für eine demokratische Gesellschaft (SDS) und die Panther. Alle aber sagen sie: ‹Es gibt Weiße in diesem Land, die eine andere Meinung haben, und es gibt einige Schwarze, die eine andere Meinung haben. Diese Leute sind eine Gefahr für das Spiel, das wir mit dem Volk treiben, und deshalb müssen sie isoliert, ausgerottet oder in Konzentrationslager geworfen werden, oder ihre Bewährung muß aufgehoben werden.› Verstehen Sie nun? Das ist, was sie sagen.

Sie hier an der reichen und prächtigen Stanford University können davon ausgehen, daß Sie auch weiterhin in dieser Universität ein und aus gehen werden in der Überzeugung, frei zu sein, oder zumindest in der Annahme, frei zu sein, und daß man Ihnen das zugestehen wird, auch wenn es vielleicht zwei, drei, vier oder sogar einen Güterwagen voll Radikaler an dieser Universität gibt. Wenn mein Schutzaufsichtsbeamter kommt, um mich zu holen und mich einzusperren, werde ich mich vielleicht im Haus eines dieser weißen Radikalen verborgen halten. Das heißt, daß das Schwein dann nicht nur einen Haussuchungsbefehl braucht, der ihm gestattet, meine Tür einzutreten, sondern daß er einen Haussuchungsbefehl braucht, der ihm erlaubt, alle Türen einzutreten. Darüber bin ich froh, denn ich bin es leid, daß meine Tür eingetreten wird, während andere Leute in Sicherheit leben und aus dieser Situation heraus zur Unterdrückung okay sagen und keine Einwände gegen sie erheben. Ich sage, wenn sie eine Tür eintreten, dann sollen alle Türen eingetreten werden. Alle Türen sollen eingetreten werden, nicht nur meine allein! Ich möchte, daß sie Ihre Tür auch einmal eintreten. Einer der Gründe, weswegen ich heute abend hierher kam – der Grund, warum ich bereit bin, an allen Universitäten zu sprechen, ist, daß ich dadurch in die Lage versetzt werde, Mickymaus Ronald Reagan Trotz zu bieten. Schließlich ist Stanford, gleichgültig, ob es darüber murrt, dem Universitätskomplex in Kalifornien anzugehören oder nicht, immer noch eine Bildungsstätte ersten Ranges. Und dadurch, daß Sie mich hierher einladen, sagen Sie: ‹Scheiß auf Ronald Reagan.› Und genau das ist es, was ihm gesagt werden muß.

Allen Ronald Reagans, allen Max Raffertys, allen George Wallaces, allen Richard Nixons, allen Hubert Humphreys von einem Ende dieses Landes bis zum anderen, überall in der Welt, wo immer man sie auch finden mag – ihnen allen muß das gesagt werden. Und das muß ihnen nicht nur gesagt werden, wir müssen auch damit anfangen, sie an den Ohren aus ihren Büros herauszuzerren, wenn wir sie nicht an den Wahlurnen kriegen können. Wenn sie sich durchgesetzt haben, während der eigene Kandidat auf dem Parteikonvent nicht einmal nominiert werden kann, wenn sie einem mit einem Polizeiknüppel die Zähne einschlagen, wenn man nur versucht, seinen Namen auszusprechen, dann zwingen sie einen doch, damit auf die Straße zu gehen, zu den Niggern. Die Nigger haben euch vierhundert Jahre lang gedient. Sie können es sich jetzt nicht leisten, auf euch zu warten. Sie müssen vorwärts kommen, müssen sich Bewegungsfreiheit schaffen und Bedingungen, daß die Schweine der Machtstruktur gezwungen werden, zu immer stärkeren Unterdrückungsmaßnahmen zu greifen, um ihre Ausbeutung weiter betreiben zu können.

An dieser Stelle möchte ich mich entschuldigen. Ich möchte mich bei Ronald Reagan entschuldigen, daß ich gesagt habe, er sei verantwortlich für viele Dinge, die er tut. Aber das ist gar nicht der Fall. Er ist dafür nicht verantwortlich. Was er hat, das ist lediglich ein gutes Gedächtnis. Man kann ihm ein Drehbuch in die Hand geben, und er kann – gleichgültig, ob den Revolverhelden Wild Bill Hickock oder Mickymaus – die Rolle so spielen, daß man ihm eine gute Zensur erteilen muß. Ich meine damit, daß er niemals erste Klasse sein wird. Vielleicht schätze ich ihn damit jedoch noch zu hoch ein, denn es sind die Drehbuchschreiber, welche... Wer schreibt Max Raffertys Reden? Da er ein politischer Bettler ist, halte ich es durchaus für möglich, daß er seine eigenen Texte schreibt. Sie hören sich jedenfalls danach an, nämlich wie papperlapapp.

Irgend jemand sagte heute abend, daß Max Rafferty seinen Doktor in Philosophie gemacht hat, in Rugby und Baseball und Kopfball, und ich weiß nicht was. Ich habe keine Ahnung, was für Zeugnisse er hat. Ich weiß, daß er ein Schwätzer ist, kann mich aber nur einem Feind zur Zeit widmen. Ich möchte Max Rafferty gern zu einem Duell herausfordern, aber er ist offensichtlich zu alt, um mich zu besiegen. Ich könnte ihm in den Hintern treten. Ich habe jedoch Ronald Reagan zu einem Duell herausgefordert, und ich wiederhole diese Herausforderung heute abend. Ich sage, daß Ronald Reagan ein kleines Würstchen, ein Schwächling und ein Feigling ist, und ich fordere ihn zu einem

Duell heraus. Ich fordere ihn heraus. Ich fordere ihn zu einem Duell heraus, das erst beendet ist, wenn einer tot liegen bleibt oder er Onkel Eldridge zu mir sagt. Die Wahl der Waffen überlasse ich ihm. Er kann Pistole, Messer, ein Baseball-Schlagholz oder Zuckerwatte wählen. Selbst mit Zuckerwatte werde ich ihn erschlagen. So eine Wut habe ich auf ihn. Er ist ein Demagoge im negativen Sinn des Wortes. Ich dagegen bin ein Demagoge im positiven Sinn. Er ist ein negativer Demagoge. Er ist bereit, alles und jedes zu korrumpieren, nur um im November an der Wahlurne davon profitieren zu können. Max Rafferty, der verantwortliche Mann für die Bildungspolitik, ist bereit, die akademische Freiheit zu zerstören, damit er mit seinem Holzkopf in den Senat einziehen kann – zu den anderen Holzköpfen, die dort bereits sitzen. Er möchte unser zweiter Senator sein und an der Seite des singenden und tanzenden Murphy sitzen.

Man sagt, daß die Völker die Regierung bekommen, die sie verdienen. Mich soll der Teufel holen, wenn ich Ronald Reagan verdiene. Max Rafferty verdiene ich bestimmt nicht. Niemand von uns verdient Richard Nixon. Verdienen wir einen Plattitüden von sich gebenden unentschlossenen Feigling wie Hubert Humphrey? Verdienen wir einen George Wallace? Wie dem auch sei, sie sind jedenfalls Präsidentschaftskandidaten. Was werdet ihr dagegen tun? Da gibt es Schweine, die pfeifen auf die Verfassung und schleudern sie dem Volk ins Gesicht und sagen, daß alles nach ihrer Pfeife tanzen müßte, ob es uns passe oder nicht.

Die einzig passende Reaktion darauf ist die revolutionäre Bewegung, die alle vereint, die ausgeschlossen worden sind. Vereine sie und bewaffne sie mit allen revolutionären Waffen der Geschichte – vom Bleistift und Papier bis zum Gewehr. Unsere Feinde haben alles, vom Bleistift und Papier bis zum Gewehr, und über das Gewehr hinaus auch noch Atombomben. Darüber müssen wir uns klarsein. Wir müssen entweder unsere Köpfe in den Sand stecken und dem zu entrinnen versuchen, oder wir müssen etwas dagegen unternehmen.

Huey P. Newton sagt, daß der Geist des Volkes stärker ist als alle Systeme, die der Mensch ersinnen kann. Es ist eine Lüge, wenn gesagt wird, daß das Volk nicht mehr von diesem Geist beseelt ist. Ich würde sogar so weit gehen, zu sagen, daß es nicht wahr ist, daß das amerikanische Volk als Ganzes schlecht und korrupt ist. Das habe ich niemals geglaubt und glaube es auch heute nicht. Ich bin jedoch der Überzeugung, daß das amerikanische Volk eine Gehirnwäsche durchgemacht hat, ja, daß es sich selbst einer Gehirnwäsche unterzogen hat. Es ist derartig verwirrt, daß die Gehirnwäscher sich selbst einer Gehirnwäsche unterziehen – man promoviert an den Universitäten und unternimmt weitere Gehirnwäschen an künftigen Generationen.

Irgend jemand fragte mich vorhin, ob ich glaubte, daß die Europäer ein rassistisches Programm für die ganze Welt hatten, als sie aus Europa nach hier kamen. Wenn man einen Blick auf die Geschichte wirft, dann stellt man fest, daß das bestimmt nicht der Fall war. Das damals waren ein paar verarmte Leute, die hungrig waren und in trostlosen Verhältnissen lebten. Die bestiegen die Schiffe, umsegelten die Welt und sahen sich an, wie die anderen Völker lebten. Ihr kennt doch die Geschichte von Marco Polo? Marco Polo kam nicht mit einem Cadillac in China angefahren. Er war zerlumpt und dem Tode nahe, als die Chinesen ihn auf Seide betteten und pflegten, bis er wieder zu Kräften kam. Die Pilgerväter, die Gründer Babylons, kamen nicht an Bord der Queen Mary hier an. Sie erreichten halbtot die Küste, taumelten in Plymouth Rock an Land, und die Indianer brachten ihnen bei, wie man überleben konnte. Sie brachten ihnen bei, Truthähne zu fangen, brachten ihnen das Fischen bei und brachten ihnen den Maisanbau bei. Ich erinnere mich an ein Buch, das ich in der Volksschule hatte. Rafferty hat dies Buch wahrscheinlich bereits verbrennen lassen. Ein Kapitel hatte die Überschrift ‹Die ersten fünf Jahre waren die schlimmsten›. Dieses Kapitel berichtete über Not und Leid derjenigen, die in Jamestown in Virginia und Plymouth Rock gelandet waren. Wie sie während der kalten Winter leiden mußten, was sie im Sommer durchmachen mußten – wie sie litten und darbten; fünf Jahre lang. Sie hätten nicht überleben können, wenn die Indianer sie nicht von ihren Methoden hätten profitieren lassen.

Zu der Zeit war jedoch bereits allerlei Geschichte geschrieben worden. In Europa hatte es bereits seit Hunderten von Jahren Kriege gegeben. Marco Polo lag schon lange im Grab, und Alexander der Große hatte in aller Welt herumgeschnüffelt. Die Europäer durchzogen in Scharen die Kontinente und lernten den Reichtum anderer Länder kennen, sie lernten andere Völker mit anderer Lebensweise kennen. In China lernten sie das Schießpulver kennen, und sie fanden eine Möglichkeit, einen Schießprügel zu bauen, der dem Speer, dem Bogen und dem Pfeil überlegen war. Dabei stellten sie fest, daß sie sich alles Land nehmen konnten, daß sie die Welt kolonisieren konnten. Sie konnten sich Afrika, Asien und Amerika nehmen – die Neue Welt – und sie nach ihrem Bild formen, formen wie die Alte Welt. Und dabei trugen sie die Sklaverei in alle Welt. Sie stellten fest, daß sie das tun konnten. Und sie traten untereinander in Wettbewerb, um festzustellen, wer es am besten könnte. Und sie besiegten einander und sie bekriegten einander.

In Afrika kidnappten sie Schwarze und brachten sie nach hier und nannten das Sklaverei. Sie bezeichneten uns als Neger, und jetzt sagen sie uns, daß wir frei seien. Das ganze Dilemma heute entstand durch diesen Prozeß. Wenn die Christen oder diejenigen, die sagen, sie seien Christen, sich bei gewissen ideologischen Unklarheiten Zweifeln ausgesetzt sahen, sagten sie: ‹Was sind das für Menschen? Haben sie menschliche Seelen ebenso wie wir? Wenn sie menschliche Seelen haben, dann können sie auch Christen sein. Und wenn sie Christen sein können, wie sollen wir dann ihre Ausbeutung rechtfertigen?›

Der Papst ging in sein Studierzimmer, begleitet von den anderen Schweinen. Denn sie haben sich wie Schweine gegenüber den Schwarzen benommen, sie haben sich wie Schweine gegenüber den Unterdrückten benommen. Die Kirchenfürsten, die geweihtes Wasser auf Wasserstoffbomben sprengen, die nach Vietnam gehen und die Soldaten segnen, die für den Sieg beten und für die Politik von L. B. J. Was sind sie anders als Schweine im Talar? Es macht mir nichts aus, ob sie eine Grabrede auf mich halten oder nicht. Wenn ich tot bin, können sie auf mich spucken und mich in der Toilette runterspülen. Ich brauche ihr Weihwasser nicht, ich brauche ihre Gebete nicht. Was soll ich davon halten, wenn sie die Unterdrückung segnen? Und die Unterdrücker haben keine Rechte, die die Unterdrückten respektieren müßten. Ich könnte sie achten, wenn sie ihre verkehrt herum gebundenen Kragen von sich werfen, auf die Straße gehen und sich unter das Volk mischen, die Bibel in der einen Hand und das Gewehr in der anderen, und sagen würden: ‹Freiheit für das Volk – Gebt uns Freiheit, oder wir bringen euch den Tod!›

Das gilt auch für andere. Man sagt, daß ich für kämpferisch eingestellte Juristen bin. Für Richter wie Monroe Friedman, die die Herrschsüchtigen und die gemeinen Diebe am Kragen packen. Die sie mit den Gesetzen zur Rechenschaft ziehen oder – wenn das nichts hilft – auch mit Gewalt. Monroe Friedman und alle anderen Schweine im Gerichtssaal aber, sie verurteilen die Bibel, Jesaia und Samuel. – Ich denke hier an einige Zitate, die ich in meinem nächsten Leben zu verteidigen haben werde. Dann werde ich jedoch das gleiche sagen, und ich werde dieses Leben in meinem nächsten verteidigen, denn ich frage Sie, sind sie nicht in der Geschichte gerichtet und verdammt worden? Gibt es nicht als geschichtliche Tatsachen Beweise und Zeugnisse, die besagen, daß es Pharisäer und Sadduzäer gegeben hat, die den Weg zur Rettung des Volkes versperrt haben?

Wenn wir auf andere Länder blicken, sehen wir, daß die Herrscher dieser Länder ebenso rücksichtslos vorgehen. Auch in anderen Ländern werden Leute ins Gefängnis geworfen, weil man sie loswerden will. Wenn wir uns dann hier in Babylon umsehen, stellen wir fest, daß es Licht und Schatten gibt. Martin Luther King ist ein Beispiel dafür, wie man jemanden zum Volkshelden machen und dabei ganz übersehen kann, daß dieser selbe Martin Luther King häufiger festgenommen worden ist als zum Beispiel ich. Martin Luther King hatte eine Liste von Festnahmen, die länger als mein Arm ist. Sie nahmen ihn immer wieder fest, wie sie auch die Black Panther festnehmen, wegen der gleichen Sachen, nämlich dafür, daß er aufstand und sagte, wie die Dinge liegen. Das hat er getan. Martin Luther King griff das System an. Er führte die Leute auf die Straße, gewaltlos und friedlich, und er bot sein Leben als Opfer an, und die Rassisten nahmen es ihm. Und sie machten gleichzeitig auch der Gewaltlosigkeit ein Ende. Die Kugel, die Martin Luther King tötete, ermordete auch die Gewaltlosigkeit. Jetzt muß Babylon sehen, wie es damit fertig wird. Vielleicht machen wir es falsch. Vielleicht tat Martin Luther King das richtige?

Vielleicht ist alles falsch, was wir tun, weil wir nichts über das Universum wissen. Ich habe keine Ahnung, ob es da oben einen alten Mann mit Bart gibt. Ich weiß nicht, ob ich vor seinen Thron gebracht werde und zu Feuer und Schwefel in der Hölle bis in alle Ewigkeit verdammt werde. Eins aber weiß ich, daß ich auch dazu nicht ja und amen sagen werde. Wenn er mich in die Hölle schickt, dann werde ich dort nach euch Umschau halten. Ich werde mich nach den Mitgliedern der Black Panther Party umschauen und sagen: ‹Brüder, laßt uns gemeinsame Sache machen und etwas gegen den Teufel unternehmen. Mit dem hier können wir uns nicht abfinden. Ich glaube, daß man das als Unterdrückung in himmlischen Dimensionen bezeichnen könnte. Wenn Gott sich mit dem Teufel zusammentut, um uns dort festzuhalten, müssen wir auch etwas gegen ihn unternehmen. Denn der Geist des Menschen ist stärker als dieses System.›

Das Wesentliche ist, daß man sich mit nichts abfinden darf. In diesem Land gibt es mehr Menschen als Schweine. Sie können uns ins Bockshorn jagen, und sie können uns angst machen, besiegen aber können sie uns nicht, wenn wir uns vereinigen. Wir könnten sie zusammentreiben wie Vieh, wir könnten sie in den Ruhestand schicken, und wir könnten sie fertigmachen und sie auf ihren Platz verweisen. Damit müssen wir jetzt anfangen. Der Hauptgedanke des Programms der Black Panther Party ist, Dezentralisierung der Einrichtungen dieser Gesellschaft. Wir wollen die Polizei dezentralisieren. Wir wollen das Erziehungswesen dezentralisieren, denn wir brauchen ein Stanford für die Schwarzen. Wir brauchen ein Stanford für die Schwarzen, denn die Schwarzen können sich nicht mit einer Erziehung abfinden, die lehrt, daß sie minderwertig seien, während die Weißen überlegen sind, und daß das für immer so bleiben werde, weil es gottgewollt sei. Wir sagen dagegen, die Weißen sollen ihre Bildungsstätten haben. Wir sagen, daß die Weißen ihre Bildungsstätten haben sollen, wo sie alles in der Hand haben und sich eine Erziehung geben. Wir sind mehr als gern bereit, dabei mit zehn Vorlesungen oder zwanzig, mit nur einer so nebenbei oder auch keiner zu helfen, und zu tun, was möglich ist.

Wir wollen den Leuten klarmachen, daß wir Ausbildungsstätten brauchen, die uns die notwendige Erziehung vermitteln, um mit den Umweltsbedingungen fertig zu werden. Die Dekadenz des Systems ist Teil unserer heutigen Welt, und die schlimmste und gefährlichste Auswirkung dieser Dekadenz ist der Rassismus. Die Erziehung soll uns lehren, mit den Problemen der Umwelt fertig zu werden. Wir brauchen eine Erziehung, die uns beibringt, wie wir mit der weißen Vorherrschaft, mit weißem Rassismus und mit den mörderischen Einrichtungen dieser Gesellschaft fertig werden. Wir möchten gern, daß Sie dem beipflichten, daß Sie uns dabei helfen, daß Sie sich beteiligen. Wir möchten gern, daß Sie beitragen, was in Ihren Kräften steht, ob es nun um die Erteilung von Unterricht oder den Bau der benötigten Gebäude geht. Wir sind der Ansicht, daß es notwendig ist, Bedingungen zu schaffen, unter denen die Leute harmonisch miteinander leben können, unter denen sie sich vereinigen gegen die Übel, die alle bedrohen. Das ist kein Ziel, gegen das man Einspruch erheben könnte. Einspruch erheben nur diejenigen, die sich an eine Ideologie klammern, die Integration heißt, die bereit sind, über alle bestehenden Probleme hinwegzugehen, nur um an dieser Ideologie festhalten zu können. Wir sagen jedoch, daß wir etwas tun müssen, um die Dinge in Ordnung zu bringen, denn die Integration läuft auf eine dezentralisierte Rassentrennung hinaus – mehr nicht.

Dezentralisierte Rassentrennung. Wir wandeln unter euch und sprechen mit euch und sind koloniale Untertanen hier in Babylon. Wir sind koloniale Untertanen in einer dezentralisierten Kolonie, in Enklaven, die schwarze Gemeinden oder schwarze Gettos genannt werden, über das weiße Mutterland verstreut. Das ist ein Prozeß, der mit der Kolonialisierung begann, die sich über die ganze Welt ausbreitete. Jetzt regen sich in den anderen Kolonien der Welt die Kräfte der Befreiung. Die gleiche Geisteshaltung veranlaßt das vietnamesische Volk, zur Waffe zu greifen, und die Yankees, die Franzosen, die Japaner und alle anderen aus dem Land zu treiben, die gekommen waren, um sie zu unterdrücken und auszubeuten. Der gleiche menschliche Geist, der die Welt umspannt, beseelt auch die Schwarzen hier unter euch in Babylon in den schwarzen Gettos. Und wir müssen sie haben, die Freiheit. Zur Befreiung gehört auch der Dezentralisierungsprozeß in der Kolonie. Die Mauern der Kolonie müssen niedergerissen werden, und die Befreiung muß kommen. Die Leute fragen uns, was wir von der Rassenintegration halten und was wir von der Rassentrennung halten.

Die Haltung der Black Panther Party dazu ist, daß es in der Vergangenheit zu viele Leute gegeben hat, zu viele Splitterorganisationen, die behaupten: ‹Wir sprechen für alle Schwarzen – wir wollen die Rassenintegration›, oder: ‹Wir sprechen für alle Schwarzen und wollen die Rassentrennung.› Wir dagegen sagen, daß es keine Organisation gibt und daß noch niemals irgendein Schwarzer in dieser speziellen Frage ein Mandat bekommen hat, für Rassenintegration oder Rassentrennung zu sprechen. Wir sind außerdem der Ansicht, daß die Angelegenheit nur durch ein demokratisches Verfahren entschieden werden kann und nicht durch manipulierte Meinungsumfragen. Die Frage muß durch einen von den Vereinten Nationen überwachten Volksentscheid geregelt werden. Überall im Land sollte es den Schwarzen möglich sein, in Wahlzellen darüber abzustimmen, ob sie Rassenintegration wollen oder nicht, ob sie Rassentrennung wollen oder nicht, ob das Land geteilt werden muß, damit sie eine eigene Nation bilden können, oder ob sie Teil des ‹amerikanischen Stew› im Schmelztiegel hier in Babylon bleiben wollen. Ich glaube, das muß ihrer Entscheidung überlassen bleiben. Ich meine, es liegt auf der Hand, daß alle Menschen das Recht haben sollten, über ihre Zukunft selbst durch einen derartigen Akt zu entscheiden. Ich glaube nicht, daß irgend jemand das Recht hat, sich zu erheben und zu sagen, das könne nicht zugestanden werden.

Tatsächlich bin ich sogar für zwei Volksentscheide. Ich möchte einen Volksentscheid, in dem die Weißen ein für allemal Antwort auf die Frage geben: Wollt ihr eine Nation, in der Schwarze Teil der Bürgerschaft sind, oder wollt ihr getrennt in euerm eigenen weißen Land leben? Ich glaube, in diesem Land sind zwei Volksentscheide notwendig, damit wir wissen, ob wir uns hinter George Wallace oder Elijah Muhammad oder hinter andere scharen müssen, die von anderen Alternativen sprechen. Wir müssen das wissen. Das muß aktenkundig gemacht werden. Sobald wir diese Information haben, können wir anfangen, das Problem zu lösen, weil die Richtung dann klar ist. Unsere Taktik wird sich an dieser Entscheidung orientieren. Das ist der Standpunkt, den die Black Panther Party einnimmt.

Die Leute fragen uns, ob wir Rassisten seien. Darauf geben wir nur noch ungern eine Antwort. Wir sagen: «Geht hin und fragt die weißen Mitglieder der weißen Partei für Frieden und Freiheit.» Sie würden Ihnen vielleicht sagen, ich, Eldridge Cleaver, sei ein Diktator, man brauche nur an meinen Standpunkt in der Präsidentschaftsfrage zu denken. Vielleicht ist auch der eine oder andere sehr schlecht auf einzelne Mitglieder der Black Panther Party zu sprechen. Auf keinen Fall aber werden sie jedoch sagen, daß Eldridge Cleaver oder die Black Panther Party eine rassistische Organisation ist. Wir sind der Ansicht, daß es notwendig ist, mit dieser Sache endlich einmal Schluß zu machen, weil die Massenmedien solche Dinge gern sagen, damit die Leute verwirrt werden und ablehnend reagieren. Die Weißen wie die Schwarzen. Wenn man einem Mann nachsagt, daß er ein Rassist sei, wenn man einer Organisation nachsagt, daß sie rassistisch sei, wird das viele Schwarze rasend machen. Sie würden sich nicht damit abfinden. Denn in den Hunderten von Jahren sträubte sich jede Faser in ihrem Innern gegen den Rassismus, der sie langsam gemordet hat. Deshalb sind die Schwarzen gegen den Rassismus. Die Black Panther Party ist dagegen, und wir hoffen, daß alle dagegen sind, ob sie schwarz oder weiß sind. Weil alles andere keinen Sinn hätte. Es würde nur Tod und Zerstörung für die Welt bedeuten.

Ich weiß nicht, ob das, was ich heute abend hier gesagt habe, sich für Sie gelohnt hat. Ich hoffe nur, daß ich Sie nicht völlig enttäuscht habe. Ich möchte noch etwas sagen, was jedoch nicht für die Männer in der Zuhörerschaft bestimmt ist. Diese Worte sind an die Damen gerichtet. Ich möchte den Damen sagen und sie daran erinnern, daß das hier kein Spaß ist und daß wir vor einer sehr ernsten Situation stehen. Es liegt in Ihrer Macht, vielen Dingen, die geschehen, auf einen Schlag Einhalt zu gebieten, und wir nennen das die Macht des Sex. Der Schoß einer Frau bedeutet politische Macht, bedeutet revolutionäre Kraft. Es tut mir leid, falls ich Leute mit viktorianischen Moralauffassungen verletzt habe, aber bleiben Sie noch eine Minute sitzen, und Sie werden die Dinge wieder nüchterner sehen. Betrachten Sie die Sache doch einmal realistisch. Ich habe gesagt, daß Sie entweder Teil der Lösung oder Teil des Problems sind. Wenn Sie Teil der Lösung sind, wie sieht das dann aus, wenn Sie mit jemandem schlafen, der Teil des Problems ist? Alles kann fortschrittlich sein, und alles kann revolutionär sein. Die Liebe kann fortschrittlich sein, der Sex kann revolutionär sein. Und Sie können auch konterrevolutionär sein, können reaktionär sein oder konservativ, wenn Sie mit der Mickymaus oder Donald Duck schlafen. Ich möchte folgendes ganz klarmachen: Sehen Sie sich die Kerle an, die sich Männer nennen, und sagen Sie ihnen, daß sie Teil der Lösung werden müssen, oder sie brauchten nicht mehr anzurufen. Sie brauchten keine Liebesbriefe mehr zu schreiben und auch nicht mal vorbeizukommen und anzuklopfen. Sagen Sie ihnen, sie sollten abhauen, sich eine Platte von Bobby Dylan anhören oder sonst etwas tun. Sagen Sie ihnen, sie sollten sich untereinander einmal darüber aussprechen und dann zurückkommen. Diese Macht haben Sie. Sie können die Männer mehr unter Druck setzen als ich mit meinen Reden. Sie können ihnen den Honig verweigern. Sie können bewirken, daß alle Männer herumlaufen und so handeln, als seien sie Lenin, Mao Tse-tung oder Jerry Rubin. Wenn Sie das nicht glauben, dann probieren Sie es doch einmal. Lassen Sie sie am steifen Arm verhungern. Und wenn die Burschen nicht spuren wollen, bin ich sicher, daß es viele gibt, die gern Ihre Telefonnummer ans Schwarze Brett hängen und Ihnen zu Hilfe kommen werden, wenn es nottut. Ich danke Ihnen!

Ich würde sagen: ‹Alle Macht dem Volk. Schwarze Macht den Schwarzen, weiße Macht den Weißen.› Sind Sie entrüstet, weil Sie von den Schweinen regiert worden sind? Sie haben keine weiße Macht gehabt. Wir sagen, das Volk soll die Macht haben. Alle Menschen sollten die Macht haben, ihre eigene Zukunft zu bestimmen. Die Weißen sollten die Macht haben, über ihre eigene Zukunft zu befinden. Die Eskimos und die Indianer, jeder Hinz und Kunz. Jeder sollte die Macht haben, seine Zukunft zu bestimmen. Und Sie hatten die Regierung der Schweine, durch die Schweine und für die Schweine. Sie haben Geschichte gemacht, die von Schweinen geschrieben worden ist, zur Erbauung von Schweinen und um uns die Menschenwürde zu nehmen. Wir sagen, das Buch der Geschichte muß heute geschlossen werden. Wir müssen alles hinter uns lassen, alles, was bis heute geschehen ist. Als Datum setzen wir den 15. März dieses Jahres. An diesem Tag vereinbarte die Black Panther Party engste Zusammenarbeit mit der Partei für Frieden und Freiheit. An diesem Tag im großen Versammlungssaal in Richmond schlossen wir das Buch der amerikanischen Geschichte, stempelten es mit einem Schweinefuß ab und sagten: Das war die Geschichte der Schweine.

Wir wollen es in die Museen bringen und ein neues Buch anfangen. Das Volk soll künftig die Geschichte schreiben, eine Geschichte, die es wert ist, von Kindern gelernt zu werden, eine Geschichte, zu der wir alle aufblicken können und bei der wir alle darin übereinstimmen, daß sie die Wahrheit ist und daß wir uns ihrer nicht zu schämen brauchen. Wir wollen uns darüber einigen, daß wir keine Bildungsstätten in zweifacher Ausfertigung brauchen, weil wir dann sicher sein können, eine Erziehung zu erhalten, die uns in die Lage versetzt, mit unseren Umweltproblemen fertig zu werden. Woran es heute ganz besonders mangelt, das ist, sich auf das zu konzentrieren, was wirklich wichtig ist, und in der Beziehung hinken wir wirklich hinterher. Wir brauchen eine internationale Universität, die die ganze Welt unterrichten kann – alle Völker dieser Welt –, die wahre Geschichte der Welt. Nicht eine rassistische Geschichte, nicht eine nationale Geschichte, sondern eine Geschichte, die die Menschheit in die Lage versetzt, menschenwürdig zu leben. Wir brauchen eine Gesellschaft, die jedermann umfaßt, keine Pässe und Grenzen kennt – ein Utopia auf Erden, eine klassenlose Gesellschaft, eine Gesellschaft, die nicht auf das kapitalistische Wirtschaftssystem und Ausbeutung gegründet ist. Ja, das ist es!

Wir wollen außerdem Bruder Karl Marx und seinem überragenden Gehirn unsere Achtung zollen, von seiner Weisheit profitieren und sie auf dieses sich auflösende System anwenden, damit wir etwas Sozialismus erleben und eine klassenlose Gesellschaft bekommen. Sie nennen es Kommunismus. Nun gut, wenn Sie das Wort in Harnisch bringt, dann können wir eine neue Definition dafür finden. Um Ausdrücke brauchen wir nicht zu feilschen. Wir können es menschliche Gesellschaft nennen. Es wird auf keinen Fall die feine Gesellschaft sein, weil dieses Schlagwort zum Himmel stinkt. Es wird auch nicht die Gesellschaft Richard Nixons sein – er wird nämlich nicht mehr am Ruder sein, weil er abtreten muß. Alle müssen abtreten, die so wie er sind, alle Schweine der Machtstruktur, sie alle müssen aufgespießt und geröstet werden oder ihre Lebensauffassungen ändern. Wir müssen zu einer Gesellschaft kommen, die die Welt versteht, die mit der Einteilung der Arbeit und der Verteilung der Produktionsgüter auf weltweiter Basis fertig wird. Dann werden wir wirklich Veranlassung haben, voller Vertrauen in die Zukunft zu schauen und werden auch mit den noch verbliebenen Problemen auf unserer kleinen Erde fertig werden.

Wenn wir uns mit unseren Problemen befassen, mit den Gesellschaftswissenschaftlern – Entschuldigung: Gesellschaftswissenschaften befassen, können wir die Dinge menschlich machen, können wir diese barbarische, babylonische, dekadente und rassistische Ungeheuerlichkeit in eine Zivilisation verwandeln. Wir können der Welt helfen, indem wir uns selbst helfen. Wenn wir hier in Babylon uns die Freiheit geben, werden wir auch der Welt die Freiheit geben, und dann können wir die Gewehre weglegen und Abrüstung praktizieren, wir können eine Waffenkontrolle haben, und Sie werden in der Lage sein, am Abend durch Ihre Straßen zu gehen, ohne Angst haben zu müssen, daß Sie irgend jemand wie ich oder irgendein anderer verrückter Nigger oder ein Mexikaner oder ein verrückter Hippie oder ein Mitglied der militanten Jugendbewegung anfällt, um Ihnen Ihr Geld abzunehmen oder irgend etwas anderes, was Sie haben und was wir haben wollen.

Es macht mir keinen Spaß, Steuern zu zahlen, weil ich weiß, daß das Steuersystem in diesem Land nichts weiter ist als eine Methode, die nötigen Mittel für die Schweine der Machtstruktur zusammenzubringen. Ich kann mich nicht damit abfinden, damit für meine eigene Vernichtung zu bezahlen. Ich sagte, daß ich meine Steuern Joan Baez geben und ihr sagen werde, sie könne damit tun, was sie wolle. Mir sei es recht. Doch meine Frau fiel mir ins Wort und sagte zu mir: «Nein, das tust du nicht. Zahle deine Steuern an den Verteidigungsfonds für Huey P. Newton.» Das war ein vernünftiges Wort, und deshalb werde ich das tun. Ich werde diesen Scheck ausfüllen, ich werde ihn eigenhändig unterschreiben, und J. Edgar Hoover, der Geheimdienst und alles, was sie symbolisieren, werden warten müssen, denn wir müssen eine Situation schaffen, in der die Extremisten zu Wort kommen.

Wenn Leute mit gesundem Menschenverstand es nicht tun, wenn all die rechtschaffenen Leute des Mittelstandes es nicht tun, dann müssen es die Extremisten tun, und die Extremisten sagen, daß wir nur zwischen Freiheit und Chaos zu wählen haben. Wir werden Zeuge der völligen Zerstörung Amerikas sein, oder wir werden Zeuge der Befreiung Amerikas sein. Und wenn sie mich töten, dann werde ich mich eben ausruhen. Aber alle Macht gehört dem Volk. Ich bin sehr gern zu Ihnen gekommen, und zum Schluß möchte ich wiederholen: Nieder mit den Schweinen, die an den Hebeln der Macht sitzen! Weg mit Mickymaus Ronald Reagan, der ins Disneyland gehört. Ich danke Ihnen!

1. Oktober 1968

Abschiedsansprache

Das kalifornische Appellationsgericht hob die Entscheidung Richter Sherwins auf, der nach einer Haftbeschwerde unter Berufung auf die Habeas Corpus-Akte die Freilassung Cleavers angeordnet hatte. Eldridge Cleaver wurde aufgefordert, sich am 27. November 1968 den Gefängnisbehörden zu stellen. Fünf Tage vor diesem Datum hielt Cleaver auf einer Versammlung in San Francisco eine Rede zu seiner Verteidigung. Wie sich später herausstellte, war dies sein letztes öffentliches Auftreten, ehe er untertauchte auf der Flucht vor dem kalifornischen Strafvollzug und später dann vor den Bundesbehörden.

Guten Abend. Ich bin heute ein bißchen um Worte verlegen. Ich weiß nicht, ob dies eine ganz normale Ansprache ist oder ob ich Lebewohl sagen muß. Ich habe heute mit meinem Schutzaufsichtsbeamten gesprochen, und der sagte mir, daß ich ihn am Mittwoch, dem 27., morgens um 8 Uhr 30, anrufen solle, damit er mir mitteilen könne, wo ich mich einzufinden hätte, um nach San Quentin gebracht zu werden. Dann soll über die Aufhebung meines bedingten Hafterlasses befunden werden. Ich glaube, sie meinen, dazu ein Recht zu haben. Sie tun jedenfalls so, als hätten sie dazu ein Recht. Da ich einige Erfahrung im Umgang mit ihnen habe, weiß ich, daß sie so verfahren, wie sie wollen, wenn sie einen erst einmal in den Klauen haben, gleichgültig, ob sie dazu ein Recht haben oder nicht.

Viele Leute wissen überhaupt nichts über das Strafvollzugssystem. Wenn sie an die Beamten in den Gefängnissen denken, machen sie – glaube ich – denselben Fehler, den sie bei der Beurteilung der Bullen machen: sie halten sie in einem gewissen Sinn für Hüter der Gesetze. Sie glaube, daß sie die Funktion haben, die Gesellschaft zu schützen, und daß alles wahr ist, was sie sagen, daß alles in Ordnung ist, was sie tun, und daß alles korrekt ist, was sie machen. Ich kann nur sagen, ich weiß es besser! Nicht so sehr mein eigener Fall hat es mich gelehrt, als vielmehr die Fälle anderer, die ich in den verschiedenen Gefängnissen des Staates Kalifornien erlebt habe. Hinter diesen Mauern sind viele, die dort nicht hingehören. Und alle hinter diesen Mauern werden mit Methoden behandelt, die weder zulässig sind noch etwas mit dem Anlaß ihrer Haft zu tun haben!

Rehabilitierung im Staate Kalifornien ist nichts mehr als ein schlechter

Witz. Denn im allgemeinen besagt das Wort ‹Rehabilitierung› doch wohl, daß man zu irgendeiner Zeit irgendwie vom rechten Weg abgekommen und in diese Schmiede oder Werkstatt geschickt worden ist, um wieder in Ordnung gebracht und dann entlassen zu werden. Rehabilitiert und auf den rechten Weg gebracht. Nun, der rechte Weg muß das sein, was wir hier draußen vor Augen haben: die freie Welt. Die Strafgefangenen nennen uns hier draußen ‹die freie Welt›. Wenn man eine Zeitlang hinter jenen Mauern ist, dann kommt einem das hier draußen langsam wie ein Paradies vor. Die kleinen Konflikte, die es hier draußen gibt, können sie ja nicht sehen. Alioto [Oberbürgermeister von San Francisco] sieht Al Capone aus dieser Entfernung nicht mehr so ähnlich. Das ist wahr. Al Capone, Alioto – Big Al –, Sie wissen schon. Die Leute hinter den Mauern sehnen sich danach – sie sehnen sich danach –, in die freie Welt zurückzukehren. In die Gesellschaft zurückzukehren, frei zu sein und nicht wieder ins Gefängnis zurückkehren zu müssen.

Als ich im Gefängnis saß, faßte ich einen Entschluß. Ich dachte lange und intensiv über mich nach und sagte mir dann: ‹Damit muß jetzt endlich Schluß sein. Das bist du leid.› Es lag auf der Hand, daß das, was ich aus mir gemacht hatte, ehe ich ins Gefängnis kam, nicht genügte. ‹Solange du hier bist, mußt du an dir selbst arbeiten, mit dir ins reine kommen, damit du draußen bleibst, wenn sie dich hier entlassen.› Es war mir ziemlich klar, daß das meine letzte Chance war, daß ich das Gefängnis nicht mehr ertragen konnte. Deshalb entwickelte ich so etwas wie ein soziales Gewissen. Ich beschloß, mich nach meiner Entlassung mit sozialen Problemen zu befassen, mich der Bewegung anzuschließen und einen Beitrag nach meinen Kräften zu leisten. Als ich zu diesem Entschluß kam, glaubte ich, daß die zuständigen Behörden vor Freude bis an die Decke springen würden, denn genau das – so hatten sie mir immer gesagt – wünschten sie sich. Immer wieder hatten sie mir vorgeworfen, ich sei selbstsüchtig. Immer wieder hatten sie mich gefragt, warum ich nicht anfinge, ein sinnvolles Verhältnis zu anderen Menschen zu entwickeln und nicht mehr nur mich selber zu sehen.

Das tat ich dann auch. Aber ich mußte feststellen, daß mir die Schutzaufsichtsbeamten und die zuständigen Behörden wegen der Tatsache, daß ich mich der Bewegung angeschlossen hatte, mehr Schwierigkeiten machten, als wegen der Raubüberfälle, Notzuchtverbrechen und all der anderen Delikte, bei denen ich nicht erwischt worden war. Das ist die Wahrheit! Gewiß, wenn ich mich dafür verantworten mußte, einen Raubüberfall begangen zu haben, gab es ein paar Leute, die darüber sehr entrüstet waren. Aber das schien sich in Grenzen zu halten. Das schien keine Sache zu sein, die das gesamte Strafvollzugssystem oder den gesamten Schutzaufsichtsapparat aus dem Häuschen brachte. Man schien nicht viel Zeit zu haben, groß darüber zu diskutieren. Auf den Sitzungen wurde mein Fall nur ganz, ganz kurz erwähnt. Ich hatte das Gefühl, daß mein Fall nicht einmal richtig erörtert wurde. Jetzt dagegen – das weiß ich genau – liegt meine Akte ständig auf ihren Schreibtischen. Mein Schutzaufsichtsbeamter braucht nicht viel mehr zu tun, als alle meine Bewegungen zu registrieren. Er möchte wissen, wohin ich gehe, wieviel Geld ich jeden Monat verdiene, wo ich mich aufhalten werde, wenn ich die Stadt einmal verlasse, und er will, daß ich ihn anrufe, wenn ich wieder zurück bin. Ich soll seine Erlaubnis einholen für alles und jedes.

Es ist gefährlicher, die Schweine, die an den Hebeln der Macht sitzen, mit Worten anzugreifen, als mit einer Waffe in die Bank of America zu gehen und sie auszurauben. Die Bankiers haben zwar bewaffnete Raubüberfälle nicht gern. Wenn sich aber jemand erdreistet, ihr rassistisches System direkt herauszufordern, dann sehen sie rot. Ich weiß nicht, ob es unter den Zuhörern heute abend hier Bankiers gibt, aber ich hoffe, daß das der Fall ist. Hoffentlich ist zumindest einer da oder der Freund eines Bankiers oder irgend jemand, der einem Bankier übermitteln kann, was ich sage. Ich hoffe insbesondere, daß jemand hier ist von der Bank of America. In den Nachrichten hörte ich heute, daß Bruder Cesar Chavez der Bank of America den Krieg erklärt hat. Die Bank of America ist Aliotos Bank. Meine Frau erzählte mir heute abend, die Bank of America habe ihr telefonisch mitgeteilt, daß man unseren Wagen beschlagnahmen werde, weil wir drei Monate mit unseren Ratenzahlungen im Rückstand seien. Das ist nicht wahr! Ich wünschte jedoch, niemals einen Dollar gezahlt zu haben. Am liebsten wäre ich in die Bank gegangen und hätte gesagt: ‹Hände hoch, ihr Arschlöcher! Und das Geld her!› So wütend war ich, und so wütend bin ich auch jetzt noch. Ich halte nichts von diesem Kreditsystem – ansehen, sofort mitnehmen und später zahlen . . . aber wehe, wenn man nicht pünktlich zahlen kann.

Weil ich bei der Erfüllung meiner Aufgabe keine Störung brauchen kann, habe ich nichts unternommen. Ich bin nicht in die Bank of America gegangen und auch nicht in irgendein anderes Geschäftsgebäude, um das wieder an mich zu bringen, was man uns abgenommen hat, und was sie jetzt haben. Deshalb weiß ich nicht, was sie eigentlich von mir wollen. Ich habe nichts Strafbares getan. Deshalb sehe ich auch nicht ein, weshalb ich wieder zu dem Gefängnisdirektor von San Quentin zurückkehren soll. Die Wärter nennen ihn den ‹Großen›, die Strafgefangenen dagegen nennen ihn den ‹Drecksack›. Er sitzt dort auf dem anderen Ufer der Bucht und wartet auf mich, weil wir schon manchen Zusammenstoß hatten. Er mag mich nicht. Auch mein Schutzaufsichtsbeamter mag mich nicht. Er erzählt den Zeitungsschreibern: «Ich halte ihn für einen wirklich netten Burschen. Ich glaube, er hat sich ausgezeichnet eingeordnet. Wenn nicht jetzt diese Anklage gegen ihn erhoben worden wäre, würde ich sehr gern bereit sein, ihn von sofort an wieder zu meinem Schützling zu machen.» Und dabei wird man, wenn man zur Schutzaufsichtsbehörde geht und darum bittet, meine Akte einsehen zu dürfen, nur eine Beschuldigung gegen mich zusätzlich zu denjenigen finden, die gegen mich in Alameda County erhoben worden sind und über die noch gerichtlich entschieden werden muß. Eine Gerichtsverhandlung hat noch nicht stattgefunden. Ich habe mich nichtschuldig in allen Anklagepunkten erklärt. Die einzige Beschuldigung, die sie haben, besagt, daß ich den Anweisungen meines Schutzaufsichtsbeamten nicht gefolgt sei.

Als ich diese Beschuldigung zum erstenmal hörte, konnte ich nicht begreifen, was das zu bedeuten hatte, weil ich mir die allergrößte Mühe gegeben hatte, alles zu machen, was dieses Würstchen wollte. Deshalb fragte ich ihn: «Was soll das heißen? Was steckt eigentlich dahinter?» Was jetzt kommt, wird Sie sicher überraschen. Er antwortete nämlich: «Erinnern Sie sich daran, daß Sie nach New York gefahren sind, um eine Tonband-Aufnahme von der David Susskind-Show zu machen?»

Ich sagte: «Ja, ich erinnere mich.»

«Erinnern Sie sich auch daran, daß ich Ihnen sagte, wenn Sie zurück seien, sollten Sie mich anrufen und mich davon unterrichten, daß Sie zurück seien?»

«Ja, und das habe ich auch getan, nicht wahr?»

«Nein, Sie taten es nicht. Das ist ein Verstoß gegen die Bestimmungen.»

Und das ist nun die einzige Sache in meinen Akten, über die man überhaupt reden kann. All die anderen Sachen, die sie mir anhängen wollen, können sie nicht in die Akten bringen, weil sie damit gegen das Gesetz verstoßen würden. Das wäre ein Verstoß gegen die Verfassung, und es wäre ihnen peinlich, derlei zu Papier zu bringen und in meine Akte zu legen. Wahrscheinlich haben sie eine zweite Akte, die heimlich von Hand zu Hand geht. Aber sie können nicht einen einzigen Punkt nennen, der meine erneute Inhaftierung rechtfertigen würde.

Ich muß feststellen, daß ich nichts im Gefängnis gelassen habe, was mich dorthin zurücktreiben könnte – nur die Hälfte meines Geistes und meiner Seele habe ich in der Zelle eingebüßt, und diese Hälfte ist gestorben. Die können sie behalten. Sie gehört ihnen. Sie können sie haben. Das ist, was ich ihnen schulde. Das schulde ich der Gesellschaft, und ansonsten schulde ich ihr einen feuchten Dreck! Von mir haben sie nichts zu erwarten. Alles, was sie von mir noch haben wollen, müssen sie sich nehmen. Ich bin überzeugt, daß meine Stunde gekommen ist. Jetzt ist ein Punkt erreicht, an dem ein Schlußstrich gezogen werden muß, denn die Machthaber dieses Landes sind entlarvt. Das Recht ist nicht auf ihrer Seite. Ich weiß, daß sie gegen mich aus politischen Gründen vorgehen.

Es gibt ein Sprichwort, das ich sehr treffend finde. Es lautet: Es gibt einen Punkt, an dem die Vorsicht endet und die Feigheit beginnt. Jedermann hat Angst vor den Schweinen, vor den Machthabern. Und die Leute haben allen Grund, besorgt zu sein; denn die Schweine haben eine Gestapotruppe, der sie ihre Befehle erteilen. Diese Truppe geht mit Schlagstöcken und Gewehren gegen die Widersacher ihrer Bosse vor und legt sie, wenn nötig, sogar um.

Ich habe keine Geduld zu warten, bis die Leute tun, was sie predigen. Ich habe keine Geduld, darauf zu warten. Ich sehe nichts als eine sehr kritische Situation, eine chaotische Situation, in der es Schmerz, Leid und Tod gibt. Ich sehe keine Veranlassung, mit dem, was ich zu sagen habe, bis auf morgen zu warten, wenn ich es schon heute abend sagen kann. Ich sehe keine Veranlassung, darauf zu warten, daß sich andere aufraffen. Ich sehe keine Veranlassung, untätig zu sein, und wenn ich allein handeln müßte. Ich denke daran, wie mein Verhältnis zu den Verbrechern ist – meinen Schutzaufsichtsbeamten eingeschlossen –, die das Strafvollzugssystem in der Hand haben und auch über eine bedingte Haftentlassung entscheiden können. Ich kann mich mit ihnen nicht zusammenraufen, denn ich hab sie zu lange lügen hören. Ich wußte, daß an der Art und Weise, wie sie Menschen behandeln, etwas faul war. Ich wußte, daß das auf keinen Fall richtig sein konnte. Ich habe lange Zeit gebraucht, bis wenigstens ich selber dahintergekommen bin. Und nachdem ich festgestellt hatte, daß sie das Gegenteil von dem waren, was sie eigentlich sein sollen, packte mich die Wut. Ich möchte nicht, daß sie mit allem durchkommen. Ich möchte sie ins Gefängnis bringen. Dorthin gehören sie, weil sie genug Verbrechen gegen die Menschenrechte des Volkes begangen haben. Sie sind es, die ins Gefängnis gehören!

Wenn Sie den Blick auf die Gefängnisse für Erwachsene richten, sehen Sie nur das Endstadium eines langen Prozesses. Wenn Sie die Dinge wirklich verstehen wollen und sehen, was hinter dem Gefängnissystem steckt, dann müssen Sie sich die Jugendstrafanstalten ansehen. Sie müssen bei den Besserungsanstalten anfangen. Dort hat meine ‹Laufbahn› begonnen, im Alter von zwölf Jahren, wegen irgendeiner Anklage. Ich weiß nicht mehr, was es war – ah, Vandalismus! Ich glaube, ich hatte ein Fahrrad, vielleicht auch zwei oder drei ausgeschlachtet. Vielleicht hatte ich einen Fahrradhandel. Ich erinnere mich nicht. Aber es ging um Fahrräder. Sie brachten mich in die Besserungsanstalt, und ich brauchte etwa sechs Monate, um wieder herauszukommen. Während ich dort war, lernte ich sehr viele Leute kennen. Ich lernte viele wirklich nette und clevere Burschen kennen, die sehr aktiv und sehr wach waren und Fahrräder gestohlen oder ähnliches verbrochen hatten. Dann stieg ich auf der Leiter eine Sprosse höher und kam von der Besserungsanstalt in die Erziehungsanstalt in Whittier. Ich absolvierte sie mit Auszeichnung und besuchte dann eine andere in der Rangstufe etwas höherstehende, die Erziehungsanstalt Preston, in der Berufsausbildung geboten wird. Ich absolvierte sie, und man ließ mich in die Oberliga aufsteigen, in das Strafvollzugssystem für Erwachsene.

Mir fiel auf, daß ich dieselben Burschen, mit denen ich zusammen in der Besserungsanstalt gewesen war, wiedertraf, wenn ich erneut hinter Gitter mußte. Ihre Einweisung folgte entweder bald nach meiner, oder sie kamen, kurz bevor ich entlassen wurde. Es schienen immer dieselben Leute zu sein. Im Strafvollzug von Kalifornien lassen sie einen alle Stadien durchlaufen, von der Besserungsanstalt bis ins Altersheim in San Luis Obispo, und dort warten sie ab, bis man stirbt. Dann begraben sie einen dort, wenn man draußen keinen hat, der den Leichnam beansprucht – was meistens der Fall ist. Ich hatte Gelegenheit, andere Generationen zu beobachten, die nach uns kamen, und habe mich mit ihnen unterhalten. Ich fragte sie, ob sie schon einmal hinter Gittern gewesen seien, und stellte fest, daß ganze Gruppen sich von der Besserungsanstalt Stufe für Stufe nach oben gearbeitet hatten. Dabei kam mir der Gedanke, daß hier ein Versagen der Gesellschaft vorlag, das nicht im geringsten zu rechtfertigen ist. Niemand hat das Recht, die Kinder in den Erziehungsanstalten zu verdammen, denn sie sind unschuldig. Sie wurden durch eine Umgebung geformt, auf die sie keinen Einfluß haben.

Auch der Strafvollzug für Erwachsene ist purer Wahnsinn. Wenn sie eingeliefert werden, dann wegen Mordes, Notzucht, Raubüberfalls und anderer Verbrechen. Wenn man jedoch ihre Vergangenheit durchforscht, stößt man auf die Besserungsanstalt. Das wirft die Frage auf, warum es in diesem Land keine Aufgaben für junge Leute gibt, die sie wirklich interessieren, für die sie sich einsetzen können und die sie so formen, daß sie normale Individuen werden und ein normales Leben führen. Bis mir jemand diese Frage beantworten kann, gibt es für mich nur eine Alternative: Reißt die Mauern der Gefängnisse und Erziehungsanstalten nieder und laßt die Leute laufen. Und es gibt nur eine Frage: Wie können wir diese Mauern einreißen, und wie kriegen wir die Menschen *raus*.

Besondere Aufmerksamkeit schenken die Leute *dem* Programmpunkt der Black Panther Party, in dem Freiheit für alle schwarzen Männer und Frauen gefordert wird, die in den Gefängnissen des Bundes, der einzelnen Staaten, der Bezirke und der Gemeinden sitzen. Es fällt ihnen schwer, die Berechtigung dieser Forderung einzusehen. Sie würden vielleicht sogar billigen, daß die Polizei abgeschafft wird, argumentieren jedoch: ‹Die Leute in den Gefängnissen haben Verbrechen begangen. Für diese Verbrechen sind sie verurteilt worden. Wie kann man überhaupt davon sprechen, sie freizulassen. Und wenn sie wirklich freigelassen würden, würdet ihr Schwarze euch ihrer dann annehmen, sie erneut vor Gericht bringen und sie wieder hinter Gitter schikken?› Was soll ich dazu sagen? Die Antwort heißt ganz einfach: Nein. NEIN! Laßt sie raus, und dann laßt sie in Ruhe. Laßt sie raus, denn sie verstehen uns alle hier draußen. Übergebt sie der Black Panther Party. Gebt sie uns. Wir werden wiedergutmachen, was ihnen im Namen der Freiheit angetan worden ist. Wir haben eine Aufgabe für sie, die sie ausfüllen wird – 24 Stunden am Tag.

Zusammen mit Bobby Seale arbeite ich an der Biographie von Huey P. Newton. Bob Scheer und ich fuhren mit Bobby Seale nach Carmel-by-the-Sea. Wir legten uns jedoch nicht an den Strand. Wir suchten eine kleine Hütte auf. Wir hatten einen Liter Whisky und was dazu, ein Tonbandgerät und einen großen Vorrat unbespielter Tonbänder. Wir sagten: «Bobby, trink den Whisky und erzähl uns von Bruder Huey P. Newton.» Und Bobby begann, von Huey zu erzählen. Was mich besonders beeindruckte, war, daß er und Huey vor der Organisierung der Black Panther Party einen ganz großen Raubüberfall auf eine Bank geplant hatten. Sie widmeten sich ganz dieser Sache, weil sie sich darüber klar waren, daß sie für die Bewegung Geld brauchten. So setzten sie sich hin und versuchten gemeinsam, einen Weg auszutüfteln, um an den Banktresor heranzukommen. Während ihrer Überlegungen kamen ihnen auch die Konsequenzen in den Sinn. Bobby berichtete, daß Huey eines Tages, als sie gerade darüber sprachen, aufsprang und sagte: «Die Bank muß warten. Wir reden über Politik. Worum es im wesentlichen geht, das ist die Befreiung unseres Volkes. Deshalb muß diese blöde Bank warten. Wir wollen die Brüder organisieren und unsere Aufgabe erfüllen. Wir wollen sie zur Verteidigung der schwarzen Gemeinde bewaffnen. Das ist ebenso wirkungsvoll, als ob wir ins Weiße Haus gehen und sagen würden: ‹Hände hoch, ihr Drecksäue! Her mit dem, was uns zusteht!›»

Es gibt einen sehr interessanten und entscheidenden Zusammenhang zwischen Insurrektion und Aktionen von Einzelgängern, einem ganz privaten, persönlichen Bürgerkrieg. Wir definieren als Bürgerkrieg einen Zustand, in dem sich eine Gesellschaft in der Mitte teilt, so daß sich zwei einander bekämpfende Seiten gegenüberstehen. Ist das die einzig mögliche Definition? Können 5000 Menschen einen Bürgerkrieg beginnen? Oder 4000, 3000, 2000 oder 1000? Oder nur 500? Oder die Hälfte davon? Oder vielleicht sogar ein einzelner? Kann einer allein einen Bürgerkrieg beginnen? Ich bin kein Jurist. Ich bin bestimmt auch kein Richter, aber ich würde meinen, daß ein einzelner, der ganz allein handelt, sich durchaus in einem Bürgerkrieg gegen ein Unterdrückungssystem befinden kann. In diesem Sinne betrachte ich die Burschen in den Gefängnissen. Ich frage nicht, weswegen sie dort sind – wegen Raubüberfall, Einbruch, Notzucht, Mord, Entführung oder weswegen auch immer. Ihre Tat war eine Reaktion auf die gesellschaftliche Situation, eine Reaktion auf die Umwelt. Jedes sozialwissenschaftliche Buch sagt einem, daß Menschen, die man einer ungünstigen Umwelt aussetzt, mit Sicherheit dagegen rebellieren werden. Darin liegt der Widerspruch. Wenn man in einer Gesellschaft lebt, die so beschaffen ist, daß Menschen in Scharen dazu getrieben werden, gegen diese Gesellschaft zu rebellieren – wie kann man ihnen dann einreden, sie seien dieser Gesellschaft etwas schuldig? Ich meine, daß es die Gesellschaft ist, die ihnen etwas schuldet. Und es sieht nicht so aus, als ob die Gesellschaft die Absicht hat, zu zahlen.

In der Besserungsanstalt in Alameda County sitzt gegenwärtig ein junger Bruder namens Gregory Harrison. Er ist etwa 14 oder 15 Jahre alt und ist Führer der Vereinigung schwarzer Studenten an der Technischen Oberschule von Oakland. Er steht unter der Anklage der Insurrektion, weil die Vereinigung schwarzer Studenten an der Oberschule fordert, daß in den Lehrplan auch die Geschichte der Schwarzen aufgenommen wird. Sie möchte, daß an ihrem Institut die richtigen Umweltfaktoren geschaffen werden – nicht solche, die den Schwarzen beibringen, schwarz zu sein, sondern Bedingungen, die die Hindernisse abbauen, so daß sie sie selbst sein können; die Tatsache, daß sie schwarz sind, wird dann automatisch zum Tragen kommen. Man braucht schließlich einer Rose auch nicht beizubringen, rot zu blühen, oder einem Baum, wie er Blätter wachsen lassen kann. Man läßt sie einfach in Ruhe und tut nichts, was ihre Entwicklung beeinträchtigen kann, und es wird eine Rose daraus oder ein Baum.

Aber nun zu diesem verbrecherischen System, dem wir ausgeliefert sind. Dieses System ist der Feind des Volkes. Das System, in dem wir leben und wirken, Tag für Tag. Das System, von dem wir ein Teil sind und dem wir unterworfen sind, auch in diesem Augenblick. *Unser* System. Es umfaßt alle Systeme, denn wenn jemand zufällig aus einem anderen Land ist, wird es immer noch sein System sein, weil das System seines Landes ein Teil des Ganzen ist. Dieses System ist von Übel. Es ist verbrecherisch. Es ist mörderisch. Und es übt die Herrschaft aus. Es ist an der Macht. Es ist arrogant. Es ist verrückt. Und es betrachtet die Menschen als sein Eigentum. Das geht so weit, daß Polypen, die doch im Dienst der Öffentlichkeit stehen, sich im Recht fühlen, wenn sie in das Gelände einer Universität oder eines Colleges oder einer High School eindringen und Leute mit Nervengas vorübergehend bewegungsunfähig machen. Sie schlagen die Leute mit ihren Polizeiknüppeln und erschießen sie sogar, wenn es nötig ist, um den Willen von Ronald Reagan, Jesse Unruh, Mussolini Alioto oder ihresgleichen durchzusetzen.

Haben Sie Alioto jemals im Fernsehen erlebt? Wenn das der Fall ist, sind Sie dann wirklich ganz sicher, daß er Ihnen keine Angst einjagt und daß er nicht wie Al Capone aussieht? Alioto erinnert mich an Strafgefangene im Gefängnis von Folsom, die ich kenne. Und dies ist kein Widerspruch. Wenn ich mich für die Strafgefangenen einsetze, dann behaupte ich nicht, daß jeder Strafgefangene rauskommen und sich der Peace and Freedom Party anschließen wird. Das behaupte ich nicht. Oder daß sie sich nichts zuschulden kommen lassen würden. Auch das behaupte ich nicht. Dennoch fordere ich selbst für diejenigen die Freiheit, die sich der Gesellschaft so entfremdet haben, daß sie jedermann hassen. Es gibt Burschen, die haben sich auf die Brust tätowieren lassen ‹Zum Hassen geboren› oder ‹Zum Scheitern geboren›. Ich kenne einen Burschen, der sich ‹Zum Töten geboren› auf die Stirn hat tätowieren lassen. Auch er muß freigelassen werden. Lyndon B. Johnson hat zwar keine Tätowierungen im Gesicht, aber ihm tropft Blut von den Fingern. L. B. J. hat mehr Menschen umgebracht als sonst irgend jemand, der je in einem Gefängnis der Vereinigten Staaten gesessen hat. Er hat gemordet. Und Leute wie die Gefängnisbeamten, Polizisten, Bürgermeister, Polizeichefs heißen das gut. Sie schreien sogar nach Eskalation, was bedeutet: Bring noch mehr Menschen um. Ich bin dagegen! Da ich heute abend so viele bekannte Gesichter hier entdecke, kann ich sagen, daß auch Sie dagegen sind. Es gibt nur eine Möglichkeit, damit Schluß zu machen: sich aufzuraffen und einen entschlossenen Trennungsstrich zu ziehen, einen deutlichen und entschlossenen Trennungsstrich und auf unserer Seite der Linie zu bleiben und sie mit allen Mitteln zu verteidigen, einschließlich des eigenen Lebens. Nicht als alleinige Opfer, sondern indem wir einige von den Schweinen mit uns in den Tod nehmen.

Ich kann mich nicht damit abfinden, die nächsten vier Jahre in einem Gefängnis zu verbringen, nicht solange Verrückte die oberste Gewalt in den Händen haben. Nicht, solange das Department of Corrections Ronald Reagan genauso untersteht wie alle anderen staatlichen Behörden. Nicht, solange widerwärtige Dreckskerle die Direktoren der Zuchthäuser sind. Wenn sie Dr. Shapiro [Psychiater in San Francisco und langjähriger Parteigänger der Panther] zum Direktor von San Quentin machten, würde ich sofort wieder reingehen. Solange aber sadistische Teufel und gemeine, grausame Kerle diesen Apparat beherrschen, kann mich nichts dorthin zurückbringen. Ich gehöre hierher, nach draußen zu den Leuten, die versuchen, die Umwelt zu verändern.

Die da oben wären törichter, als ich angenommen habe, wenn sie diese schwerverständlichen und lächerlichen Anklagepunkte, diese offensichtlich politischen Schachzüge, nicht aufgäben und dann noch glaubten, ich würde mir das bieten lassen. Sie sollen so viel Quatsch reden, wie sie wollen, und alle Anordnungen erteilen, die sie für richtig halten. Ich bin eines Verbrechens in Alameda County angeklagt und bin sehr daran interessiert, mich deswegen vor Gericht zu verantworten, weil ich aus dem Prozeß glänzend hervorgehen werde. Ich werde die Wahrheit sagen, und die Schweine werden Lügen erzählen müssen, und das macht die Sache für sie heikel, besonders wenn ich einen Experten wie Charles R. Garry [Huey Newtons Anwalt] an meiner Seite habe. Ich habe keine Angst und werde vor jedes Gericht treten in diesem Land mit einem Anwalt wie Garry, weil er mit dem Richter und dem Staatsanwalt umzugehen versteht. Aber sie sollen mir nicht damit kommen, meine Haftentlassung zu widerrufen auf Grund einer Beschuldigung, für die ich neun Jahre hinter Gittern gesessen habe und für die die Bewährungsfrist im nächsten Monat eigentlich abläuft. Sie sollen mir nicht mit diesem Quatsch kommen, ich will nichts mehr davon hören.

22. November 1968

Anhang

Playboy-Interview
mit Nat Hentoff

PLAYBOY: Sie haben geschrieben, daß sich eine neue Führungsgruppe mit einem eigenen unverwechselbaren Stil und eigenen Vorstellungen an die Spitze der schwarzen Bevölkerung stellen werde. «Nichts», so schreiben Sie, «kann sie daran hindern, die Führung zu übernehmen; denn ihr Anspruch basiert auf ihrem Charisma, sie kann auf die Treue und die Unterstützung der schwarzen Massen rechnen, ist sich ihrer selbst und ihrer Stellung bewußt und bereit, sich im Notfall den Weg zur Macht freizuschießen.» Wie würden Sie, der in wachsendem Maße als eine der entscheidenden Gestalten in dieser neuen schwarzen Führungsgruppe betrachtet wird, den Unterschied swischen dem neuen Typus und jenen Männern definieren, die – wie Roy Wilkens und Whitney Young – von der Mehrzahl der Amerikaner als die etablierten Sprecher der Neger angesehen werden?

CLEAVER: Die sogenannten Führer, die sie nennen, waren bereit, sich bei ihrer Arbeit an die Regeln zu halten, die das weiße Establishment aufgestellt hat. Sie haben versucht, einen Wandel herbeizuführen, ohne das gegenwärtige System anzutasten – einen Wandel ohne Gewalt. Wenn auch Martin Luther King der führende Exponent derer war, die sich zur Gewaltlosigkeit bekennen, so verdammen doch alle übrigen die Gewalt nicht weniger. Überdies sind sie ohne Ausnahme ständig darauf bedacht, die Schwarzen daran zu erinnern, daß sie nicht nur ‹Neger›, sondern genauso Amerikaner sind und daß das Ansehen dieses Landes ihnen nicht weniger bedeutet als den Weißen. Die neuen Führer der Schwarzen dagegen identifizieren sich in erster Linie mit den Interessen der Masse der *schwarzen* Bevölkerung, und wir kümmern uns nicht um die Würde eines Landes, das unsere eigene Würde mißachtet. Es interessiert uns nicht im geringsten, ob wir die Vereinigten Staaten auf internationaler Ebene in peinliche Situationen bringen könnten. Und, wohlgemerkt, ich spreche von der *Masse* der schwarzen Bevölkerung. Aus diesem Grunde sind wir gegen Adam Clayton Powell. Er ist nicht militant genug, und er repräsentiert nicht die Masse, sondern einzig und allein den schwarzen Mittelstand.

PLAYBOY: Sieht man davon ab, daß Sie bereit sind, notfalls Gewalt anzuwenden, um dieses Ziel zu erreichen, so haben Sie bisher nichts ge-

nannt, was von den Vorstellungen der traditionellen Bürgerrechts-
gruppen der Neger abweiche.

CLEAVER: Okay, wenn ich unsere Forderungen präzisieren soll, dann
tue ich das am besten, indem ich die zehn Punkte aufzähle, die das
Programm der Black Panther Party ausmachen.

Sie lassen erkennen, daß wir nicht bereit sind, uns mit den Regeln
abzufinden, die das weiße Establishment aufgestellt hat. Erstens:
Wir wollen Freiheit; wir wollen das Schicksal unserer schwarzen
Gemeinden selber bestimmen. Zweitens: Wir wollen Vollbeschäf-
tigung für unsere Leute. Drittens: Wir fordern menschenwürdige
Wohnverhältnisse. Viertens: Wir fordern, daß alle schwarzen Menschen vom Militärdienst befreit werden. Fünftens: Wir fordern eine
anständige Ausbildung für die schwarze Bevölkerung – eine Ausbildung, die uns das wahre Gesicht dieser dekadenten, rassistischen
Gesellschaft vor Augen führt und die unsere jungen Brüder und
Schwestern in die Lage versetzt, zu erkennen, wo ihr rechtmäßiger
Platz in der Gesellschaft ist; denn wenn sie ihren Platz in der Gesellschaft und in der Welt nicht kennen, dann können sie zu nichts
anderem eine Beziehung herstellen. Sechstens: Wir fordern, daß
schwarze Menschen nicht länger in ihren eigenen Gemeinden von
rassistischen weißen Geschäftsleuten ausgeraubt werden. Siebtens:
Wir fordern die sofortige Einstellung der Brutalitäten und Morde,
wie sie von Polizisten an schwarzen Menschen begangen werden.
Achtens: Wir fordern, daß sämtliche Schwarzen, die man in Stadt-,
Bezirks-, Staats- und Bundesgefängnissen festhält, freigelassen werden, weil man ihnen ein faires Gerichtsverfahren vorenthalten hat;
sie sind ausschließlich von weißen Geschworenen abgeurteilt worden
und befanden sich damit in der gleichen Situation wie ein Jude vor
einem Nazi-Gericht. Neuntens: Wir fordern, daß Schwarze, die eines Verbrechens angeklagt sind, sich vor einer Gruppe von Ebenbürtigen zu verantworten haben – unter einem Ebenbürtigen verstehe ich dabei einen Menschen, der aus dem gleichen wirtschaftlichen, sozialen, religiösen, historischen und rassischen Milieu kommt.
Mit anderen Worten: Steht ein Schwarzer vor Gericht, so müssen
die Geschworenen in jedem Fall auch Schwarze sein. Zehntens: Wir
fordern Land, wir fordern Geld, wir fordern Wohnungen, wir for-
dern Kleidung, wir fordern eine gute Ausbildung, wir fordern Gerechtigkeit, wir fordern Frieden.

PLAYBOY: Frieden? Aber Sie selbst haben von Gewaltanwendung gesprochen.

CLEAVER: Das stimmt. Aber sie dürfen meine Worte nicht aus dem Zusammenhang reißen. Ich habe gesagt, daß es nur dann zum Krieg
kommen wird, wenn diese Grundforderungen nicht erfüllt werden.
Ein solcher Krieg wird nicht nur ein Krieg zwischen Schwarz und
Weiß sein, der allerdings bereits ausreichen würde, um dieses Land
zu zerrütten, sondern ein Guerillakampf, der einem zweiten Bür-

gerkrieg gleichkommen wird und in dem Tausende von weißen John Browns auf der Seite der Schwarzen stehen werden, ein Guerillakrieg, der dem Land den schrecklichsten Albtraum bescheren wird, den es auf seinem Weg zur Erfüllung des amerikanischen Traums je erlebt hat.

PLAYBOY: Wieviel Zeit bleibt für die Erfüllung Ihrer Forderungen, bis es dazu kommt?

CLEAVER: Was geschehen wird – und wann es geschehen wird –, hängt von der Dynamik des revolutionären Kampfes in den schwarzen und weißen Gemeinden ab; die Menschen werden tun, was sie für notwendig halten, und die Bewegung wird sich weiter formieren und verstärken. Wie lange erwarten Sie noch von der schwarzen Bevölkerung, daß sie die fortgesetzte Gleichgültigkeit der Bundesregierung gegenüber ihren Nöten erduldet? Wie lange wird sie die ständige Eskalation von Macht und Brutalität der Polizei noch ertragen? Ich kann Ihnen keine exakte Antwort auf diese Fragen geben, aber mit Sicherheit wird sie nicht ewig weiter warten, wenn man auf ihre Forderungen nicht eingeht – besonders, da wir der Ansicht sind, daß die Vereinigten Staaten bereits entschieden haben, wo die nächste Schlacht stattfinden wird, wenn der Vietnam-Krieg beendet ist. Wir sind der Ansicht, daß die Regierung dieses neue Ziel bereits anvisiert hat. Zahlreiche Schwarze sind äußerst beunruhigt über die Vorbereitungen für eine Unterdrückung der Befreiungsbestrebungen der schwarzen Bevölkerung in diesem Lande. Wir arbeiten nicht nach einem festen Zeitplan, aber wir stellen fest, daß sich die Situation rapide verschlechtert. Immer häufiger kommt es zu bewaffneten Zusammenstößen und gewalttätigen Auseinandersetzungen mit Polizisten, die in dèn Wohngebieten der schwarzen Bevölkerung stationiert sind. Wer kann sagen, wann irgendeiner der Zwischenfälle, die sich tagtäglich zu Dutzenden ereignen, das Faß zum Überlaufen bringen und unausweichlich einen Krieg heraufbeschwören wird? Ich möchte nicht mißverstanden werden. Ich suche keineswegs die Gewalttätigkeit. Gewehre sind häßlich. Schön sind allein die Menschen. Und wenn man einen Menschen mit einem Gewehr tötet, dann tut man etwas Häßliches. Aber es gibt zwei Arten von Gewalttätigkeit: Gewalttätigkeit, die gegen mich gerichtet ist und dem Zweck dient, mir jeden Fortschritt unmöglich zu machen, und jene Gewalttätigkeit, die dazu dient, mich gegen diese Unterdrückung zu verteidigen und mir meine Freiheit zu erkämpfen. Wenn man unseren Forderungen nicht entspricht, werden wir früher oder später vor der Entscheidung stehen, entweder weiterhin die Opfer zu bleiben oder unsere Freiheit zu erobern.

PLAYBOY: Aber es gibt doch auch militante Schwarze, wie etwa die Führer von CORE [Congress of Racial Equality], die inzwischen auf einen schwarzen Kapitalismus hinarbeiten. Sie halfen sogar beim Entwurf einer Gesetzesvorlage zur Einrichtung von Gesellschaften, die von den Bewohnern des jeweiligen Stadtbezirks kontrolliert werden – einer Vorlage, die im vergangenen Sommer im Kongreß eingebracht wurde. Darin war vorgesehen, daß Bundesmittel über diese Gesellschaften laufen und daß Privatfirmen durch steuerliche Vergünstigungen dazu gebracht werden sollten, in Stadtbezirken mit schwarzer Bevölkerung Unternehmen aufzubauen, die dann später durch die erwähnten Gesellschaften den Gettobewohnern übertragen werden sollten.

CLEAVER: Ich weiß. Das alles ist Teil einer Aktion, die überall im Lande vorangetrieben wird mit dem Ziel, die schwarze Bevölkerung davon zu überzeugen, daß sie auf diese Weise endlich ihren Platz im Wirtschaftssystem erhalten wird. Wir glauben jedoch nicht, daß es dazu kommen wird; denn die Maßnahmen werden nicht umfassend und tiefgreifend genug sein, als daß sie der Masse der schwarzen Bevölkerung tatsächlich die Kontrolle über alle Institutionen in ihren Gemeinden bringen könnten. Vergessen Sie nicht, wie der ‹Krieg gegegen die Armut› auf dem Papier aussah und was dann wirklich daraus wurde. Vergessen Sie nicht, daß es unter allen Organisationen, die es damals gab, gerade der Congress of Racial Equality war, der mit dem größten Enthusiasmus auf diese Täuschung hereinfiel. In einigen Städten kam ein Großteil der Mitarbeiter aus seinen Reihen. Aber sie hatten keinen entscheidenden Einfluß, und genau das ist der springende Punkt. Mag man solche Institutionen auch ‹Gemeinde›-Gesellschaften nennen: die Privatfirmen, die außerhalb dieser Gemeinde beheimatet sind, können sich jederzeit wieder zurückziehen, und der Kongreß kann die eingesetzten Bundesmittel jederzeit kürzen, so wie es im Falle des ‹Kriegs gegen die Armut› geschehen ist. Immer weniger Schwarze lassen sich von solchen Spielchen hinters Licht führen. Irgendwann kommt man an einen Punkt, an dem einem aufgeht, daß man immer und immer wieder betrogen worden ist, und man faßt den festen Entschluß, die endgültige Befreiung zu erzwingen. Wenn aber die Massen dieses Ziel erreichen wollen, müssen sie organisiert sein, damit sie ihr gemeinsames Gewicht in die Waagschale werfen und auf diese Weise selber die letzten Entscheidungen in ihren Gemeinden treffen können – in bezug auf die Kontrolle über die Polizei ebenso wie hinsichtlich der Aufsicht über alle sozialen und wirtschaftlichen Programme, von denen sie betroffen sind. Die Aufgabe, an deren Lösung wir gegenwärtig arbeiten, erfordert zweierlei: einerseits geht es darum, die Menschen auf lokaler Ebene zusammenzuführen, damit sie gemeinsam unsere Forderungen durchsetzen können; andererseits müssen wir die schwarze Bevölkerung auf nationaler Ebene so organisieren, daß sie als geschlossene Gruppe auftreten kann. Wir wollen, daß die schwarze Bevölkerung von Menschen ihrer eigenen Wahl repräsentiert wird, die mit der Macht der Massen hinter sich in der Lage sind, die politische Arena zu betreten, die Wünsche und Bedürfnisse der schwarzen Bevölkerung vorzutragen und durchzusetzen, daß diesen Wünschen und Bedürfnissen Rechnung getragen wird.

PLAYBOY: Aber wir wiederholen: Ist das nicht bereits der Fall – zumindest in Ansätzen? Cleveland hat einen schwarzen Bürgermeister – Carl Stokes –, und der Bürgermeister von Gary, Richard Hatcher, ist ebenfalls schwarz.

CLEAVER: Sie sprechen von einzelnen Personen, nicht aber von fundamentalen Wandlungen innerhalb des Systems. Es gibt eine breite und ständig wachsende Schicht von Schwarzen in diesem Lande, denen man nicht länger Sand in die Augen streuen kann, indem man ihnen ein paar schwarze Gesichter zeigt. Das sei hier in aller Deutlichkeit gesagt. Wir fordern strukturelle Veränderungen innerhalb der Gesellschaft, und das heißt eine echte Neuverteilung der Macht, durch die uns die Möglichkeit gegeben wird, über unser eigenes Leben zu entscheiden. Der Umstand, daß es schwarze Bürgermeister gibt, bringt uns in der gegenwärtigen Situation diesem Ziel nicht einen einzigen Schritt näher. Und es wäre auch ein Irrtum, zu glauben, daß es allein um die Überwindung der Armut geht. Ich weiß, daß es in diesem Land und besonders in den Gettos der Großstädte viele Menschen gibt, die Hunger haben, die auf allen Ebenen unterprivilegiert sind; dennoch ist das Problem, um das es uns geht, offenkundig nicht eine um sich greifende Hungersnot. Die Menschen, mit denen wir es in der Black Panther Party zu tun haben, verhungern nicht, und sie laufen auch nicht in Lumpen herum. Aber sie sind es leid, daß ihr Leben von anderen, von Menschen, die ihnen feindlich gesinnt sind, bestimmt und manipuliert wird. Sie sind dabei, sich seelisch und geistig der Unterdrückung bewußt zu werden, und sie werden diese Unterdrückung nicht länger tatenlos hinnehmen. Wir befinden uns in den letzten Stadien eines Prozesses, bei dem wir alle unsere Karten auf den Tisch gelegt haben. Wir haben gelernt, wie man Karten spielt; wir kennen das Spiel, und wir werden auf keinen Trick mehr hereinfallen. Diese Tatsache scheinen einige immer noch nicht begriffen zu haben.

PLAYBOY: Aber ist es auch ein Trick, wenn – neben anderen – Senator Eugene McCarthy sagt, da mehr und mehr Industriebetriebe und damit zugleich Arbeitsstellen in die besseren Vorstadtgebiete verlegt würden, müßten zwangsläufig auch mehr Schwarze dort hinziehen, was wiederum mit einer Überwindung der Rassendiskriminierung auf dem Wohnungssektor und der Bereitstellung von erheblichen finanziellen Mitteln für den Ausbau von Verkehrsmitteln nach sich ziehen werde. Halten Sie das nicht für eine ernst zu nehmende Beurteilung eines gegenwärtigen Trends?

CLEAVER: Wir sind der Ansicht, daß ein Großteil dieser Versuche, Schwarze umzusiedeln, dem Zweck dient, der Konzentration der schwarzen Bevölkerung in bestimmten Gebieten entgegenzuwirken; denn diese zahlenmäßige Konzentration bedeutet für uns potentielle politische Macht. Wir haben nicht gewollt, daß man uns in Gettos zusammengepfercht, aber da wir nun einmal in solchen Gettos leben, werden wir nur dann wirklich über unsere eigene Existenz entscheiden können, wenn wir nutzen, was wir haben – die Macht nämlich, die uns als einem politischen Block zu Gebote steht. Viele Leute in der Republikanischen und der Demokratischen Partei sind beunruhigt über diese potentielle schwarze Wählermacht in den Städten; deshalb versuchen sie, uns, unter dem Vorwand, die Lage der schwarzen Bevölkerung zu verbessern, auseinanderzubrechen.

PLAYBOY: Aber würde die Integration in die vorstädtischen Wohngebiete der Weißen für viele Schwarze nicht eine Erhöhung ihres Einkommens und ein besseres Leben bedeuten?

CLEAVER: Ich wiederhole noch einmal: Solange die schwarze Bevölkerung im ganzen nicht mehr Macht erlangt, geht es nicht darum, wo man geographisch lebt, solange man schwarz ist. Es geht vielmehr darum, wo man psychologisch steht. Ganz gleich, wo man unter den gegenwärtigen Umständen schwarze Menschen ansiedelt, sie werden nach wie vor machtlos sein, ausgeliefert den Launen und Entscheidungen des politischen und wirtschaftlichen Apparats der Weißen. Deshalb müssen wir uns zusammentun und zusammenhalten – besonders in einer Zeit, in der Land und Kongreß politisch von Tag zu Tag konservativer werden, in der die Polizei mehr und mehr Waffen anhäuft – Waffen, wie sie einer Armee angemessen wären. Deshalb behaupten wir, daß sich die Situation rapide verschlechtert – und deshalb auch bezweifle ich, daß sich der Konflikt zwischen uns und jenen, die das System in der Hand haben, ohne Bürger- und Guerillakrieg wird lösen lassen.

PLAYBOY: Worauf stützen Sie Ihre Behauptung, daß im Falle eines solchen Bürger- und Guerillakrieges «Tausende von weißen John Browns auf der Seite der Schwarzen stehen» werden?

CLEAVER: Wir stellen fest, daß es in diesem Lande viele Weiße gibt, die wollen, daß hier in Nordamerika eine neue Welt heraufdämmert. Allein in der Bay Area gibt es Tausende von Weißen, die sich in bestimmten Punkten zu unserer Sache bekennen; das gilt besonders für unsere Forderung nach einer Freilassung Huey Newtons. Jemand, der in der Lage ist, Verständnis aufzubringen für die Probleme, um die es dabei geht, der hat damit den Weg des echten Engagements betreten. Viele dieser Menschen haben mit dem Establishment gebrochen, indem sie sich ihm entgegenstellten. Einige von ihnen werden vermutlich einen Rückzieher machen und klein beigeben. Wir glauben jedoch, daß es einen festen Kern von Weißen, insbesondere von jungen Weißen, gibt, die äußerst beunruhigt sind über die Entwicklung, die sich in diesem Lande anbahnt. Sie begreifen, daß es um mehr geht als um die Freiheit der Schwarzen: ihre *eigene* Freiheit steht auf dem Spiel. Eine brutale Polizei hat es ihnen bei zahllosen Demonstrationen und bei Anlässen wie dem Konvent der Demokra-

tischen Partei in Chicago demonstriert. Man hat sie zusammenge-
schlagen; man hat *Mace* und Trängengas gegen sie eingesetzt. Auf
diese Weise haben sie am eigenen Leib erfahren, was die schwarze
Bevölkerung schon so lange erdulden muß, und sie sind nicht länger
bereit, tatenlos zuzusehen. Früher hatten sie zwar eine abstrakte
Vorstellung davon, daß diese Art von Unterdrückung in den schwarzen Gemeinden praktiziert wurde, aber nie kam ihnen der Gedanke,
daß man das gleiche einmal mit ihnen selber machen könnte. Inzwischen haben sie sich zu einer revolutionären Kraft entwickelt, und
deshalb glauben wir, daß die Black Panthers ein Bündnis mit ihnen
eingehen und sie als gleichberechtigten Partner ansehen können.

PLAYBOY: Meinen Sie nicht, daß die meisten dieser im Grunde zum
bürgerlichen Mittelstand gehörenden Weißen – und selbst derjenigen, die Sie als den harten Kern bezeichnen – sich zurückziehen werden, wenn es tatsächlich zu gewalttätigen Auseinandersetzungen auf
breiter Basis zu kommen droht?

CLEAVER: Je stärker der Druck wird, den man gleichermaßen auf den
jugendlichen Weißen wie auf uns ausübt, desto rascher wächst die
Radikalität dieser Jugendlichen. Um die militanten Schwarzen unterdrücken zu können, muß die Polizei zwangsläufig versuchen, zugleich
jene Zellen innerhalb der weißen Gesellschaft zu zerstören, von denen sie unterstützt werden. Wenn die Polizei einen Schwarzen verhaftet, der zu den Führern im Befreiungskampf gehört, dann wird
sie mit Protesten rechnen müssen und mit der Aufdeckung dessen,
was sie sich in gewissen weißen Gemeinden erlaubt hat. Auf diese
Weise werden noch mehr Weiße ins Lager der Radikalen überwech-
seln. Repression kann nicht mehr ausschließlich gegen Schwarze
praktiziert werden. Man kann es sich, zum Beispiel, nicht leisten,
schwarze Menschen in Konzentrationslager zu stecken und Weiße,
die sich genauso leidenschaftlich für die Befreiung einsetzen, frei
herumlaufen zu lassen. Es gibt bereits jetzt zahlreiche Weiße, die
bis zum äußersten gehen würden, um ihren schwarzen Kameraden
zu helfen. Wir wissen das sehr genau. Natürlich stellen sie zur Zeit
noch eine Minderheit dar, aber die Polizisten, die *pigs* [Schweine],
sorgen dafür, daß die Zahl unserer Verbündeten ständig wächst.
Ohne es zu wollen, werden sie uns durch ihre brutalen Ausschreitungen gegen Weiße immer mehr weiße Verbündete schaffen, die
uns nicht im Stich lassen werden. Und aus diesem Grunde zweifle
ich nicht daran, daß es Tausende von weißen John Browns geben
wird, falls es einmal zum Massenaufstand kommt.

Es gibt Weiße in Amerika, die dieses Land wirklich lieben – und
zwar besonders unter den jungen weißen Idealisten. Man hat sie
stets gelehrt, daß sie im freiesten Land der Welt leben, im gerechte-
sten Land der Welt, in einem Land, das dem Benachteiligten niemals
seine Hilfe versagt. Deshalb packt sie eine maßlose Empörung, wenn
sie sehen, daß ihre Regierung in Vietnam Menschen ermorden läßt.

Gewiß, sie stürmen nicht gleich das Pentagon; aber sie fangen – wenn auch noch aus einer gewissen Distanz – an, ihren Blick auf das zu richten, was tatsächlich geschieht. Nach dem ersten Erkennen durchleben solche Menschen verschiedene Phasen des Schocks: zunächst sind sie nur aufgebracht, aber schließlich verspüren sie das Bedürfnis, etwas zu unternehmen, um die Verhältnisse zu ändern. Viele Weiße haben die Situation bereits richtig eingeschätzt: Sie sind sich der Tatsache bewußt, daß die Regierung ihres Landes manipuliert wird von jener Clique, die Eisenhower den militärisch-industriellen Komplex genannt hat, einer Clique, die das politische System zur Verteidigung der großen Kapitalgesellschaften mißbraucht. Es gibt, meine ich, bereits jetzt genug Menschen, die, nachdem sie diese Situation durchschaut haben, so empört sind über das, was hier gespielt wird, daß sie bereit wären, gegen derlei Usurpation einzuschreiten, wenn sie nur wüßten, wie das geschehen könnte.

PLAYBOY: Und wie könnte es geschehen?

CLEAVER: Genau das ist die Frage und das Dilemma – wie muß der revolutionäre Weg aussehen, den es in dieser kompliziertesten aller Situationen einzuschlagen gilt? Diejenigen, die McCarthy unterstützt haben, mußten erkennen, daß *dies nicht* der richtige Weg war. Ich behaupte auch nicht, daß wir, die Black Panthers, die Antwort wissen. Aber wir bemühen uns, den Weg zu finden. Von einem indes sind wir schon jetzt überzeugt: Wir müssen alle bisher nur locker miteinander verknüpften Elemente des Widerstands organisieren. Es wäre unrealistisch, ein Konglomerat von Kräften, die in alle nur möglichen Richtungen streben, eine ‹revolutionäre Bewegung› zu nennen. Aus diesem Grunde treiben wir die Organisation der schwarzen Bevölkerung voran, und aus diesem Grunde auch beabsichtigen wir, die Panther zu *der* nationalen Bewegung der Schwarzen zu machen. Gleichzeitig ist uns bewußt, daß es sinnlos wäre, die Befreiung der Schwarzen Amerikas anzustreben und dabei jegliche Verbindung mit jenen weißen Gruppen zu meiden, die sich ebenfalls der Notwendigkeit eines fundamentalen Wandels bewußt sind. Wir haben die Absicht, ein Bündnis mit ihnen zu schließen im Kampf um die Befreiung – die wir mit Gewalt erzwingen werden, wenn alle Alternativen erschöpft sind.

PLAYBOY: Ist das, Ihrer Meinung nach, bereits gegenwärtig der Fall?

CLEAVER: Noch nicht. Aber die Zeit drängt. Mag sein, daß es noch möglich ist – gerade noch möglich ist –, diese Gesellschaft zu revolutionieren, das heißt fundamentale Strukturveränderungen durchzusetzen, ohne daß es zum Bürgerkrieg kommt. Voraussetzung dafür aber ist, daß wir mächtig genug sind, bevor es zu spät ist.

PLAYBOY: Was veranlaßt Sie zu der Meinung, daß Sie – falls dieser letzte Versuch, eine allgemeine Reformierung der Gesellschaft gewaltlos herbeizuführen, scheitert – mit einem bewaffneten Aufstand mehr erreichen werden? Ist es angesichts der ungeheuren Überlegenheit und Feuerkraft der Polizei und der Truppen – und der massiven Unterstützung durch weite Kreise der weißen Bevölkerung, mit der die Gegenseite rechnen kann – realistisch, anzunehmen, daß Sie einen Guerillakrieg durchstehen könnten?

CLEAVER: Die Taktik des Guerillakrieges wurde speziell für solche Situationen konzipiert und entwickelt: auf der einen Seite eine starke Besatzungsmacht und auf der anderen Seite eine nicht unbeträchtliche Zahl von Menschen, die eine direkte Konfrontation mit dieser Macht vermeiden und statt dessen rasch zuschlagen, wann und wo es ihnen richtig erscheint. Werke über Guerillataktik sind breiten Schichten zugänglich gemacht worden, und viele begreifen, daß keineswegs Millionen von Menschen nötig sind, um auf diese Weise die Stabilität des amerikanischen Wirtschaftssystems zu untergraben. Und darum geht es. Natürlich wird es nicht ohne Tragödien abgehen, wenn es zum Guerillakrieg kommt. Es wird persönliches Leid geben und Tote. Andererseits jedoch werden mehr und mehr Menschen erkennen, was auf dem Spiel steht. Und die Regierung selbst wird ihnen dabei helfen; denn es ist unübersehbar, daß wir mit einer ständig wachsenden Repression zu rechnen haben. Diese Entwicklung aber hat eine endlose Kette von Verdächtigungen zur Folge; jeder Andersdenkende, ganz gleich, ob schwarz oder weiß, wird zum Verdächtigen werden. Und wenn die Regierung den Druck auf diese Andersdenkenden weiter verstärkt, muß sie zwangsläufig irgendwann totalitär werden. Sie entwickelt und praktiziert ihre eigene Domino-Theorie bis zu dem Punkt, an dem den persönlichen Freiheiten schwarzer wie weißer Bürger nicht einmal mehr Lippendienst geleistet wird.

PLAYBOY: Polizei und Bundesbehörden haben viel Geschick bewiesen in der Unterwanderung radikaler Bewegungen – die Black Panthers eingeschlossen. Nehmen wir an, die Dinge entwickelten sich wirklich so, daß Ihrer Ansicht nach ein Guerillakrieg die einzige Alternative wäre: Halten Sie es nicht für möglich, daß in einer solchen Situation Ihre Gruppe und alle Ihre potentiellen Verbündeten sofort von innen her neutralisiert würden, weil der Regierung jeder einzelne Ihrer Pläne bekannt wäre?

CLEAVER: Was die Black Panthers betrifft, so sind wir bei allem, was wir bisher unternommen haben, davon ausgegangen, daß wir ständig beschattet werden und seit langem schon unterwandert sind. Aber wir haben uns damit abgefunden. Fest steht, daß mit der Zerstörung einer einzelnen Organisation weder dem Streben eines unterdrückten Volkes nach Freiheit noch seinem Glauben an die Erlangung dieser Freiheit ein Ende gesetzt wird. Natürlich, wir versuchen, durch gewisse Vorsichtsmaßnahmen zu verhindern, daß feindliche Elemente in unsere Organisation eindringen. Aber wir vergeuden nicht allzu viel Zeit damit. Wenn wir scheitern – was bei den derzeitigen Machenschaften der Polizei leicht geschehen kann –, so werden andere an unsere Stelle treten.

PLAYBOY: Haben Sie je die Möglichkeit in Betracht gezogen, daß Sie sich hinsichtlich der Erfolgschancen eines Guerillakrieges irren könnten? Laufen Sie nicht Gefahr, daß alle Schritte in diese Richtung – selbst wenn sie nicht über das rein Rhetorische hinausgehen – eine massive Repression provozieren könnten, die zu einem Blutbad unter der schwarzen Bevölkerung und zur Verwandlung der Gettos dieses Landes in Konzentrationslager führen würde?

CLEAVER: Die Idee, daß sich das Problem aus der Welt schaffen ließe, indem man die Schwarzen ganz einfach umbrächte oder in Konzentrationslager pferchte, scheint mir ein bißchen seltsam. Wir leben nicht in den dreißiger Jahren. Wir haben nicht vor, es wie die Juden zu machen. Die Welt hat sich seit damals verändert. Zum einen würden sich die Schwarzen, unterstützt durch zahlreiche Weiße, zur Wehr setzen; überdies würden wir auf die Hilfe all jener in der ganzen Welt rechnen können, die nur auf eine extreme Krise in diesem Land warten, um sich vom amerikanischen Joch zu befreien. Die Möglichkeiten der Repression, die der Regierung dieses Landes zu Gebote stehen, sind nicht unbegrenzt. Sie kann nicht die ganze Welt – diesseits *und* jenseits unserer Grenzen – in Schach halten. Irgendwann wird sie den Rassenkonflikt in ihren eigenen Grenzen nur noch unter Kontrolle behalten können, wenn sie ihre militärischen ‹Verpflichtungen› in Übersee vernachlässigt. Auf diese Weise mag es ihr gelingen, *uns* für eine Weile zum Schweigen zu bringen; aber bedenken Sie, was dann in Lateinamerika, Asien und Afrika geschehen würde. Die Konsequenz wäre ein Reingewinn für die Kräfte der Freiheit in der Welt. Wir betrachten unseren Kampf als unlösbar verknüpft mit dem Kampf aller unterdrückten Völker dieser Erde, und niemand kann sagen, wie groß die Opfer sein werden, die es für uns in diesem Lande noch zu bringen gilt, bis der Kampf zu unseren Gunsten entschieden ist.

PLAYBOY: Glauben Sie, daß Sie eine echte Chance haben, in diesem Kampf – selbst wenn es keinerlei Repression von seiten der Regierung gäbe – den Sieg davonzutragen, solange die Mehrheit der weißen Amerikaner, die den schwarzen Bürgern zahlenmäßig um das Zehnfache überlegen sind, den Bestrebungen der Schwarzen feindselig oder gleichgültig gegenübersteht? Meinungsumfragen aus jüngster Zeit haben bestätigt, daß diese Menschen selbst gewaltlose Bürgerrechtsdemonstrationen beklagenswert finden.

CLEAVER: Im gegenwärtigen Stadium reagiert die Mehrheit der Weißen nur deshalb mit Gleichgültigkeit und Selbstzufriedenheit, weil ihr eigenes Leben bisher mehr oder weniger intakt geblieben ist und so wenig mit dem Leben der meisten Schwarzen gemein hat, wie die alte französische Aristokratie mit dem ‹Pöbel›. Diese Leute finden es zwar beunruhigend, zu hören, daß Hough brennt, daß Watts brennt, daß sie Wohngebiete der Schwarzen in Newark brennen. Aber sie verstehen im Grunde nicht, warum das so ist, und es kümmert sie im Grunde auch nicht, solange *ihre* Häuser und *ihre* Arbeitsplätze – oder die Schulen, in die *sie* ihre Kinder schicken – nicht auch in Flammen aufgehen. Deshalb war das, was bisher geschehen ist, für die meisten Weißen eine Art Schauspiel, dem sie aus sicherer Entfernung zuschauen konnten. Mag sein, daß sie uns zahlenmäßig überlegen sind, aber sie sind nicht wirklich engagiert. Viele Millionen schwarzer Menschen in diesem Lande aber *sind* engagiert – mehr als die Volkszählungen ahnen lassen. 30 000 000 vielleicht, vielleicht auch mehr. Viele Schwarze werden bei den Volkszählungen nie erfaßt. Es wird nicht leicht sein, mit diesen Millionen fertig zu werden, und es wird nicht bis in alle Ewigkeit möglich sein, die Brände auf die Wohngebiete der schwarzen Bevölkerung zu beschränken – und wenn man alle Panzerfahrzeuge, Tränengasgranaten, Straßenkampfwaffen, Gefangenentransporter und Feuerlöschwagen dieses Landes dagegen aufböte. Aber ich glaube nicht, daß die Mehrheit der Weißen einverstanden wäre oder schweigen würde, wenn es zur massiven Unterdrückung der schwarzen Bevölkerung käme. Wenn es dazu kommt, daß Soldaten in aller Öffentlichkeit Jagd auf schwarze Menschen machen und Schwarze töten, dann wird das, unserer Ansicht nach, von der Mehrheit nicht lange geduldet werden. Es könnte sein, daß man eine Zeitlang tatenlos zusehen würde, aber irgendwann würde die Empörung vieler Weißer groß genug sein, und Männer aus ihrer Mitte, die andere Lösungen zu bieten hätten, würden sich an ihre Spitze stellen. Aus diesem Grunde halten wir nichts von der Theorie, daß wir zum Scheitern verurteilt sind, weil wir eine Minderheit darstellen. Wir glauben nicht, daß die Mehrheit in diesem Lande Konzentrationslager und Völkermord dulden würde.

PLAYBOY: Auch dann nicht, wenn es zu schweren Ausschreitungen käme, in deren Verlauf Wohngebiete weißer Bürger niedergebrannt und geplündert und weiße Kinder in Gefahr gebracht würden?

CLEAVER: Unter solchen Umständen wäre es denkbar, daß die Machthaber genügend Kapital aus der Furcht und dem Zorn der Weißen schlügen, um ihre Vergeltungsmaßnahmen einigermaßen ungehindert durchführen zu können, auch wenn sich diese Maßnahmen gegen Menschen richteten, die nicht an Gewalttätigkeiten beteiligt gewesen wären. Aber selbst in einer solchen Situation würde es Gruppen innerhalb der weißen Bevölkerung geben, die sich einer massiven und unterschiedslosen Unterdrückung aller Schwarzen entgegenstellen würden; und sobald der unmittelbare Anlaß von Furcht und Zorn nicht mehr gegeben wäre, würde, wie ich glaube, die Mehrheit zu protestieren beginnen und schließlich gegen Massenverhaftungen und Massenmord einschreiten. Ich behaupte nicht, daß die meisten Weißen frei sind von rassistischen Denkschemata. Sie sind es nicht, weil die Werte, die in diesem Lande gelehrt werden, bei ihnen unweigerlich rassistische Vorstellungen erzeugen. Ich glaube jedoch, daß viele Weiße gegen ihre eigene Menschlichkeit und ohne daß es ihnen bewußt wird, zu Rassisten gemacht werden. Und sie fühlen sich ganz und gar nicht wohl in ihrer Haut, wenn ihre Handlungen als rassistisch entlarvt werden – zumal, wenn es ihre eigene Kerner-Kommission ist, die diesen Nachweis erbringt. Sie würden in erhebliche Verlegenheit geraten, wenn es zur Konfrontation zwischen der Gesamtheit der schwarzen Bevölkerung und der Gesamtheit der Weißen käme. In einem solchen Falle wäre es gewiß für viele Weiße unerträglich, sich als Teil des totalitären Apparats fühlen zu müssen. Sie würden mit Nachdruck klarstellen, daß sie gegen diesen Apparat sind, und sie würden versuchen, seinem Wirken ein Ende zu setzen – nicht nur wegen der Menschlichkeit, die irgendwo in ihnen wohnt, sondern weil es ihrem eigenen Interesse entspräche. Überall in der Welt stehen für die Vereinigten Staaten ungeheure Interessen auf dem Spiel, und die Mehrzahl der Weißen würde begreifen, welche Gefährdung es für diese Interessen bedeutete, wenn es zu einer vollständigen Unterdrückung der schwarzen Bevölkerung in diesem Lande käme. Auch aus diesem Grunde bedeutet unsere zahlenmäßige Unterlegenheit noch keineswegs, daß wir in unserem Kampf um die Freiheit zum Scheitern verurteilt sind. Man muß den Freiheitskampf der Schwarzen im internationalen Zusammenhang sehen. Wenn die Mächtigen dieses Landes wirklich ihre Hände frei hätten zur totalen, brutalen und offenen Unterdrückung der Schwarzen, die in ihren Grenzen leben, dann hätten sie längst gehandelt. Deshalb können wir auf mehr bauen als auf die Zahl der unseren – eine Zahl übrigens, die ständig wachsen wird.

PLAYBOY: Nehmen wir an, Sie haben recht mit der Behauptung, daß die Mehrheit der Weißen, aus welchen Gründen auch immer, eine massive Unterdrückung der Schwarzen in diesem Lande nicht gutheißen würde. Tatsache bleibt, daß dieselben Weißen genauso Gewalttätigkeiten ablehnen, die von Schwarzen verübt werden. Wie Sie selber sagen, erfassen die meisten nicht, wie groß die Ungerechtigkeit ist, gegen die solche Gewalttätigkeiten gerichtet sind, und sie begreifen auch nicht, warum es trotz der Verabschiedung mehrerer wichtiger Bürgerrechtsgesetze und trotz verschiedener bedeutsamer Entscheidungen des Obersten Bundesgerichts immer wieder zu solchen Gewalttätigkeiten kommt. Die nachgerade bekannte Frage, die sie stellen, lautet: «Was wollen sie denn nun noch?» Wie würden Sie diese Frage beantworten?

CLEAVER: Ich kann auf diese Frage nur mit den Worten von Malcolm X antworten: Wenn euer Messer vierhundert Jahre lang in meinem Rücken gesteckt hat, muß ich euch dann danken, wenn ihr es endlich herauszieht? Denn mehr haben diese Gesetze und Entscheidungen nicht bewirkt. Das allerwenigste, was ich jetzt von euch verlangen kann, ist, daß ihr mir freiwillig die gleichen Rechte und Möglichkeiten für ein anständiges Leben garantiert, die ihr stets als Ge-

burtsrechte des Amerikaners für euch in Anspruch genommen habt
– daß ihr mir diese Rechte und Möglichkeiten gebt, bevor ich sie mir
mit Gewalt verschaffe. Das ist keine Bitte; das ist eine *Forderung*.
Und die zehn Punkte, die diese Forderung beinhaltet, sind kristall-
klar im Programm der Black Panther Party festgelegt.

PLAYBOY: Nicht wenige Menschen würden bei einigen dieser Punkte
ihre Zweifel haben, ob sie wirklich ernst gemeint sind. Das trifft
zum Beispiel für den vierten Punkt zu: «Wir fordern, daß alle
schwarzen Menschen vom Militärdienst befreit werden.»

CLEAVER: Es ist uns absolut ernst mit dieser Forderung. Als Angehörige
eines kolonialisierten Volkes finden wir es absurd, daß man von uns
verlangt, in Kriegen zu kämpfen, die das Mutterland gegen andere
kolonialisierte Völker – wie zur Zeit gegen das vietnamesische Volk –
führt. Immer mehr Schwarze, sowohl innerhalb wie außerhalb der
Black Panther Party, kommen zu der Überzeugung, daß kein Schwarzer gezwungen werden kann, für das System zu kämpfen, das ihn
unterdrückt. Und da wir erreichen können, daß sich die schwarze
Bevölkerung in Massen hinter unsere Forderung nach Befreiung vom
Wehrdienst stellt, wird man sie ernst nehmen müssen.

PLAYBOY: Ist es Ihnen ebenso ernst mit dem achten Punkt Ihres Partei-
programms, der besagt, daß sämtliche Schwarzen, die in Stadt-, Be-
zirks-, Staats- und Bundesgefängnissen sind, freigelassen werden
sollen, weil ihnen ein fairer Prozeß vorenthalten wurde? Und trifft
das gleiche auch für den neunten Punkt zu, das heißt für die Forderung nach schwarzen Geschworenen für schwarze Angeklagte?

CLEAVER: Wir glauben, daß der Tag kommen wird, an dem man auch
diesen Forderungen wirkliche Aufmerksamkeit schenkt; sie verdienen es. Nehmen wir Punkt acht. Alle Wissenschaften, die mit der
Gesellschaft befaßt sind – wie Kriminologie, Soziologie, Psychologie und Volkswirtschaft – lehren, daß Menschen, die man zwingt,
alle erdenklichen Entbehrungen auf sich zu nehmen und unter un-
menschlichen Bedingungen zu leben, irgendwann gegen diese Bedingungen aufbegehren werden. Wir haben es in diesem Lande mit
einem System zu tun, das so eindeutig gegen die Interessen der
schwarzen Bevölkerung gerichtet ist, daß viele einfach gezwungen sind zu rebellieren und sich Verhaltensformen zuzuwenden, die
man gemeinhin kriminell nennt, nur um in den Besitz der Dinge zu
gelangen, die sie zum Überleben brauchen. Beachten Sie den fundamentalen Widerspruch, der hier vorliegt. Man drängt bestimmte Menschen in eine Lage, die ein Aufbegehren unausweichlich macht, um
sie dann zu bestrafen, *weil* sie aufbegehren. Wer schuldet unter solchen Umständen wem etwas? Der schwarze Rechtsbrecher der Gesellschaft oder die Gesellschaft dem schwarzen Rechtsbrecher? Da das
gesellschaftliche, wirtschaftliche und politische System so eindeutig
gegen die schwarze Bevölkerung gerichtet ist, sind wir der Meinung,
daß nicht uns, sondern das System die Schuld trifft. Deshalb sollte

man Schwarze, die gegen dieses System rebellieren, nicht ins Gefängnis werfen – selbst dann nicht, wenn ihre Rebellion sich einmal in bedauernswerten Formen zum Ausdruck bringen sollte. Dieser Gedanke läßt sich übrigens auch auf jene Weiße anwenden, die bereits so lange einem miserablen System unterworfen sind, daß sie bei miserablen Verhaltensformen Zuflucht suchen. All dies ist Teil unserer fundamentalen Kritik an der Art und Weise, in der die Gesellschaft dieses Landes in ihrer derzeitigen Form den Charakter ihrer Bürger zweiter Klasse prägt.

PLAYBOY: Sind Sie sich darüber im klaren, welche Konsequenzen es für die Gesellschaft haben würde, wenn die Gefängnistore geöffnet und alle Insassen auf freien Fuß gesetzt würden? Mag sein, daß ihr Verhalten in einem gewissen Sinne tatsächlich die Schuld der Gesellschaft ist, aber Kriminelle bleiben sie dennoch.

CLEAVER: Wir glauben nicht, daß es in irgendeinem Gefängnis dieses Landes einen – schwarzen oder weißen – Menschen gibt, der sich, was seine Kriminalität betrifft, mit Lyndon Johnson messen könnte. Kein Massenmörder in irgendeiner Strafanstalt Amerikas oder irgendeines anderen Landes kann Johnson, der für den Tod Tausender und aber Tausender verantwortlich ist, das Wasser reichen.

PLAYBOY: Sind Sie wirklich der Meinung, daß dieser Vergleich haltbar ist? Immerhin führt Johnson einen Krieg in dem Glauben, es um einer gerechten Sache willen zu tun – mag er sich in diesem Punkt auch irren.

CLEAVER: Es gibt genug Mörder, die, was *ihr* Verbrechen betrifft, der gleichen Überzeugung sind. Aber ich will ein anderes Beispiel nennen: Vergleichen Sie die Diebe in unseren Gefängnissen mit den Big Business-Bossen in diesem Land, die ein System kontrollieren, das Millionen von Menschen um ein anständiges Leben bringt. Diese Leute – die Männer, die Regierung und Finanzen beherrschen – sind weitaus gefährlicher als der Bursche, der mit vorgehaltener Pistole in einen Laden geht und irgend jemanden um ein paar Dollar ärmer macht. Die Männer, die an den Schalthebeln der Macht sitzen, rauben der ganzen Welt viele Milliarden Dollar.

PLAYBOY: *Alle?*

CLEAVER: Genau das habe ich gesagt. Und sie stehlen nicht nur Geld; sie rauben den Menschen ihr Leben. Wenn man von Kriminellen spricht, muß man dabei bedenken, daß es sehr verschiedene Grade der Kriminalität gibt.

PLAYBOY: Zweifellos sollte niemand, dem von einem Gericht ein Verbrechen nachgewiesen wird, ungestraft ausgehen.

CLEAVER: Wie Sie wissen, sieht es ganz so aus, als ob die Armen und die Schwarzen in diesem Lande in den ‹Hallen der Gerechtigkeit› einen weit schwereren Stand haben als die Reichen und die Weißen. Ich frage mich, warum das so ist.

PLAYBOY: Sie haben noch immer nicht unsere Frage beantwortet, welche Konsequenzen es für die Gesellschaft haben würde, wenn man all jene, die gegenwärtig hinter Gittern sind, plötzlich frei herumlaufen ließe.

CLEAVER: Man könnte den Insassen unserer Gefängnisse die Möglichkeit eines echten Rehabilitierungsprozesses geben, statt sie, wie das gegenwärtig der Fall ist, wie Tiere in Käfige zu sperren – nur damit sie, wenn sie dann endlich entlassen werden, das sind, was sie bei ihrer Einlieferung vielleicht noch nicht waren: hartgesottene Verbrecher. Unter Rehabilitierung verstehe ich dabei eine berufliche Ausbildung oder Weiterbildung, die nicht ihre Würde verletzt, sondern ihnen ein Gefühl der Sicherheit gibt und es ihnen gestattet, in ein brüderliches Verhältnis zu ihren Mitmenschen zu treten. Eine solche Rehabilitierung auf breiter Basis wäre freilich undenkbar ohne eine völlige Reorganisation der Gesellschaft. Sie würde ein neues, auf dem Prinzip der Zusammenarbeit basierendes Ethos notwendig machen, das dem derzeit herrschenden Prinzip des Wettbewerbs diametral entgegengesetzt ist. Sie würde eine Veränderung der gesamten moralischen Struktur dieses Landes erfordern, damit die Voraussetzungen dafür geschaffen werden, daß sich die ehemaligen Rechtsbrecher ihren Mitmenschen stärker verpflichtet fühlen, als das heute der Fall ist. Welchen Grund sollten diese Opfer der Gesellschaft wohl unter den gegenwärtigen Umständen für ein Gefühl der Verpflichtung gegenüber ihren Mitmenschen haben? Ich habe Achtung vor einem Burschen, der auf der Straße steht, weil er keinen Job finden kann in einem System, das ihm keine Chance gibt, und der dennoch nicht betteln geht, sondern statt dessen in einen Laden tritt und sagt: «Hände hoch, Dreckskerl!» Einen solchen Mann ziehe ich allemal einem Onkel Tom vor, der sich in sich selbst zurückzieht und sich im übrigen für jedes Stück Scheiße bedankt, das ihm ins Gesicht geworfen wird.

PLAYBOY: Würden Sie genauso denken, wenn es *Ihr* Laden wäre, in den ein solcher Mann eindränge?

CLEAVER: Unmöglich, mir so etwas vorzustellen; ich würde niemals einen Laden besitzen. Aber wenn Sie unbedingt eine Antwort hören wollen – ja. Ich würde auch dann vor dem Kerl, der hereinkäme und mich ausplünderte, mehr Achtung haben als vor dem Schnorrer, der mich auf der Straße um ein paar Cents erleichtert.

PLAYBOY: Aber würden Sie sagen, daß er das *Recht* hat, Sie berauben, weil er sozial benachteiligt ist?

CLEAVER: Ja, das würde ich – und diese Form der sozialen Rebellion breitet sich immer mehr aus. Als ich 1958 nach San Quentin kam, waren etwa 30 Prozent der Gefängnisinsassen Schwarze. Vor kurzem war ich wieder dort und konnte feststellen, daß die Schwarzen mittlerweile in der Mehrheit sind. Mit jedem neuen Gefangenentransport kommt eine unglaubliche Zahl von Schwarzen. Außerdem weiß ich von Leuten, die in anderen Gefängnissen gewesen sind, daß auch dort der prozentuale Anteil der schwarzen Häftlinge ständig wächst. Das trifft insbesondere für die schwarzen Jugendlichen zu. Jugendliche zwischen 18 und 23 Jahren sind eindeutig in der Mehrheit unter den neu eingelieferten Häftlingen. Der Grund dafür ist, daß es für viele Schwarze – und das gilt auch für Jugendliche – so gut wie unmöglich ist, einen Job zu finden; und unter den Jugendlichen ist die Empörung über diese Situation besonders groß. Nehmen wir zum Beispiel einen jungen Mann, der 1954, als das Oberste Bundesgericht gegen ein Fortbestehen der Rassentrennung in den Schulen entschied und damit das Anbrechen einer neuen Ära einläuten wollte, vier Jahre alt war. Offenkundig hat die Entscheidung nicht zu den gewünschten Änderungen geführt; aber sie hat die Unruhe und die Erregung anwachsen lassen. So hat der Junge, der damals vier Jahre alt war, zwar sein Leben lang erbitterte Klagen gehört, aber er hat keine Veränderung erlebt. Mit achtzehn oder neunzehn Jahren ist er bereits selber so weit, daß er die Nase gestrichen voll hat vom herrschenden System und sich berechtigt fühlt, auf jede nur mögliche Weise gegen dieses System anzugehen.

PLAYBOY: Kann das die ganze Erklärung sein für die wachsende Zahl junger schwarzer Rechtsbrecher? Rebellieren sie alle bewußt gegen das herrschende System der Weißen?

CLEAVER: Nein, die Gründe, die ich angeführt habe, erklären natürlich nicht alles, aber es wäre ein Fehler, die wachsende Unruhe zu ignorieren. Wie immer es jedoch um ihre bewußte Motivation bestellt sein mag, der Grund dafür, daß diese jungen Menschen hinter Schloß und Riegel sitzen, ist in jedem Fall die Ungerechtigkeit der Gesellschaft als solcher. Weiße kommen mit vielen Dingen ungeschoren davon, bei denen Schwarze nicht die geringste Chance haben, straffrei auszugehen. Die Polizisten kennen weit weniger Skrupel als sonst, wenn sie in Wohnbezirken mit schwarzer Bevölkerung im Einsatz sind. Und selbst wenn Weiße einmal tatsächlich verhaftet werden, sind sie im Vorteil, weil sich mehr Weiße als Schwarze einen Anwalt leisten können. Viele schwarze Jungens landen nur deshalb im Gefängnis, weil sie niemanden haben, der ihre Interessen vor Gericht wirklich vertreten kann. Man überläßt sie Pflichtverteidigern, die unter Gefängnisinsassen zu Recht ‹Häftlings-Zubringer› heißen. Ich will Ihnen sagen, wie die Sache für gewöhnlich vor sich geht. Es gehört zu den gängigen Praktiken der Polizei, einem gleich zehn Vergehen oder Verbrechen anzulasten. Dann kommt so ein Pflichtverteidiger und sagt: «Hör zu, bei allen zehn Punkten schaffen wir's sowieso nicht. Deshalb ist es das beste, du bekennst dich in einem Punkt schuldig. Wenn du das tust, schaff ich's, daß die übrigen Anklagepunkte gestrichen werden.» Und dann sitzt man da, ohne echten Rechtsbeistand, ohne Geld, und man weiß, daß man sich tausend Jahre hinter Gittern einhandelt, wenn man in allen zehn Punkten schuldig gesprochen wird. Man ist wie betäubt vor

Verwirrung und befolgt schließlich den Rat des Pflichtverteidigers. Man kennt sich nicht aus mit den Gesetzen. Man weiß überhaupt nicht recht, was im Gerichtssaal vorgeht. Also folgt man dem Rat, wacht im Gefängnis auf und beginnt mit anderen, die durch die gleiche Mühle gedreht worden sind, Erfahrungen auszutauschen. Und wenn man auch nie ein Rebell war: bis man entlassen wird, ist man zum Revolutionär geworden.

PLAYBOY: Was geschieht mit dem gewöhnlichen schwarzen Häftling, dem kein besonderes Talent zu Gebote steht, mit dem er sich Ansehen – und einflußreiche Helfer – außerhalb der Gefängnismauern verschaffen kann?

CLEAVER: Als ich im vergangenen Frühjahr in San Quentin war, sah ich viele solcher Menschen – Menschen, die ich seit Jahren kenne. Zwei von ihnen hatten zusammen mit mir in Los Angeles vor dem Jugendrichter gestanden, als ich zum erstenmal in meinem Leben eingesperrt wurde. Das war vor etwa achtzehn Jahren. Sie hatten eine Zeitlang gesessen, bis sie wegen guter Führung bedingt entlassen wurden. Jetzt hatte man sie wegen angeblicher Verstöße gegen die Vorschriften des bedingten Straferlasses wieder nach San Quentin gebracht. Das ist eine der Methoden, deren man sich immer wieder bedient, um Haftentlassene erneut hinter Gitter zu bringen. Die beiden Jungens, von denen ich sprach, hatten nichts anderes auf dem Gewissen als persönliche Differenzen mit den Schutzaufsichtsbeamten, denen sie nach ihrer Entlassung zugeteilt worden waren. Diese Beamten aber waren ermächtigt, nach eigenem Gutdünken ihre erneute Einlieferung zu veranlassen. Das wäre freilich niemals geschehen, wenn die beiden einen vernünftigen Rechtsbeistand gehabt hätten. Aber keiner von ihnen hatte außer seinen Eltern irgend jemanden außerhalb der Gefängnismauern, der ihm hätte helfen können. Und sie waren nur zwei von Hunderten in San Quentin, die einzig und allein wegen irgendwelcher unbewiesener Verstöße gegen die Vorschriften des bedingten Hafterlasses ins Gefängnis zurück mußten. Sie hatten kein Verbrechen begangen; sie hatten nichts getan, was den Durchschnittsweißen vor den Richter hätte bringen können. Der einzige Schluß, der sich daraus ziehen läßt, ist, daß das System der bedingten Hafterlasses mit der ständigen Kontrollierung des Entlassenen durch einen Schutzaufsichtsbeamten in erster Linie dazu dient, Menschen – und zwar vorwiegend Schwarze – ewig zwischen Strafanstalt und begrenzter Freiheit hin- und herpendeln zu lassen, um auf diese Weise bei den Strafvollzugsbehörden möglichst viele Jobs für Weiße zu schaffen und zu sichern. In Kalifornien, wo ich mich am besten auskenne – aber ich bin überzeugt, daß es in den übrigen Bundesstaaten nicht anders ist –, gibt es Tausende und aber Tausende von Menschen, die ihren Lebensunterhalt direkt oder indrekt dem Strafvollzugssystem verdanken: Gerichtsbeamte, Aufseher, Büttel und alle jene, die den Gefängnissen ihre Waren verhökern. Sie alle betrachten die Insassen der Strafanstalten als eine Art Produkt, mit dem sie ihr Geld verdienen. Und die schwarzen Gefangenen sind es, die sie dabei am meisten ausbeuten.

PLAYBOY: Und Sie wollen dieses Problem unter anderem dadurch lösen, daß Sie die Freilassung aller schwarzen Gefängnisinsassen fordern und verlangen, daß sich Schwarze in Zukunft nur noch vor schwarzen Geschworenen zu verantworten haben. Wäre die Auswahl der Geschworenen nach ihrer Hautfarbe – was immer die Gründe dafür sein mögen – nicht ein Verstoß gegen die Verfassung der Vereinigten Staaten?

CLEAVER: In der Verfassung wird sehr wenig ausdrücklich gesagt; sie muß interpretiert werden. Angesichts des Rassismus, der in diesem Lande herrscht, und angesichts der Unfähigkeit der Weißen, zu begreifen, was mit der schwarzen Bevölkerung geschieht, wird ein Schwarzer nur dann von wahrhaft gleichen gerichtet, wenn er vor Geschworenen steht, die Opfer der gleichen sozioökonomischen und politischen Verhältnisse sind, denen er selber ausgeliefert ist.

PLAYBOY: Könnte man daraus nicht logisch folgern, daß ein Mitglied des Ku-Klux-Klan, das des Mordes an einem Bürgerrechtskämpfer angeklagt ist, rassistische weiße Südstaatler als Geschworene verlangen kann, weil nur sie ihm ihrer Herkunft nach so ähnlich sind, daß sie seine Motive verstehen können?

CLEAVER: So etwa wird die Sache ja in der Tat gehandhabt. Ich kann mir allerdings nicht vorstellen, daß sich die Mehrheit der Weißen noch allzu lange mit dieser Untergrabung des Gesetzes durch den Ku-Klux-Klan abfinden wird. Aber wie dem auch sei, mir geht es in erster Linie darum, daß Schwarzen durch Schwarze Gerechtigkeit widerfährt. Haben wir dieses Ziel erreicht, dann werden wir vielleicht bereit sein, darüber zu reden, ob nicht Schwarze und Weiße zusammenwirken könnten in dem Bemühen um wahre Gerechtigkeit auf allen Gebieten. In unserer gegenwärtigen Gesellschaft kann die Verfassung nach unserer Meinung nur dann Gerechtigkeit garantieren, wenn sie besagt, daß nur Schwarze über Schwarze zu Gericht sitzen dürfen.

PLAYBOY: Sie scheinen zwischen der Befürwortung revolutionärer Gewalt und der Bejahung der Möglichkeit einer gewaltlos sich vollziehenden Gesellschaftsreform zu schwanken. Was von beidem wird die Zukunft bringen?

CLEAVER: Was geschehen wird, hängt, wie ich bereits gesagt habe, davon ab, wie sich die Situation entwickeln wird. Wir haben die Regierung wiederholt darauf hingewiesen, daß wir selber für Gerechtigkeit sorgen werden, falls sie es weiterhin versäumt, ihre Pflicht zu tun. Aber ich wiederhole: Ich kann Ihnen nicht sagen, wann wir uns gezwungen sehen werden, Gewalt anzuwenden, um uns gegen die Gewalttätigkeiten der anderen Seite zu verteidigen. Es wird davon abhängen, wie man sich uns gegenüber verhält und ob im Rahmen unseres derzeitigen Systems ein echter Wandel herbeigeführt werden kann. Uns wäre es weit lieber, wenn wir auf Gewalt verzichten könnten; denn wir sind nicht der Meinung, daß es eine gesunde Situation wäre, wenn Revolutionäre – und seien es auch schwarze Revolutionäre – im Land umherziehen und für Gerechtigkeit sorgen müßten. Ich wäre froh, wenn wir in einer Gesellschaft lebten, die uns nicht zwingt, von Waffen Gebrauch zu machen – oder sie auch nur mit uns herumzutragen. Das aber setzt voraus, daß auch die Bullen entwaffnet werden. Bis dahin jedoch, das heißt solange wir in einer Gesellschaft leben, die für die schwarze Bevölkerung keine Gerechtigkeit und keine Sicherheit garantiert, haben wir es mit einer Situation zu tun, in der es für uns um das nackte Überleben geht. Wir werden alles tun, was notwendig ist, um unser Leben zu schützen und unser Volk zu befreien – und wir werden uns dabei nicht allzuviel um die Regeln eines Systems kümmern, das gegen uns gerichtet ist.

PLAYBOY: Einige der militanten Schwarzen sind der Meinung, daß es eine Alternative zu Revolution oder Kapitulation gibt: die Bildung einer schwarzen Nation innerhalb der Vereinigten Staaten. Auf einer Tagung, die im vergangenen März in Detroit stattfand, schlug eine Gruppe von schwarzen Nationalisten die Gründung eines Staates vor, den sie New Africa nannten und der das Gebiet von Alabama, Georgia, Louisiana, Mississippi und South Carolina umfassen sollte. Halten Sie diesen Plan für realisierbar?

CLEAVER: Ich halte nichts von dieser Idee, aber die Black Panthers vertreten die Ansicht, daß die schwarze Bevölkerung darüber abstimmen sollte. Es hat in der Vergangenheit zu viele Leute und zu viele Organisationen gegeben, die den Anspruch erhoben, im Namen aller Schwarzen in unserem Lande zu sprechen. Die einen fordern einen neuen Staat, die anderen meinen, daß die Schwarzen nach Afrika zurückkehren sollten. Wir Black Panthers dagegen glauben nicht, daß wir stellvertretend für die Gesamtheit der schwarzen Bevölkerung sprechen sollten. Wir meinen vielmehr, daß die schwarze Bevölkerung überall im Lande Gelegenheit haben sollte, ihren Willen kundzutun.

PLAYBOY: Nur wenige – wenn überhaupt irgendwelche – kolonialisierte Völker können auf die Unterstützung eines Kontingents der Kolonialmacht rechnen. Die Black Panther Party indes hat in Kalifornien ein Bündnis mit der Peace and Freedom Party geschlossen – mit einer Gruppe also, die vorwiegend aus Weißen besteht. Ist ein solches Bündnis – trotz des guten Willens und des Engagements vieler junger Weißer, von dem Sie sprachen – nicht ideologisch inkonsequent zu einem Zeitpunkt, da andere militante Gruppen der Schwarzen – wie etwa der SNCC [Student Nonviolent Coordinating Council] – mit Nachdruck alle weißen Verbündeten als Agenten des weißen Machtapparats zurückweisen?

CLEAVER: Solange man Bündnis nicht mit Verschmelzung verwechselt, kann von einer Inkonsequenz keine Rede sein. Wir sind der Meinung, daß die Schwarzen ihre Organisationen fest in der Hand haben sollten. Bei den Black Panthers ist das stets der Fall gewesen. Sie erinnern sich vielleicht, daß Stokely Carmichael, als er für eine ausschließlich den Schwarzen vorbehaltene SNCC eintrat, zugleich darauf hinwies, daß es die Aufgabe der Weißen sein müsse, Organisationen innerhalb der weißen Gemeinden aufzubauen und damit die Grundlage für spätere Bündnisse zu schaffen. Inzwischen haben zahlreiche Weiße tatsächlich diese organisatorische Arbeit in ihren eigenen Gemeinden geleistet. Deshalb sehen wir keinen Grund, uns ihnen gegenüber weiterhin ablehnend zu verhalten und jede Zusammenarbeit mit solchen Gruppen von uns zu weisen.

PLAYBOY: Eine Bemerkung in ‹Seele auf Eis› hat viele der jungen Weißen, die das Gefühl hatten, aus der ‹Bewegung› ausgestoßen worden zu sein, besonders tief beeindruckt. Es ist die Bemerkung, daß es im gegenwärtigen Amerika eine Generation von weißen Jugendlichen gäbe, die die Achtung des Schwarzen sehr wohl verdiene. Haben Sie nach Ihren Erfahrungen mit der Peace and Freedom Party immer noch eine so hohe Meinung von der jungen Generation der Weißen?

CLEAVER: Ich bin heute sogar noch fester überzeugt als zur Zeit der Niederschrift des Buches, daß ich mit meiner Einschätzung der weißen Jugend recht hatte. Wir arbeiten ständig mit diesen jungen Leuten zusammen, und wir haben nur gute Erfahrungen mit ihnen gemacht. Sie klammern sich nicht an den Status quo, wie es manche unter den Älteren tun, die glauben, daß es aus ist mit ihnen, wenn das System verändert wird. Sie lieben das Abenteuer; sie sind bereit, mit neuen Formen zu experimentieren; sie sind bereit, sich mit dem Leben auseinanderzusetzen. Und ich meine keineswegs nur die College-Jugend, wenn ich von der weißen Jugend spreche. Viele, die nie ein College besucht haben, teilen mit ihren Altersgenossen an den höheren Schulen den Mut und die Bereitschaft, sich zum Wandel zu bekennen und sich für den Wandel einzusetzen.

PLAYBOY: Teilen Sie die Ansicht derer, die glauben, daß sich diese junge Generation mit zunehmendem Alter mehr und mehr an den Status quo verkaufen wird?

CLEAVER: Ich glaube, wir alle werden ein wenig von unserem Schwung und unserer Spannkraft verlieren, wenn wir erst vierzig oder fünfzig Jahre alt sind – falls wir überhaupt noch so lange leben –, und ich bin überzeugt, daß wir denen, die nach uns kommen, konservativ vorkommen werden. Selbst wir Panther. Aber ich bezweifle, daß die junge Generation von heute einmal genauso vernagelt sein wird wie die ihrer Väter. Das soll übrigens keineswegs heißen, daß ich alle, die heute zur älteren Generation gehören, ohne Ausnahme als Verfechter des Status quo unserer Gesellschaft betrachte. Viele von ihnen setzen sich beharrlich für einen Wandel ein. Deshalb gibt es durchaus auch Leute über dreißig, denen ich traue. Ich selber bin schließlich auch über dreißig, und ich kann Ihnen versichern, daß ich *mir* traue.

PLAYBOY: Sie sprechen von Vertrauen; dennoch läßt sich nicht leugnen, daß sich viele jugendliche Weiße – ungeachtet Ihrer Worte – fragen, ob ihre schwarzen Landsleute wirklich bereit sind, ihnen zu trauen und mit ihnen auf der Basis gegenseitiger Achtung zusammenzuarbeiten. Bobby Seale zum Beispiel, einer der führenden Männer der Black Panther Party, gab im vergangenen Frühjahr in New York einem Publikum aus weißen Jugendlichen folgendes zu verstehen: «Wir hassen euch Weiße! Und wenn noch einmal einer von euch Bürschchen ankommt und sich darüber beklagt, daß ich euch wegen eurer Hautfarbe hasse, dann tret ich ihm in den Arsch. Wir haben euch von Anfang an gehaßt... Wenn mir in der Schule ein kleiner weißer Liberaler über den Weg lief, drohte ich ihm mit meinem Messer und sagte: ‹Essensgeld her, oder ich schieb dir das Ding hier zwischen die Rippen.› Später sagte ich dann: ‹Morgen bringst du mir zwei Dollar mit, verstanden!› Und am folgenden Tag brachte er sie an. Denn diese beiden Dollars gehörten mir. Nach 400 Jahren Rassismus und Unterdrückung gehörten sie mir. Deshalb halt das Maul, Dreckstück, wenn ich dir zwei Dollar abknöpfe.» Welcher Weiße, der kein Masochist ist, könnte auf dieser Basis ein Bündnis mit den Schwarzen schließen?

CLEAVER: Ich habe von dieser Rede gehört. Sie hat eine Menge Staub aufgewirbelt; es war eine bedauerliche Rede. Soweit ich weiß, hatten vor Bobby Leute wie LeRoi Jones gesprochen, und es mag sein, daß ihm das ein bißchen zu Kopf gestiegen war. Ich kenne den Grund nicht. Aber ich kenne Bobby. Und wenn dieses Zitat auch korrekt wiedergegeben sein mag, so gibt es doch keinen Aufschluß über das, was er tief in seinem Innern wirklich fühlt. Sie dürfen nicht vergessen, daß Bobby Seale zusammen mit Huey Newton die Black Panther Party gründete; und es ist diesen beiden Männern zu verdanken, daß es in dieser Partei kein rassistisches Denken gibt, das ohnehin zu nichts führen kann. Wenn Sie sich in der Bay Area umschauen und mit den Weißen reden, die mit Bobby zusammengearbeitet haben, werden Sie merken, daß diese Leute wissen, wer Bobby wirklich ist, und sich darin nicht irremachen lassen von Dingen, die er bei irgendeiner Gelegenheit einmal gesagt haben mag. Ich glaube, man kann sogar sagen, daß viele unter ihnen Bobby lieben. Als er die New Yorker Rede hielt, saß ich im Gefängnis. Aber später habe ich mit ihm darüber gesprochen, und ich muß sagen, ich verurteile ihn nicht dafür.

PLAYBOY: Sie wissen jedoch, daß es viele gibt, die dies tun, und die überzeugt sind, daß es ihm absolut ernst war mit dem, was er an jenem Abend sagte. Als Antwort auf seine Worte und auf das, was Jones vor ihm gesagt hatte, schrieb ein junger weißer Radikaler in

der New Yorker Underground-Zeitung *Rat Subteranean News*:
«Sie sprechen mir meine Menschlichkeit und meine Individualität
ab. Obwohl ich mich Ihnen wie allen Schwarzen – allen Menschen –,
die um ihre Freiheit kämpfen, zutiefst verbunden fühle, laufen Sie
Gefahr, mein Feind zu werden. Ich muß mich gegen Ihren Rassismus,
gegen Ihre Verachtung für alles, was weiß ist, genauso auflehnen
wie ich mich gegen den Rassismus des weißen Amerika auflehne.
Ich werde mich von Ihnen nicht beiseite schieben lassen, Ihre Feinde
und meine Feinde sind dieselben Leute, dieselben Institutionen...
Nicht den Weißen gegenüber fühle ich mich zu besonderer Loyalität
verpflichtet, sondern ausschließlich mir selbst gegenüber. Nicht den
Führern, den Institutionen oder der Kultur dieses Landes fühle ich
mich verbunden, sondern einzelnen Menschen, deren Zahl ständig
wächst; mit ihnen verbinden mich Liebe und Vertrauen. Ich leugne,
daß ich weiß bin; ich bekenne, daß ich ein Mensch bin. Sie fordern
Ihre schwarzen Brüder auf, in mir immer nur den Weißen zu sehen,
so wie man uns dazu erzogen hat, in Ihnen immer nur den Neger
zu sehen... Ich fühle mich weder weiß genug noch schuldig genug,
um mit einem freudigen ‹Endlich erlöst!› auf den Lippen durch die
Kugel eines Schwarzen zu sterben. Und ich weiß, daß Sie, indem Sie
mir meine Individualität absprechen, ebenso zu meinem Unterdrük-
ker, zu meinem Feind werden müssen wie die weiße Kultur, die wir
gemeinsam bekämpfen... Um frei zu bleiben und die Gesellschaft
zu verändern, muß ich meine schwer erkämpfte Distanz zur Masse
der Weißen bewahren, und nicht einmal von einem Schwarzen –
und mag er sich noch so sehr für die Befreiung der Menschen seiner
Hautfarbe einsetzen – werde ich mich in die Reihen der weißen Unterdrücker zurückdrängen lassen. Und wenn ich eines Tages auf einen schwarzen Rassisten schießen muß – nun, mein Lieber, auch das
gehört zum Befreiungskampf.» Mit dieser Absage an den Rassismus
haben sich zahllose weiße Jugendliche identifiziert. Wie stehen Sie
dazu?

CLEAVER: Ich finde, die Erklärung dieses Jungen verdient Anerkennung. Aber es gibt genug Weiße, die sich in der Tat weigern, einzu-
gestehen, daß der Schwarze ein menschliches Wesen ist, und ich
glaube, daß es diese Leute sind, die LeRoi und Bobby meinten. Ich
sehe keinen Grund, weshalb ein Weißer, der nicht zu dieser Kategorie zählt, die Bemerkungen der beiden auf sich beziehen sollte. Man
muß die Menschen nach ihrem Verhalten beurteilen. Diejenigen Weißen, die immer noch dem Götzen der Unterdrückung dienen, sind
schuldig. Aber jene, die sich von dem System der Unterdrückung
distanzieren und es bekämpfen, brauchen sich von Bobby Seales
Worten nicht getroffen zu fühlen. Wenn sich jemand zu einem Bewußtsein durchgerungen hat, wie es in den Zeilen des jungen Mannes, die Sie eben zitierten, zum Ausdruck kommt, dann hat er das
Recht, sich zu wehren, wenn man ihn zum weißen Unterdrücker ab-

stempeln will. Aber er kann nicht verlangen, daß die Schwarzen immer sofort erkennen, wie ‹anders› als die anderen er ist. Man kann nicht erwarten, daß die Schwarzen stets augenblicklich differenzieren, während sie selber nach wie vor unterschiedlos unterdrückt werden. Die Weißen, die sich vom System befreit haben, wissen, wer sie sind; erst an ihren Taten aber können *wir* ablesen, mit wem wir es bei ihnen zu tun haben.

PLAYBOY: Was können, was müssen diese Menschen konkret tun, um Ihre Achtung und Ihr Vertrauen zu gewinnen?

CLEAVER: Es gibt genug, was sie tun können. Sie können Weiße organisieren, damit wir gemeinsam vor die Regierungen treten, unser Recht fordern und es erzwingen können. Sie können Gruppen organisieren mit dem Ziel, die Hohlköpfe und Rassisten, die überall im Lande in den gesetzgebenden Körperschaften sitzen, aus ihren Ämtern zu vertreiben. Sie können uns helfen, den Übergriffen der Polizei ein Ende zu bereiten. Sie können uns helfen, den Beamten klarzumachen, daß sie von den Bürgern – und zwar von weißen *und* schwarzen – bezahlt werden und daß diese Bürger nicht für die Beamten, sondern die Beamten für die Bürger da sind. Was können die Weißen tun? Ganz einfach Amerikaner sein, Amerikaner, die den rhetorischen Ansprüchen der Sonntagsredner entsprechen; Amerikaner, die allenthalben für die Sache der Freiheit eintreten; Amerikaner, die allenthalben – und ganz besonders hier, in ihrem eigenen Land – für die Sache der Gerechtigkeit eintreten. Das alles entspräche nur der althergebrachten Vorstellung vom amerikanischen Lebensstil. Sie können dazu beitragen, daß dieses Land *tatsächlich* die Heimat der Freien wird. Aber dieses Ziel wird niemals erreicht werden, wenn sie uns nicht helfen, die politische und die wirtschaftliche Arena gründlich auszukehren. Es ist an der Zeit, daß uns Weiße helfen, das Instrumentarium zu sammeln, daß sie sich organisieren und sich mit Gruppen von Schwarzen, Mexikanern und Puertorikanern verbünden, die ebenfalls einen gesellschaftlichen Wandel anstreben – damit wir endlich gemeinsam diesen Wandel herbeiführen können.

PLAYBOY: Wie steht es mit der – ohne Zweifel weit größeren – Gruppe von Weißen, die zwar nicht gerade als Revolutionäre zu bezeichnen sind, die aber dennoch einen Wandel befürworten und sich dafür einsetzen wollen.

CLEAVER: Auch diese Frage ist leicht zu beantworten. Sie sollten versuchen herauszufinden, welche weißen Organisationen die richtigen sind, und sich ihnen anschließen. Sie können versuchen, anderen Weißen die wahre Natur des Systems vor Augen zu führen. Überdies können sie – im Gerichtssaal, im Klub, im Kongreß, im Stadtrat, im Konferenzraum – dazu beitragen, daß die Forderung ihrer schwarzen Landsleute nach Gerechtigkeit Gehör findet. Das Hauptproblem ist unserer Ansicht nach gegenwärtig das Problem der polizeilichen Repressionen. Die Weißen sollten sich bewußt machen, was die Polizei tut und warum die Black Panther Party – um nur eine Gruppe zu nennen – in diesem entscheidenden Punkt bisher so wenig erreicht hat. Dabei geht es nicht nur um Brutalität und kriminelle Übergriffe der Polizei; wichtiger noch ist, daß die schwarze Bevölkerung einem ständigen Druck von seiten der Polizei ausgesetzt ist. Als wir mit unserer Arbeit begannen, merkten wir sehr bald, daß die Schwarzen nicht zu Versammlungen kamen und sich dagegen sperrten, Organisationen beizutreten, die auf einen echten Wandel hinarbeiteten, weil sie die Vergeltungsmaßnahmen der Polizei fürchteten. Sie haben Angst, daß man sie als Mitglieder einer militanten Organisation identifizieren könnte. Deshalb betrachten wir es als unsere vordringlichste Aufgabe, die Gestapo-Methoden der Polizei zu entlarven und ihnen ein Ende zu setzen. Erst wenn uns das gelungen ist, können wir beginnen, die Menschen zu mobilisieren; erst dann werden sie sich hervorwagen, diskutieren, ihre Sorgen und Nöte artikulieren und Vorschläge zur Verbesserung der Lage und zur Lösung der anstehenden Probleme machen. Wir tun das bereits in der Bay Area und in einigen anderen Gebieten, in denen die Black Panther Party inzwischen festen Fuß gefaßt hat. Aber es gibt noch mehr als genug Gegenden, in denen die Polizei die Menschen nach wie vor durch massive Drohungen einschüchtert, und es wäre eine große Hilfe, wenn sich Weiße fänden, die ihre eigenen lokalen Organisationen aufbauten oder neue Ortsgruppen der Peace and Freedom Party ins Leben riefen. Auf diese Weise ergäbe sich für sie eine Möglichkeit, die Öffentlichkeit auf breiter Basis darüber aufzuklären, daß das, was die Polizei *tatsächlich* tut, in krassem Gegensatz steht zu dem, was sie laut Auskunft von Polizeibehörden und Stadtverwaltungen tut. In einer solchen organisierten Aktivität, die das Fundament eines Zusammenwirkens mit den Schwarzen im Kampf um die Befreiung ist, liegt die einzige Hoffnung, die diesem Land geblieben ist.

PLAYBOY: Würden diese Weißen damit nicht sehr viel aufs Spiel setzen – auch dann, wenn sie selber nicht zum Opfer polizeilicher Repressionen würden? Die Radikalen erzählen ihnen unentwegt, daß sie nicht weiter so leben können wie bisher, wenn sie wirklich in den Kampf eingreifen wollen; daß sie nicht damit rechnen können, auch weiterhin die materiellen Annehmlichkeiten eines Systems genießen zu dürfen, gegen das sie vorgehen wollen; daß jeder, der sich ‹befreit›, seinen Lebensstil von Grund auf ändern muß. Teilen Sie diese Ansicht?

CLEAVER: Mit Sicherheit werden sie all die Privilegien aufgeben müssen, die auf der Unterdrückung und Ausbeutung anderer Menschen basieren. Die meisten Weißen können als Empfänger gestohlenen Eigentums bezeichnet werden. Dieses Land verdankt einen großen Teil dessen, was es hat, dem Schweiß von Sklaven. Der Lebensstandard, dessen sich die Mehrzahl der Weißen heute erfreut, ist eine direkte Folge der historischen Ausbeutung der Schwarzen und der Dritten Welt durch imperialistische Nationen, an deren Spitze gegenwärtig Amerika steht. Aber dank des technischen Fortschritts würden die Weißen gewiß auch dann keine materielle Not leiden, wenn man dieser Ausbeutung ein Ende bereitete und die erworbenen Reichtümer ganz einfach im In- und Ausland verteilte. Wenn man das Geld, das zur Zeit für Bomben und Flugzeuge ausgegeben wird, für den Bau von Wohnungen und besseren Schulen verwenden würde – wie das selbst die ausschließlich mit Weißen besetzte Kerner-Kommission empfohlen hat –, so würde das, meiner Meinung nach, für die weiße Bevölkerung keineswegs ein Opfer bedeuten. Und bedenken Sie, wieviel gesunder – und friedlicher – dann für jeden einzelnen das soziale Milieu wäre, in dem er zu leben hätte. Mir scheint, daß allein diejenigen Weißen dabei etwas einbüßen würden, die aus gefühlsmäßigen oder wirtschaftlichen Gründen um jeden Preis an der Unterdrückung aller Menschen festhalten wollen, deren Haut nicht weiß ist. All jene Weißen dagegen, die nicht auf Ausbeutung und Unterdrückung aus sind, könnten von einem fundamentalen Wandel nur profitieren.

PLAYBOY: Es gibt Weiße, die der Ansicht sind, daß die Schwarzen bisher weder die Entschlossenheit noch auch nur den guten Willen bewiesen hätten, diszipliniert auf ein solches Ziel hinzuarbeiten. Wie Sie wissen, meinen viele insgeheim, daß die Schwarzen, von wenigen Ausnahmen abgesehen, faul und verantwortungslos sind, eher destruktiv als konstruktiv, unfähig, an einem festen Arbeitsplatz auszuharren usw. usw. Wie ließe sich, Ihrer Meinung nach, dieses Problem der Uneinsichtigkeit und des noch immer lebendigen Vorurteils aus der Welt schaffen?

CLEAVER: Sofern solche klischeehaften Vorstellungen überhaupt auf Fakten basieren, sind diese Fakten nichts anderes als der Ausdruck *strategischer* Verhaltensweisen der Schwarzen. Denken Sie einmal darüber nach. Ich sehe zum Beispiel keinen Grund, weshalb sich Schwarze in den Plantagen hätten halbtot schinden sollen. Zur Zeit der Sklaverei war derjenige Schwarze, der es fertigbrachte, sich am erfolgreichsten von der Arbeit zu drücken, im Grunde auch der weiseste. Bei dem gegenwärtig herrschenden System – einem System, das den Schwarzen eindeutig feindlich ist – verhält es sich nicht anders. Warum sollte sich ein Schwarzer bemühen, hervorragende Arbeit zu leisten, das beste aus sich herauszuholen, solange ihm das System jeglichen Fortschritt unmöglich macht? Ich finde, jeder, dem es gelingt, dieses System zu unterlaufen und seinen Lebensunterhalt auf einem Minimum an Energieaufwand zu bestreiten, leistet damit für sich das Optimale. Es ist purer Schwachsinn, das hingebungsvolle, hart arbeitende, loyale Opfer zu spielen. In einer Situation freilich, in der Arbeit für den Schwarzen ihren Sinn und ihre

Würde hätte und in der er die Chance hätte, sich und seinen Kindern ein anständiges Leben zu erarbeiten, verlören die strategischen Verhaltensweisen, von denen ich sprach, ihren Sinn.

PLAYBOY: Diese Antwort mag dazu beitragen, einige Ihrer potentiellen Verbündeten aus dem Lager der Weißen davon zu überzeugen, daß ein Zusammenschluß von Schwarz und Weiß mit dem Ziel einer Veränderung des herrschenden Systems sinnvoll wäre. Wie aber soll man solche Worte der Hoffnung in Einklang bringen mit Sätzen wie den folgenden, die Sie kurz nach der Ermordung von Martin Luther King in der Zeitschrift *Ramparts* veröffentlichten? «Es wird eine Katastrophe geben... Die blutige Auseinandersetzung hat begonnen. Die Phase der Gewalt im Befreiungskampf der Schwarzen ist da, einer Gewalt, die mehr und mehr Menschen erfassen wird. Der Schuß auf Dr. King, sein Blut sind der Anfang. Amerika wird in blutiges Rot getaucht werden. Die Straßen werden mit Leichen übersät sein. Die Szene wird an die grauenhaften, erschreckenden Filmberichte aus dem Algerien der Zeit kurz vor dem endgültigen Zusammnbruch der französischen Kolonialherrschaft erinnern, als die Gewalttätigkeit auf beiden Seiten ihren Höhepunkt erreichte.» Wenn Sie das wirklich glauben, was hat es dann noch für einen Sinn, von Bündnissen zwischen Schwarzen und Weißen zu reden?

CLEAVER: Ich möchte noch einmal betonen, daß ich versuche, die Dinge realistisch zu sehen. Ich setze mich nach wie vor für einen Wandel ein, und ich tue es in der Hoffnung, daß es nicht nötig sein wird, ihn mit Gewalt zu erzwingen. Aber ich kann angesichs der gegenwärtigen Verschlimmerung der Situation nicht leugnen, daß eine Katastrophe durchaus denkbar, wenn nicht sogar wahrscheinlich ist. Wenn genug Menschen diese Möglichkeit erkennen, werden sie sich vielleicht um so energischer für den fundamentalen Wandel einsetzen, um zu verhindern, daß die Möglichkeit zur Wirklichkeit wird. Wie man weiß, hat es seit der Ermordung Kings bereits Tote in den Straßen gegeben; und irgendwann kann der Punkt erreicht sein, an dem es zu einer Eruption kommt, deren niemand mehr Herr werden kann. Ich möchte jedoch mit allem Nachdruck klarstellen, daß ich niemandem das Recht zugestehe, auf die Falschen zu schießen. Wenn es zur Katastrophe kommt, dann werden die Leichen der Unterdrücker auf den Straßen liegen: derer, die ihre Profitgier an den Armen befriedigen, die die Kriegsmaschine ölen, die Handel treiben mit rassistischen Nationen wie Südafrika – die Leichen derer, die die wirtschaftliche und militärische Macht der USA dazu mißbrauchen, die Entrechteten in diesem Land wie in aller Welt auszubeuten und auszulöschen – vor allem aber die Leichen jener Politiker, die Sozialreformen hintertreiben, um das Unrecht zu verewigen. Die übrigen sind nur Mitläufer. Sie manipulieren nicht die Massen. Sie werden selber manipuliert von den Verbrechern, die das Land regieren.

PLAYBOY: Und diese ‹Verbrecher› sollen sterben, wenn es zur Revolution kommt?

CLEAVER: Es scheint das Merkmal aller revolutionären Kriege zu sein, daß die Hauptschuldigen an die Wand gestellt und hingerichtet werden. Zu den aktiven Unterdrückern zählen, meine ich, eine Menge Leute, für die eine solche Hinrichtung eine milde Strafe wäre. Im Idealfall jedoch wäre es unter Umständen möglich, solche Leute ins Gefängnis zu sperren, sie umzuerziehen und ihnen dann zu erlauben, in die Gesellschaft zurückzukehren, wenn sie nicht des bewußten Mordes überführt worden sind. In der Hitze der gewaltsamen Auseinandersetzung allerdings würde man vielleicht nicht die Zeit haben, sich soviel Mühe mit derlei Typen zu geben. In diesem Fall wäre es mir gleichgültig, was mit ihnen geschähe.

PLAYBOY: In allem, was Sie sagen, vermischen sich Rache und Vergebung, Revolution und Sozialreform, Gewalt und Gewaltlosigkeit. Dieser Umstand führt dazu, daß viele Weiße nicht wissen, was die Black Panthers tatsächlich wollen. Auf der einen Seite schreiben Sie von einer kommenden Katastrophe und von Straßen, die mit Leichen übersät sein werden. Andererseits weiß man, daß Sie am Tage vor der Niederschrift dieser Sätze in einer Junior High School in Oakland waren, wo Sie die schwarzen Schüler davon abbrachten, aus Empörung über die Ermordung Kings das Schulgebäude in Brand zu stecken. Der gleiche Widerspruch wird sichtbar, wenn Sie und andere Mitglieder der Black Panther Party von einer revolutionären Generation der Schwarzen sprechen, die den Mut zum Töten hat, und man dann von Black Panthers hört, die auf Einladung des Schulleiters in eine andere Schule in Oakland kommen und eine Gruppe von zwölf- bis dreizehnjährigen zur Räson bringen, die sich zu einer Bande zusammengetan und andere Schüler verprügelt haben in dem Glauben, sie entsprächen damit den Forderungen der Panther. Die Panther gaben ihnen den Rat, hart zu arbeiten, damit sie ihren schwarzen Brüdern einmal besser helfen könnten. Außerdem erklärten sie ihnen, daß sie die Weißen nicht hassen, sondern statt dessen lieber lernen sollten, mit ihnen zusammenzuarbeiten. Was wollen die Black Panthers *wirklich*?

CLEAVER: Es gibt keinen Widerspruch zwischen unseren Worten und unseren Taten. Wir sind für ein verantwortungsbewußtes Handeln. Deshalb heißen wir es nicht gut, wenn Leute herumlaufen, Auseinandersetzungen provozieren und Schulen in Brand stecken und dadurch Jugendliche um die Möglichkeit einer anständigen Ausbildung bringen. Was wir dagegen befürworten, sind gezielte Aktionen der schwarzen Bevölkerung. Eines der Ziele, gegen die sich solche Aktionen richten, ist die Polizei. Wie ich schon angedeutet habe, sind wir dabei, die schwarze Bevölkerung so zu organisieren, daß sie in die Lage versetzt wird, die Polizei künftig an der willkürlichen Verfolgung und Ermordung Schwarzer zu hindern. Dazu gehört auch, daß die Schwarzen lernen, sich im Notfall selbst zu verteidigen. Und dazu gehört nicht zuletzt, daß wir in den schwarzen Gemeinden Institutionen entwickeln, die ausschließlich dem Schutz der Bevölkerung dienen. Uns fehlt weder der Mut noch der Verstand zur Selbstverteidigung, aber wir halten nichts von willkürlichen Gewaltakten, mit denen wir den Bullen eine Handhabe geben würden, uns den Garaus zu machen. Wir sind Revolutionäre. Das heißt: Wir sind diszipliniert, wir entwickeln festumrissene Programme, wir haben die Absicht, in Zusammenarbeit mit weißen Gruppen einen politischen Apparat aufzubauen, mit dessen Hilfe wir die dekadente Gesellschaft, in der wir leben, aus den Angeln heben, ihr politisches und wirtschaftliches System umwandeln und eine neue Gesellschaftsform verwirklichen werden, eine Gesellschaftsform, die einem zivilisierten Planeten, auf dem *gesittete* Menschen leben, angemessen ist.

PLAYBOY: Sie sagen, die Polizei sei das primäre Ziel Ihrer Aktionen. Ist das vielleicht deshalb so, weil sich dieser Satz auch umkehren läßt? In allen Städten, in denen die Panther aktiv werden, werden sie von der Polizei als eine öffentliche Gefahr verketzert, und man lastet ihnen Schlägereien, Erpressungen, Diebstähle, Schießereien, Brandstiftungen und dergleichen mehr an.

CLEAVER: Ich weiß, was den Panthern nachgesagt wird, aber ich weiß auch, daß all diese Gerüchte von rassistischen Polizisten erfunden und in Umlauf gebracht werden. Sie möchten die Öffentlichkeit vergessen lassen, daß es *Polizisten* waren – Polizisten, die dazu noch gar keinen Dienst hatten –, die im vergangenen September vor einem Gerichtsgebäude in Brooklyn über Mitglieder der Black Panther Party herfielen. Wer handelte damals kriminell? Und wer beschoß nach reichlichem Alkoholgenuß das Büro der Black Panthers in Oakland und durchlöcherte dabei nicht nur Bilder von Huey Newton und mir, sondern auch ein Bild von Bobby Hutton, den sie bereits umgebracht hatten? Zwei Bullen von der Oakland-Polizei. Aber natürlich werden sie auch weiterhin diese Geschichtchen über uns verbreiten; das Erfinden und Ausstreuen solcher Gerüchte gehört zu den Methoden, mit denen sie uns zur Strecke bringen wollen, bevor wir *sie* mit der Wahrheit über ihre eigene Gesetzlosigkeit zur Strecke gebracht haben.

PLAYBOY: Zugegeben, es hat immer wieder Zusammenstöße zwischen den Panthern und der Polizei gegeben. Aber ist es nicht übertrieben, wenn Sie – wie es kürzlich geschah – behaupten, daß die Polizei darauf aus sei, die Black Panther Party systematisch zu zerschlagen?

CLEAVER: Das ist keineswegs übertrieben. Wir sind eine erhebliche Gefahr für die Polizei und für den gesamten weißen Machtapparat in Alameda County und in Oakland, wo die Black Panther Party gegründet wurde. Bei dem Versuch, sich unser zu entledigen, bedienen sich die Machthaber der Polizisten als ihrer Agenten. Lassen Sie mich kurz die Geschichte der Bewegung skizzieren. Als Bobby Seale und Huey Newton im Oktober 1966 die Black Panther Party organisierten, stellten sie bewaffnete schwarze Patrouillen zusammen. In jedem Wagen saßen vier Männer, die die Aufgabe hatten, der Polizei ständig auf den Fersen zu bleiben und sie zu beobachten. Wenn Polizisten auf der Straße einen Bürger anhielten und etwas taten, wozu sie kein Recht hatten, waren die Männer der Patrouille als Zeugen zur Stelle und klärten den von der Polizei belästigten Bürger über seine Rechte auf. Auf diese Weise lenkten die Panther die Aufmerksamkeit der Bevölkerung auf die Polizei, und die Menschen begriffen, daß sie die Unterdrückung, die willkürliche Brutalität, unter der die Schwarzen in Oakland so lange zu leiden gehabt hatten, nicht länger widerstandslos zu erdulden brauchten.

Als die Panther mit ihrer Aufklärungsarbeit begannen, fürchteten die Machthaber, daß die Schwarzen zu einem politischen Faktor werden könnten, mit dem nicht zu spaßen war. Die Polizei erhielt den Auftrag, diese Entwicklung zu unterbinden. Zunächst versuchte sie es mit einer Flut von Verhaftungen. Leute, von denen bekannt war, daß sie zu den Black Panthers gehörten, wurden auf Grund irgendwelcher lächerlichen Beschuldigungen eingelocht. Diese Beschuldigungen erwiesen sich zwar vor Gericht regelmäßig als unhaltbar, aber *einen* Zweck hatten sie dennoch erfüllt: Wir mußten einen Haufen Geld für Kautionen und Prozeßkosten zahlen. Ihr Hauptziel freilich erreichten sie nicht. Sie brachten es nicht fertig, uns einzuschüchtern. Dann, im Oktober 1967, gelang es ihnen, Huey Newton in eine Schießerei zu verwickeln. Huey wurde verwundet, ein Polizist erschossen, ein zweiter ebenfalls verwundet. Huey wurde des Mordes an einem Polizisten angeklagt und zu fünfzehn Jahren verurteilt; gegenwärtig läuft das Berufungsverfahren. Nach der Schießerei und der Verhaftung von Huey traten sämtliche Mitglieder der Black Panther Party in Aktion, um die Öffentlichkeit über die politischen Aspekte des Falles aufzuklären. Wir hatten einen solchen Erfolg mit dieser Arbeit, daß die Polizisten sich noch mehr anstrengten, uns zum Schweigen zu bringen. Sie nahmen so gut wie jeden aufs Korn, der sich aktiv an unserer Kampagne für Huey beteiligt hatte. Ich will nur ein paar Beispiele nennen: Am 15. Januar dieses Jahres wurde unser National Captain David Hilliard verhaftet, als er in der Technischen Hochschule von Oakland Handzettel verteilte. Einen Tag später schlugen Polizisten die Tür zu meiner Wohnung ein und durchstöberten meine Zimmer, obgleich sie keinen Durchsuchungsbefehl hatten. Am 5. Februar wurden nach einer Massenkundgebung, auf der Dr. Spock gesprochen hatte, ein Panther und seine Freundin wegen ‹Störung des Friedens› verhaftet. Beide wurden im Gefängnis geschlagen. Am 24. Februar trat das Mitglied der Black Panther Party Jimmy Charley auf einen Polizisten zu, der einen Schwarzen tätlich bedrohte. Er stellte den Beamten zur Rede und wurde auf der Stelle wegen ‹Widerstands gegen die Staatsgewalt› verhaftet. Am 25. Februar drang die Polizei um drei Uhr morgens in das Haus von Bobby Seale ein – wiederum ohne Haussuchungsbefehl. In der dritten und vierten Februarwoche kam es zu zahllosen Verhaftungen von Schwarzen, die entweder zu den Black Panthers gehörten oder mit ihnen in Verbindung gebracht wurden. Und so weiter, und so weiter.

PLAYBOY: Sie zählten auch einmal zu den Wortführern der Peace and Freedom Party, deren Präsidentschaftskandidat Sie in diesem Jahr waren. Welche Bedeutung messen Sie dieser Art der politischen Betätigung bei im Hinblick auf Ihre Pläne zum Ausbau der Black Panther Party?

CLEAVER: Nun, ich habe mir nicht eingebildet, daß ich nach den Novemberwahlen im Weißen Haus aufwachen würde. Ich habe mich vielmehr in dieser Form am Wahlkampf beteiligt, weil ich es für notwendig halte, daß möglichst viele Menschen – schwarze *und* weiße – unter einen Hut gebracht werden. Gewiß, wir sind bemüht, die Black Panther Party weiter auszubauen, aber wir müssen zugleich ein nationales Bündnis zwischen weißen und schwarzen Aktivisten ansteuern. Wir müssen einen Apparat schaffen, der es ermöglicht, daß sie ihre Arbeit koordinieren. Im Augenblick gibt es Tausende und aber Tausende von jungen Aktivisten sowohl schwarzer als auch weißer Hautfarbe, die gegeneinander anarbeiten, die keinerlei Verbindung miteinander haben, die voneinander isoliert und einander entfremdet sind. Dabei könnten sie sich wechselseitig stärken und unterstützen. Wenn es uns gelingt, den Befreiungskampf in den schwarzen Kolonien dieses Landes und den revolutionären Kampf, der im Mutterland stattfindet, parallel voranzutreiben, dann, so meine ich, können wir die Kraft und die Menschen aufbringen, deren es bedarf, um den Lauf der amerikanischen Geschichte zu verändern.

PLAYBOY: Es gibt Leute, die in dieser Vision nichts anderes als eine jener flüchtigen Illusionen sehen, die von Zeit zu Zeit bei schwarzen wie bei weißen Radikalen im Schwange sind. Michael Harris, ein Reporter des *San Francisco Chronicle*, zitiert in einem Bericht, der im vergangenen Juli in *The Nation* erschien, einen Agenten der Exekutive, dem es gelungen war, in die Reihen der Black Panthers einzudringen: «Wenn die Bundesregierung sich ernsthaft bemüht, genügend Geld in die Gettos zu pumpen, kann man fest damit rechnen, daß die Black Panther Party ihren Geist aufgeben wird. Es ist ganz einfach unmöglich, zufriedene Menschen aufzuwiegeln.» Teilen Sie diese Ansicht?

CLEAVER: Wenn die Bundesregierung Maßnahmen zur Beseitigung der Mißstände ergreifen würde, unter denen die schwarze Bevölkerung zu leiden hat, wenn sie die Unterdrückung nicht nur einschränken, sondern ganz aufheben würde, dann würden wir mit Vergnügen unsere Agitation einstellen und den Tag zum Festtag erklären. Es gibt genug andere – und gewiß weniger gefährliche – Dinge, die wir lieber täten. Solange aber die Regierung nicht alle Ungerechtigkeiten beseitigt – alle, ohne Ausnahme, bis auch die letzte Spur des Kolonialismus verschwunden ist –, wird uns kein Bestechungsversuch, keine Brutalität, keine Drohung und kein Versprechen dieser Welt von unserem Weg abbringen. Es gibt für uns keinen Kompromiß, keine Kapitulation und keinen Ausverkauf; wir werden uns nur mit dem uneingeschränkten Sieg zufriedengeben. Deshalb schenken uns mehr und mehr Schwarze ihr Vertrauen. Wir sind nicht bereit, auch nur einen Zentimeter zurückzuweichen in dem, was wir für die schwarze Bevölkerung fordern, aber anders als die Black Muslims vermeiden wir jede rassistische Attitude. Und nicht den Muslims wenden sich die Menschen zu, nicht der NAACP [National Association for the Advancement of Colored People], nicht dem CORE [Congress of Racial Equality] und nicht dem SNCC [Student Nonviolent Coordinating Council], sondern der Black Panther Party.

PLAYBOY: Trifft das mehr für ältere Menschen zu oder für jüngere?

CLEAVER: Auch ältere Leute kommen zu uns. Die stärkste Unterstützung jedoch finden wir in Universitäten und Colleges, in höheren Schulen und selbst in Grundschulen. Für diese jungen Menschen ist es ein ganz natürlicher Schritt, der Black Panther Party beizutreten. Diese Partei wurde von ihresgleichen aufgebaut. Ihre Mitglieder sehen die Welt so, wie sie selber sie sehen. Außerdem bietet die Black Panther Party dem jungen Schwarzen eine Gelegenheit, seine Männlichkeit unter Beweis zu stellen, die er dringend braucht. Die Folge ist, daß alle jugendlichen Schwarzen heutzutage Beziehungen anknüpfen zu jungen Menschen, die Mitglieder der Black Panther Party sind.

PLAYBOY: Es scheint, daß sich Ihre eigene Einstellung erheblich geändert hat, seit Sie in dem Alter der jungen Leute waren, von denen Sie sprechen. Damals knüpften Sie keine Beziehungen zu schwarzen Mädchen an, sondern zu weißen Frauen, und zwar auf eine entschieden ungesunde Weise. In ‹Seele auf Eis› schreiben Sie: «Irgendwo gelangte ich zu der Überzeugung, daß es als prinzipielle Frage von äußerster Wichtigkeit für mich war, eine antagonistische, erbarmungslose Haltung weißen Frauen gegenüber einzunehmen... Ich hatte das Gesetz des weißen Mannes abgeschüttelt, ich wies es mit Verachtung und Selbstzufriedenheit zurück. Ich wurde mein eigenes Gesetz – meine eigene Legislative, mein eigener Oberster Gerichtshof, meine eigene Exekutive... Vergewaltigung war ein Akt der Rebellion.» Waren Sie wirklich ganz ehrlich, als Sie Ihre sexuellen Straftaten ausschließlich mit ideologischen Motiven begründeten?

CLEAVER: Ich hatte damals einen Berg von Schriften über das Thema Revolution in mich hineingefressen, wenn ich auch viel davon nur halb verdaute. Mitreißende Dinge wie Lenins und Bakunins Werke und Netschajews ‹Katechismus des Revolutionärs›. Dazu Machiavelli. Ich glaubte zu wissen, was Insurrektion war und was Rebellion war. Ich nannte Vergewaltigung einen Akt der Insurrektion. Aber der eigentliche Grund für mein Handeln war die Lust am Übertreten dessen, was ich als das Gesetz der Weißen betrachtete, und die Lust an der Schändung weißer Frauen als Vergeltung für das, was weiße Männer schwarzen Frauen angetan haben. Ich war damals in einer chaotischen Geistesverfassung, und Vergewaltigung war für mich nichts anderes als eine der seltsamen Formen der Rebellion, die mir in jener Zeit vorschwebte. Vermutlich war das Ganze eine Kombination aus Geschäft und Vergnügen.

PLAYBOY: 1958 wurden Sie in eine Strafanstalt eingeliefert, um eine Gefängnisstrafe von vierzehn Jahren abzubüßen, zu der Sie wegen Überfalls mit Tötungs- und Notzuchtsabsicht verurteilt worden waren. Was veranlaßte Sie, während der neun Jahre, die Sie hinter Gittern verbrachten, Ihre Ansicht so weit zu ändern, daß Sie in ‹Seele auf Eis› zugaben, etwas Unrechtes getan zu haben. «...zum erstenmal in meinem Leben sah ich ein, daß ich im Unrecht war, daß ich vom Weg abgewichen war – daß ich mehr als vom Gesetz des weißen Mannes vom Leben eines zivilisierten Menschen abgewichen war –, denn ich konnte dem Akt der Vergewaltigung nicht zustimmen. Ich verlor meine Selbstachtung. Mein Stolz, den ich als Mann empfand, löste sich auf, und meine ganze gebrechliche Moralstruktur schien, vollständig zertrümmert, zusammenzubrechen.»

CLEAVER: Ich erkannte, daß gerade die Frauen, an denen ich mich vergangen hatte, niemals aktiv an meiner Unterdrückung und der Unterdrückung anderer Menschen mit schwarzer Hautfarbe beteiligt gewesen waren. An ihnen rächte ich mich für das, was zu Lasten des Systems in seiner Gänze ging. Und während ich darüber nachdachte, wurde mir bewußt, daß ich meine Menschlichkeit verloren hatte. Überdies erkannte ich, daß der Preis, den man für den Haß auf andere Menschen zahlen muß, der Verlust der Selbstachtung ist. Aber diese Erkenntnis kam nicht von heute auf morgen. Das Schreiben wurde für mich zum entscheidenden Mittel der Selbsterkenntnis. In der Rückschau wird mir bewußt, daß ich zu schreiben begann, um mich zu retten.

PLAYBOY: In keiner Ihrer bisher veröffentlichten Arbeiten gehen Sie näher auf Ihre Entwicklungsjahre ein und auf die Frage, inwieweit Sie die Zwänge, denen Sie als Junge im Getto ausgesetzt waren, als repräsentativ betrachten für die Zwänge, denen alle schwarzen Jugendlichen in unserer Gesellschaft ausgesetzt sind. Meinen Sie, daß sie repräsentativ sind?

CLEAVER: Ja, ich bin überzeugt davon. Als ich aus dem Gefängnis entlassen wurde, merkte ich sehr bald, wie wenig – wenn überhaupt etwas – sich in den neun Jahren seit meiner Verurteilung verändert hatte. Was mir besonders auffiel, war die Tatsache, daß die Polizei nach wie vor systematisch darauf aus ist, die Zukunftschancen der schwarzen Jugendlichen dadurch einzuengen, daß sie ihnen möglichst früh eine Polizeiakte bescheren. Auch meine Freunde und ich wurden unentwegt von Polizisten angehalten und aufgeschrieben – auch wenn wir gar nichts getan hatten. Wir brauchten nur ganz harmlos die Straße hinunterzugehen, und schon nahmen sich die Bullen unserer an und fragten im Revier nach, ob wir gesucht würden. Zweck dieser Belästigungen war es, Material für eine Polizeiakte über uns zu sammeln. Allenthalben im Lande sind jugendliche Schwarze dieser demütigenden Behandlung ausgesetzt. Aber das ist nur ein Einzelaspekt der institutionalisierten Verschwörung gegen die schwarze Bevölkerung Amerikas mit dem Ziel, sie zu zähmen, ihren Geist zu brechen. Sobald sich das schwarze Kind seiner Umwelt bewußt wird, muß es sein Verhalten abschätzen, seine Erfahrungen im Hinblick auf seine Hautfarbe interpretieren und sich so auf diese Umwelt einstellen, daß seine Chance, trotz schwarzer Hautfarbe, in einer rassistischen Nation zu überleben, optimal ist. Aber zumindest eines hat sich seit meiner Kindheit zum besseren hin gewandelt: Heutzutage wird – dank der zunehmenden Unterdrückung durch die Weißen – die Zugehörigkeit zur schwarzen Bevölkerung des Landes nicht mehr als Bürde empfunden, sondern als ein Vorzug. Die jungen Schwarzen in den Schulen leiden nicht mehr an ihrer Hautfarbe. Sie sind stolz darauf.

PLAYBOY: Eines der Zeichen dieses neuen Stolzes ist die Vermeidung des Wortes ‹Neger› zugunsten von Bezeichnungen wie ‹Afro-Amerikaner› oder ‹Schwarzer›. Ist das auch der Grund dafür, daß Sie, und mit ihnen alle Panther, sich nicht ‹Neger› nennen?

CLEAVER: Er ist nicht nur deshalb zu einem Schimpfwort geworden, weil er den Schwarzen absolut nichts eingebracht hat, sondern mehr noch deshalb, weil er sie daran hinderte, zu erkennen, wie notwendig es war, die eigenen Institutionen fest im Griff zu haben und eigene Kraftquellen zu erschließen. Das jahrelange Gerede von ‹Integration› hat nichts anderes zur Folge gehabt, als eine Verschärfung der Rassentrennung und eine Vergrößerung der Machtlosigkeit. ‹Integration› ist heutzutage ein Wort, das man höchstens noch verwenden kann, wenn man jemanden brandmarken will. In diesem Sinn gebrauche ich es, wenn ich zum Beispiel Roy Wilkins einen ‹Integrationisten› nenne.

PLAYBOY: W. H. Ferry vom Center for the Study of Democratic Institutions meint, daß eine «Integration in den Vereinigten Staaten weder heute noch in Zukunft wahrscheinlich ist. Amerikaner fürchten sich davor, mit Unterschieden zu leben.» Teilen Sie diese Ansicht?

CLEAVER: Nun, was die Zukunft betrifft, so kommt das, denke ich, ganz auf die Weißen an. Die Schwarzen wollen nicht länger von den Weißen kontrolliert und manipuliert werden. Und wenn die Weißen nicht aufhören, Bedingungen zu schaffen, angesichts derer die Schwarzen in der totalen Trennung der beiden Rassen die einzige Alternative sehen müssen, dann könnte eine solche Trennung in der Tat die Antwort auf ihre Forderung sein. Wenn sich andererseits die Bedingungen so weit ändern, daß es keinerlei Ausbeutung und Unterdrückung der schwarzen Bevölkerung mehr gibt, dann besteht auf lange Sicht für diejenigen, die sich dafür entscheiden, die Möglichkeit einer Integration. Aber von dieser Situation sind wir noch weit entfernt.

PLAYBOY: Welchen Weg sollte Amerika Ihrer Ansicht nach gehen – den Weg der Separation oder den der Integration?

CLEAVER: Mir scheint, daß wir in einer Welt leben, in der alle Menschen im wahrsten Sinne des Wortes zu Nachbarn geworden sind. Wenn diese Welt sich nicht eines Tages selbst zerstören soll, muß die Vorstellung, daß einzelne Gruppen von Menschen völlig getrennt voneinander ihre eigenen Wege gehen, irgendwann aufgegeben werden. Ich kann mir nicht vorstellen, wie die Welt auf lange Sicht zum besten der Menschheit verwaltet werden könnte ohne eine Weltregierung, die die Interessen aller Menschen in Betracht zieht und allen Menschen verantwortlich ist – ohne eine Weltregierung, die so funktionieren müßte, daß jede Bereicherung eines bestimmten Teiles der Erdbevölkerung auf Kosten eines anderen ausgeschlossen wäre.

PLAYBOY: Wie stehen Sie zu Roy Wilkins' Behauptung, daß die schwarze Bevölkerung Amerikas im Grunde nur das will, was der weiße Mittelstand innerhalb des kapitalistischen Systems bereits erworben hat – komfortable Häuser und alles, was sonst noch zum Wohlstandsdasein gehört?

CLEAVER: Es steht außer Frage, daß die schwarze Bevölkerung all das will und auch ein Recht darauf hat. Die Frage ist nur, wie sie es bekommen kann. Viele meinen, daß man sich dazu die Spielregeln der amerikanischen Gesellschaft zu eigen machen und zum schwarzen Kapitalisten werden muß. Andere dagegen – und zu ihnen gehöre ich – sind überzeugt, daß wir eine neue Gesellschaftsform und ein neues Wirtschaftssystem brauchen, wenn die Schwarzen in den Genuß dessen kommen sollen, was Gesellschaft und Technik zu bieten haben. Das Ziel muß eine gerechtere Verteilung der Güter und Dienstleistungen sein, verbunden mit einer Umwertung der Werte, durch die verhindert wird, daß die Dinge zum Ersatz für das Leben werden. Um dieses zweifache Ziel verwirklichen zu können, müssen wir auf eine neue Form des Sozialismus hinarbeiten. Solange das Privateigentum noch eine so große Rolle spielt wie heute, wird unsere Gesellschaft auf Wettbewerb basieren, statt auf Zusammenarbeit, und die Menschen werden entweder Ausgebeutete oder Ausbeuter sein. Denken Sie zum Beispiel an all die Verträge, die Menschen zu Besitzern der Produktionsmitteln und der natürlichen

Reichtümer dieses Landes machen. Wenn es schon zum Brand kommt, dann sollten es diese Verträge sein, die ihm zum Opfer fallen; denn jeder von uns kommt auf die gleiche Weise zur Welt – nackt, schreiend und ohne Besitz. Die Erde war von Anbeginn da; sie gehört allen, wie die Luft und das Wasser, und ich bin der Ansicht, daß alle Menschen ohne Unterschied Zugang haben sollten zu ihren Reichtümern. Ich wünsche mir eine Gesellschaft, die befreit ist von den Gehirnwäschern der Madison Avenue, die die Menschen zu einer irren Jagd auf lächerliche Mätzchen anstiften. Sie haben den Menschen eingeredet, daß ihr Leben vom Besitz einer elektrischen Zahnbürste, zweier Autos und eines Farbfernsehgerätes in jedem Zimmer abhängt. An die Stelle dieser schaurigen, geisttötenden Konsumgier muß ein Leben treten, das von den Gesetzen der Humanität geprägt ist. Erst dann werden die Menschen lernen, ihre Mitmenschen nicht mehr an ihrer gesellschaftlichen Stellung, ihrem Besitz und ihrem Reichtum zu messen, sondern an ihren persönlichen Qualitäten. Die Werte, für die ich eintrete, sind im Grunde ebenso konventionell wie anspruchslos: Laßt die Menschen in Frieden. Laßt sie ihren Anlagen gemäß leben.

PLAYBOY: In der Gesellschaft der Zukunft, deren Bild Sie in ‹Seele auf Eis› entwerfen, werden «Mann und Frau ihre wahre Natur erkennen», dadurch die gegenwärtige «Spaltung der Gesellschaft in antagonistische Klassen» überwinden und «eine sterbende Kultur und Zivilisation, die ihrer Biologie entfremdet ist» zu neuem Leben erwecken. Einige Kritiker Ihres Buches hatten allerdings den Eindruck, daß Sie diesen neuen Garten Eden den Schwarzen vorbehalten wissen wollen, die, wie Sie schreiben, «der Reichtum der Nation» sind, «ein unerschöpflicher Vorrat an unverbrauchtem, geistig unzerstörtem menschlichem Rohstoff, von dem die Zukunft der Gesellschaft abhängt und mit dem die Gesellschaft sich durch den unerbittlichen Gang der Geschichte zu einer immer größeren Basis der Demokratie und Gleichheit erneuern und transformieren wird.»

CLEAVER: Nein, er ist nicht den Schwarzen vorbehalten. Schwarz oder Weiß, das männlich-weibliche Prinzip tendiert zur Harmonie. Die Schwarzen ebenso wie die Weißen müssen ihre Scheuklappen abwerfen und wieder natürlich werden. Die Weißen müssen sich von der Illusion trennen, daß sie zum Herrschen ausersehen sind, während die Schwarzen zum Schuften da sind. Die Schwarzen hingegen müssen ihren Verstand gebrauchen und lernen, auf die Produkte ihres Verstandes zu vertrauen. Das heißt freilich nicht, daß der Weiße *seinen* Verstand vernachlässigen soll, aber er muß lernen, wieder eine Beziehung zu seinem Körper zu finden, wie sie der Schwarze hat. Ich will damit sagen, daß jeder einzelne seine geistige *und* körperliche Natur, das heißt seine Natur in ihrer Totalität, neu begreifen muß. Nur wenn die Menschen – die schwarzen wie die weißen – sich selber als totale Individuen mit einem Körper und einem Geist sehen und entsprechend handeln, werden sie aufhören, der einen Gruppe ausschließlich geistige Rollen und der anderen ausschließlich körperliche zu übertragen. Nur dann wird der ursprüngliche Motor des Lebens – die Verschmelzung des Männlichen mit dem Weiblichen – von den Schlacken gesellschaftlicher Hindernisse befreit werden. Das ist das Fundament der Gesellschaft, die ich erstrebe, einer Gesellschaft, in der Mann und Frau der völligen Harmonie auf der Basis der natürlichen Anziehungskraft so nahe wie möglich kommen. Von mir selber kann ich sagen, daß der Grad der Erfüllung meines Lebens stets den Grad der Annäherung an den Zustand der totalen Beziehung zu einer bestimmten Frau entsprach.

PLAYBOY: Sind Sie je in die Versuchung gekommen, sich von Ihrem vorgeschobenen Posten im Kampf um die Veränderung der Gesellschaft zurückzuziehen und die Erfüllung, von der Sie sprachen, im privaten Bereich zu suchen – zu schreiben und mit Ihrer Frau Kathleen eine Familie zu gründen?

CLEAVER: Ich könnte das tun. Ich könnte mich zurückziehen. Mein Buch hat mir so viel Geld eingebracht, daß ich diesem ganzen Scheißdreck den Rücken kehren könnte. Ich könnte zu meinem Schutzaufsichtsbeamten gehen und sagen: ‹Hör zu, alter Junge, ich will nicht zurück ins Gefängnis. Ich werde aufhören, von Revolution zu reden. Ich werde Gedichte und Kindermärchen verfassen, wie ihr's so gern wollt, und ich werde keinen Ärger mehr machen. Wie wär's also, wenn ihr euch meinen Fall noch mal durch den Kopf gehen und mir meinen Frieden ließe? Leben und leben lassen.› Ich weiß genau, wie scharf sie darauf wären. Ich würde nicht viel Geld brauchen, weil ich mir nicht allzuviel aus materiellen Dingen mache. Der Haken ist nur, daß mir die Arbeit mit meinen Leuten und mit den Brüdern von der Black Panther Party *Spaß* macht. Ich würde mich miserabel fühlen, wenn ich etwas anderes täte. Die meiste Zeit meines Lebens war ich in Konflikte mit den Machthabern verwickelt, und jetzt, da ich diesen Konflikt politisiert habe, bin ich durchaus zufrieden mit meiner Rolle im Kampf für die Befreiung der Schwarzen. Ich könnte nichts anderes tun – und wenn ich dafür ins Gefängnis zurück muß. Ich werde alles tun, um nicht wieder ins Gefängnis zu kommen, aber ich kann nicht gegen meine Überzeugung handeln. Und wenn mich diese Überzeugung mein Leben kostet. Es mag auch sein, daß man mich gewaltsam ins Jenseits befördert. In letzter Zeit raten mir mehr und mehr Leute, vorsichtig zu sein; sie glauben, daß mein Leben in Gefahr ist. Vielleicht haben sie recht, aber ich kann nur sagen: ich scheiß drauf.

PLAYBOY: Glauben Sie, daß die Black Panther Party oder irgendeine andere Gruppe, die im Kampf um die Befreiung der Schwarzen vielleicht einmal an ihre Stelle tritt, schließlich den Sieg davontragen wird, auch wenn Sie erneut eingesperrt oder ermordet werden?

CLEAVER: Ich vertraue darauf, daß die Menschen aus den Erfahrungen anderer lernen. Sooft ein Schwarzer ermordet wird, wird der Kampf um so energischer fortgesetzt. Der Tod des Malcolm X schreckte die Menschen nicht ab; er schuf neue Anhänger. Wenn das, was ich tue, irgendeinen konstruktiven Wert hat, dann werden andere an meine Stelle treten und weiterkämpfen, falls man mich ermordet. Che Guevara hat das, was ich meine, in die folgenden Worte gefaßt: «Wo immer mich der Tod überraschen mag, er sei mir willkommen, vorausgesetzt freilich, daß dieser unser Kampfruf ein offenes Ohr gefunden hat und eine Hand sich ausstreckt, um unsere Waffe zu übernehmen.» Mehr verlange ich nicht.

PLAYBOY: Wie schätzen Sie Ihre Überlebenschancen ein?

CLEAVER: Ich habe vor, noch eine ganze Weile auf den Beinen zu bleiben.

Oktober 1968

Danksagung

Der Herausgeber möchte John J. Simon von Random House und Peter Collier von *Ramparts* für ihre Mitarbeit bei der Herausgabe dieses Buches seinen Dank aussprechen. Auch Kathleen Cleaver, Anne Weills Scheer und Kolodney, die die Zeit gefunden haben, das Manuskript zu lesen und die Einleitung mit auszuarbeiten, möchte ich danken. Ebenso gilt mein Dank Kate Gilpin, Cathy Stone, Jane C. Seitz, Anne Dowie, Sandra Levinson, Margaret Wolfe, Elizabeth Dore, Robb Cunningham, Jan Austin, Berenice Hoffman, Cicely Nichols, Leslie Timan und Cordelia Jason, die das Manuskript für die Druckerei vorbereiteten.

Steve Baron, der Produktionsleiter von Random House, und David Seaman haben für die schnelle und reibungslose Herrstellung des Buches gesorgt; und Carl Weiss und Cynthia Krupat gebührt Dank für die Gestaltung des Bandes.

Schließlich gilt mein Dank noch Eldridge Cleavers literarischem Agenten Cyrilly Abels, der uns die Manuskripte überließ, und ohne dessen Rat und guten Geschmack das Buch nie zustande gekommen wäre.

Für die Auswahl der hier gebotenen Texte bleibe natürlich ich verantwortlich.

R. S.

DIESE BÜCHER INFORMIEREN ÜBER DIE USA

JAMES BALDWIN, Hundert Jahre Freiheit ohne Gleichberechtigung
oder The Fire Next Time. Eine Warnung an die Weißen
rororo aktuell Band 634

RICHARD J. BARNET, Der amerikanische Rüstungswahn
oder Die Ökonomie des Todes. Mit einem Beitrag von Claus Grossner
rororo aktuell Band 1450/51

PHILIP BERRIGAN, Christen gegen die Gesellschaft
US-Priester im Gefängnis / Mit Briefen von Daniel Berrigan
rororo aktuell Band 1498

WILFRED BURCHETT, Kambodscha und Laos
oder Nixons Krieg?
rororo aktuell Band 1401/02

ELDRIDGE CLEAVER, Nach dem Gefängnis
Aufsätze und Reden. Herausgegeben und eingeleitet von Robert Scheer
176 Seiten. Kartoniert

J. WILLIAM FULBRIGHT, Die Arroganz der Macht
rororo aktuell Band 987/88

– Das Pentagon informiert oder Der Propaganda-Apparat einer
Weltmacht. Mit einem Essay von Winfried Scharlau
rororo aktuell Band 1541

L. L. MATTHIAS, Die Kehrseite der USA
rororo Taschenbuch Band 1494

**DAVID RIESMAN / REUEL DENNEY / NATHAN GLAZER,
Die einsame Masse**
Eine Untersuchung der Wandlungen des amerikanischen Charakters.
Einführung Helmut Schelsky
rowohlts deutsche enzyklopädie Band 72/73

ROWOHLT

215/11